国家骨干高职院校项目建设成果

Qiche Fadongji Jixie Xitong Jianxiu
汽车发动机机械系统检修

廖胜文　杨　晋　主　编
　　　　李发禾　主　审

人民交通出版社股份有限公司
China Communications Press Co.,Ltd.

内 容 提 要

本书是汽车运用技术专业职业岗位核心能力课程教材，是在各高等职业院校积极践行和创新先进职业教育思想和理念、深入推进"校企合作、工学结合"人才培养模式的大背景下，根据新的教学和课程标准组织编写而成。

全书以汽车发动机机械系统典型的故障现象为载体，共确定九个学习情境，学习情境一为发动机总体结构认知，学习情境二为汽缸压力低故障检修，学习情境三为配气机构异响故障检修，学习情境四为发动机冒黑烟故障检修，学习情境五为柴油机起动困难故障检修，学习情境六为发动机水温过高故障检修，学习情境七为机油压力过低故障检修，学习情境八为发动机怠速不稳故障检修，学习情境九为发动机拆装与竣工验收。每个学习情境包括若干个工作任务，每个工作任务又包括任务概述、相关知识、任务实施、任务工作单等内容。

本书内容翔实，可作为高职高专汽车运用技术、汽车检测与维修等专业教材，同时也可作为汽车维修从业人员参考读物。

图书在版编目(CIP)数据

汽车发动机机械系统检修／廖胜文，杨晋主编. —北京：人民交通出版社股份有限公司，2015.1

国家骨干高职院校项目建设成果

ISBN 978-7-114-12356-6

Ⅰ．①汽… Ⅱ．①廖… ②杨… Ⅲ．①汽车—发动机—机械系统—车辆修理—高等职业教育—教材 Ⅳ．①U472.43

中国版本图书馆 CIP 数据核字(2015)第 192250 号

国家骨干高职院校项目建设成果

书　　名：	汽车发动机机械系统检修
著 作 者：	廖胜文　杨　晋
责任编辑：	卢仲贤　司昌静　周　凯
出版发行：	人民交通出版社股份有限公司
地　　址：	(100011)北京市朝阳区安定门外外馆斜街 3 号
网　　址：	http://www.ccpress.com.cn
销售电话：	(010)59757973
总 经 销：	人民交通出版社股份有限公司发行部
经　　销：	各地新华书店
印　　刷：	北京市密东印刷有限公司
开　　本：	787×1092　1/16
印　　张：	15
字　　数：	371 千
版　　次：	2015 年 1 月　第 1 版
印　　次：	2019 年 1 月　第 3 次印刷
书　　号：	ISBN 978-7-114-12356-6
定　　价：	43.00 元

(有印刷、装订质量问题的图书由本公司负责调换)

江西交通职业技术学院
优质核心课程系列教材编审委员会

主　任： 朱隆亮
副主任： 黄晓敏　刘　勇
委　员： 王敏军　李俊彬　官海兵　刘　华　黄　浩
　　　　　张智雄　甘红缨　吴小芳　陈晓明　牛星南
　　　　　黄　侃　何世松　柳　伟　廖胜文　钟华生
　　　　　易　群　张光磊　孙浩静　许　伟

道路桥梁工程技术专业编审组（按姓名音序排列）
蔡龙成　陈　松　陈晓明　邓　超　丁海萍　傅鹏斌
胡明霞　蒋明霞　李慧英　李　娟　李　央　梁安宁
刘春峰　刘　华　刘　涛　刘文灵　柳　伟　聂　堃
唐钱龙　王　彪　王立军　王　霞　吴继锋　吴　琼
席强伟　谢　艳　熊墨圣　徐　进　宣　滨　俞记生
张　先　张先兵　郑卫华　周　娟　朱学坤　邹花兰

汽车运用技术专业编审组
邓丽丽　付慧敏　官海兵　胡雄杰　黄晓敏　李彩丽
梁　婷　廖胜文　刘堂胜　刘星星　毛建峰　闵思鹏
欧阳娜　潘开广　孙丽娟　王海利　吴纪生　肖　雨
杨　晋　游小青　张光磊　郑　莉　周羽皓　邹小明

物流管理专业编审组
安礼奎　顾　静　黄　浩　闵秀红　潘　娟　孙浩静
唐振武　万义国　吴　科　熊　青　闫跃跃　杨　莉
曾素文　曾周玉　占　维　张康潜　张　黎　邹丽娟

交通安全与智能控制专业编审组
陈　英　丁荔芳　黄小花　李小伍　陆文逸　任剑岚
王小龙　武国祥　肖　苏　谢静思　熊慧芳　徐　杰
许　伟　叶津凌　张春雨　张　飞　张　铮　张智雄

学生素质教育编审组
甘红缨　郭瑞英　刘庆元　麻海东　孙　力　吴小芳
余　艳

序 PREFACE

　　为配合国家骨干高职院校建设,推进教育教学改革,重构教学内容,改进教学方法,在多年课程改革的基础上,江西交通职业技术学院组织相关专业教师和行业企业技术人员共同编写了"国家骨干高职院校重点建设专业人才培养方案和优质核心课程系列教材"。经过三年的试用与修改,本套丛书在人民交通出版社股份有限公司的支持下正式出版发行。在此,向本套丛书的编审人员、人民交通出版社股份有限公司及提供帮助的企业表示衷心感谢!

　　人才培养方案和教材是教师教学的重要资源和辅助工具,其优劣对教与学的质量有着重要的影响。好的人才培养方案和教材能够提纲挈领,举一反三,而差的则照搬照抄,不知所云。在当前阶段,人才培养方案和教材仍然是教师以育人为目标,服务学生不可或缺的载体和媒介。

　　基于上述认识,本套丛书以适应高职教育教学改革需要、体现高职教材"理论够用、突出能力"的特色为出发点和目标,努力从内容到形式上有所突破和创新。在人才培养方案设计时,依据企业岗位的需求,构建了以岗位需求为导向,融教学生产于一体的工学结合人才培养模式;在教学内容取舍上,坚持实用性和针对性相结合的原则,根据高职院校学生到工作岗位所需的职业技能进行选择。并且,从分析典型工作任务入手,由易到难设置学习情境,寓知识、能力、情感培养于学生的学习过程中,力求为教学组织与实施提供一种可以借鉴的模式。

　　本套丛书共涉及汽车运用技术、道路桥梁工程技术、物流管理和交通安全与智能控制等27个专业的人才培养方案,24门核心课程教材。希望本套丛书能具有学校特色和专业特色,适应行业企业需求、高职学生特点和经济社会发展要求。我们期待它能够成为交通运输行业高素质技术技能人才培养中有力的助推器。

　　用心用功用情唯求致用,耗时耗力耗资应有所值。如此,方为此套丛书的最大幸事!

江西省交通运输厅总工程师
2014年12月

前 言

根据《国家中长期教育改革和发展规划纲要(2010—2020年)》和《教育部财政部关于进一步推进"国家示范性高等职业院校建设计划"实施工作的通知》(教高〔2010〕8号)等文件精神,结合学院国家骨干院校建设项目的实施,学院成立了国家骨干高职院校优质核心课程改革教材编写委员会。依托各专业校企合作工作委员会,对4个重点建设专业的核心课程,组织了以骨干教师为主编的创作队伍,通过与行业内企业的密切合作,确定了课程的教学内容和编写模式,共同完成了本套教材的编写工作。

本书是国家骨干高职院校优质核心课程改革教材中的一本,采用"学习情境、工作任务"的模式进行编写,在学习情境确定上,按照由简单到复杂、由局部到整体、由单一技能到综合技能的思路,以汽车维修岗位的职业能力为目标,以汽车发动机机械系统典型故障为载体,构建学习情境和工作任务。每个学习情境中的工作任务,都来自于企业的生产实际,是真实完整的汽车维修作业过程。

本书以目前国内和区域内的主流车型为例,重点讲述了汽缸、活塞、曲轴、配气机构、燃料供给系统、冷却系统、润滑系统、进排气系统等的结构原理、拆装过程、检测调整和常见故障的诊断与维修方法等知识。全书共分为九个学习情境,学习情境一为发动机总体结构认知,学习情境二为汽缸压力低故障检修,学习情境三为配气机构异响故障检修,学习情境四为发动机冒黑烟故障检修,学习情境五为柴油机起动困难故障检修,学习情境六为发动机水温过高故障检修,学习情境七为机油压力过低故障检修,学习情境八为发动机怠速不稳故障检修,学习情境九为发动机拆装与竣工验收。

本书由江西交通职业技术学院廖胜文、杨晋担任主编,梁婷、张光磊、肖雨、毛建峰等参编,北京现代江西华美现代4S店业务运营总监李发禾担任主审。其中,学习情境一、学习情境三、学习情境五由廖胜文编写,学习情境二、学习情境四由杨晋编写,学习情境六由张光磊编写,学习情境七由肖雨编写,学习情境八由毛建峰编写,学习情境九由梁婷编写。

本书在编写过程中,参考了大量的教材和文献资料,在此一并向有关作者表示真诚的感谢。

由于作者水平有限,精选的学习情境和工作任务难以涵盖所有车型车系,希望使用者对书中的错误提出宝贵意见,以便今后改进提高。

作　者
2014 年 12 月

目录

CONTENTS

学习情境一　发动机总体结构认知 ·· 1
　工作任务一　发动机结构及工作过程认知 ·· 2
　工作任务二　发动机技术性能指标认知 ·· 15
学习情境二　汽缸压力低故障检修 ·· 25
　工作任务一　汽缸磨损测量 ·· 26
　工作任务二　活塞环更换 ·· 38
　工作任务三　曲轴、轴承更换 ·· 54
学习情境三　配气机构异响故障检修 ·· 65
　工作任务一　正时链条更换 ·· 66
　工作任务二　气门漏气故障检修 ··· 75
　工作任务三　气门间隙调整 ·· 86
学习情境四　发动机冒黑烟故障检修 ·· 102
　工作任务一　发动机尾气检测 ·· 103
　工作任务二　供油压力过低故障检修 ·· 109
学习情境五　柴油机起动困难故障检修 ·· 121
　工作任务一　排出柴油供油管路中空气 ·· 122
　工作任务二　柴油机喷油器不喷油故障检修 ····································· 129
学习情境六　发动机水温过高故障检修 ·· 146
　工作任务　节温器故障检修 ··· 147
学习情境七　机油压力过低故障检修 ·· 158
　工作任务　机油泵堵塞故障检修 ·· 159
学习情境八　发动机怠速不稳故障检修 ·· 170
　工作任务一　节气门体清洗 ··· 171
　工作任务二　排气管异响故障检修 ··· 182
学习情境九　发动机拆装与竣工验收 ·· 191
　工作任务一　发动机拆装 ·· 192
　工作任务二　发动机磨合 ·· 214
　工作任务三　发动机竣工验收 ·· 219
参考文献 ··· 227

学习情境一 发动机总体结构认知

情境概述

本情境主要讲授汽车发动机结构及工作过程、技术性能指标。根据岗位职业能力的要求,本情境共安排两个真实的工作任务。

一、职业能力分析

通过本情境的学习,期望达到下列目标。

1. 专业能力

(1) 了解发动机的定义。

(2) 熟悉汽车发动机的分类方法。

(3) 能认识各种形式的发动机。

(4) 能在汽车中找到发动机。

2. 社会能力

(1) 通过分组活动,培养团队协作能力。

(2) 通过规范文明操作,培养良好的职业道德和安全环保意识。

(3) 通过小组讨论、上台演讲评述,培养与客户的沟通能力。

3. 方法能力

(1) 通过查阅资料、文献,培养个人自学能力和获取信息能力。

(2) 通过情境化的工作任务活动,掌握解决实际问题的能力。

(3) 填写任务工作单,制订工作计划,培养工作能力。

(4) 能独立使用各种媒体完成学习任务。

二、学习情境描述

汽车发动机是汽车的动力源,为整个汽车提供动力。一般来说,除个别型号的汽车外,发动机相对车身所处的位置通常安装在前轮轴前面,被称为"前置发动机",它们的外形根据各车型不同而有差异,但是结构轮廓基本一样。

我们在汽车4S店看车或买车时,销售人员往往会给我们一张车辆参数宣传资料,资料上面都有该车发动机的形式。要想看明白这份参数表,就要求我们能够认知发动机的总体结构,熟悉发动机的基本分类、发动机基本工作原理和主要性能指标。

三、教学环境要求

本情境要求,在理实一体化专业教室和专业实训室完成。要求配备发动机的各类汽车四辆、带发动机翻转台架的发动机四台、各种拆装工具四套。同时,提供相关发动机的技术手册、使用说明书;可以用于资料查询的电脑、任务工作单、多媒体教学设备、课件和视频教学资料等。

学生分成四个小组,各组独立完成相关的工作任务,并在教学完成后提交任务工作单。

工作任务一　发动机结构及工作过程认知

任务概述

1. 应知应会

通过本工作任务的学习与具体实施,学生应学会下列知识:

(1)熟悉发动机的功用、基本组成。
(2)掌握发动机的类型和结构形式。
(3)熟悉发动机的基本名词术语。
(4)掌握发动机机械系统的总成部件名称和基本组成。

应该掌握下列技能:

(1)能认识各种形式的发动机。
(2)能在汽车中找到发动机。
(3)能画出曲柄连杆组的草图,并标注基本名词术语及其参数。
(4)能在解体的发动机上找出发动机的两大机构和五大系统。

2. 学习要求

(1)在每个工作任务的学习过程中,完成相关任务工作单的填写,并通过课程网络及时提交给相关教师。任务工作单提交方法详见课程网站。

(2)在每个情境实施阶段的中期或后期,按要求填写检修工作单。本情境学习结束后,按要求填写学生考核记录表,进行自我评价后交小组长,小组长评价后连同检修工作单统一交教师。

(3)每个情境学习到评价环节时,个人进行任务完成情况的评估。教师对小组抽查,被抽查的个人上台进行讲评。

一、发动机的定义

汽车的动力源是发动机,发动机是将某一种形式的能量转化为机械能的机器。将燃料燃烧所产生的热能转化为机械能的装置称为热力发动机(简称热机)。内燃机是一种热力发动机,其特点是液体或气体燃料与空气混合后直接输入机器内部燃烧而产生热能,然后再转变成机械能。另一种热机是外燃机,如蒸汽机,其特点是燃料在机器外部的锅炉内燃烧,将锅炉内的水加热而产生高温、高压水蒸气,然后输送至机器内部,使水蒸气所含的热能转变为机械能。

内燃机具有热效率高、体积小、质量轻、便于移动以及起动性能好等优点,因而广泛应用于飞机、舰船以及汽车、拖拉机、坦克等。但是,内燃机一般要求使用化石燃料,同时排出的废气中含有有害气体成分较多。为解决能源短缺与大气污染的问题,目前,世界各大汽车厂商正致力于排气净化以及其他新能源发动机的研究工作。

二、发动机的类型

根据内燃机将热能转化为机械能的主要构件的形式不同,可分为活塞式内燃机和燃气轮机两大类。前者又可按活塞运动方式分为往复活塞式和旋转活塞式两种。往复活塞式发动机为现代汽车动力的主流。活塞在汽缸中做往复直线运动,经连杆、曲轴等转变为旋转运动。各种汽车、船舶等运输用发动机及发电、工程机械、农业机械所用的发动机,大部分采用此种形式。往复活塞式发动机按照点火方式、工作循环、热力循环、凸轮轴的位置及凸轮轴数、汽缸排列、使用燃料、冷却方式等,又可分为很多不同的类型。

往复活塞式发动机的分类及含义,如表1-1所示。

往复活塞式发动机的类型及含义　　　　表1-1

分类方法	类 别	含 义
按使用燃料和动力能源方式不同分	汽油发动机	以汽油为燃料的发动机
	柴油发动机	以柴油为燃料的发动机
	油—气混合发动机	能同时以燃油和气体作为燃料的发动机
	纯气体发动机	以天然气、液化石油气等为燃料的发动机
	油—电混合发动机	能同时以燃油和蓄电池作为燃料或能源的发动机
	纯电动发动机	以蓄电池为动力能源的发动机
	气—电发动机	能同时以气体和蓄电池作为燃料或能源的发动机
	气、油、电混合动力	能同时以气体、燃油和蓄电池作为燃料或能源的发动机
按冲程数量分	二冲程发动机	活塞经过两个行程完成一个工作循环的发动机
	四冲程发动机	活塞经过四个行程完成一个工作循环的发动机
按热力循环方式分	奥拓循环、狄塞尔循环、阿特金森循环、混合循环等	
按着火方式分	点燃式内燃机	压缩汽缸内的可燃混合气,并用外源点火燃烧的发动机
	压燃式内燃机	压缩汽缸内的空气或可燃气,产生高温,引起喷入燃料着火的发动机
按进气状态分	自然吸气式发动机	进入汽缸前的空气或可燃混合气未经压缩的内燃机。对于四冲程内燃机,也称自吸式发动机
	增压发动机	进入汽缸前的空气或可燃混合气先经过压气机压缩,以增大充量密度的发动机
按冷却方式分	水冷式发动机	用水作为冷却介质的发动机
	风冷式内燃机	用空气作为冷却介质的发动机
按汽缸数量分	单缸发动机	只有一个汽缸的发动机
	多缸发动机	具有两个或两个以上汽缸的发动机

续上表

分类方法	类别	含义
按汽缸布置形式分	立式发动机	汽缸布置于曲轴上方且汽缸中心线垂直于水平面的发动机
	卧式发动机	汽缸中心线平行于水平面的发动机
	直列式发动机	具有两个或两个以上直立汽缸,并呈一列布置的发动机
	V形发动机	具有两个或两列汽缸,其中心线夹角呈V形,并共用一根曲轴输出功率的发动机
	对置汽缸式发动机	两个或两列汽缸分别排列在同一曲轴的两边呈180°夹角的发动机
	斜置式发动机	汽缸中心线与水平面呈一定角度(不是直角)的内燃机
	辐射式发动机	多个汽缸以曲轴为中心,沿圆周平均分布的发动机
按凸轮轴数量分	单凸轮轴	有一根凸轮轴的发动机
	双(多)凸轮轴	有两根或以上凸轮轴的发动机
按用途分	有汽车用、机车用、拖拉机用、船用、坦克用、摩托车用、发电用、农用、工程机械用等发动机	

三、汽车发动机的基本结构

汽车发动机是将某一种形式的能量转换为机械能的机器,是汽车行驶的动力来源。四冲程汽油发动机基本结构,如图1-1所示。

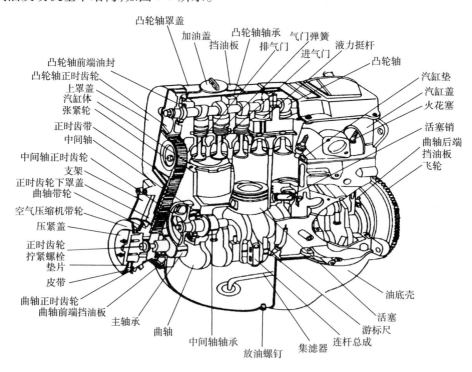

图1-1 四冲程发动机结构示意图

现代汽车发动机是一种由许多机构和系统组成的复杂机器,其结构形状多种多样,具体结构也差别很大,但无论是汽油机,还是柴油机;无论是四冲程发动机,还是二冲程发动机;无论是单缸发动机,还是多缸发动机,要完成能量转换、实现工作循环、保证长时间连续正常工作,都必须具备以下一些机构和系统。

1. 曲柄连杆机构

曲柄连杆机构是发动机实现工作循环,完成能量转换的主要运动部件。它由机体组、活塞连杆组和曲轴飞轮组等组成。在做功行程中,活塞承受燃气压力,在汽缸内做直线运动,通过连杆转换成曲轴的旋转运动,并从曲轴对外输出动力。而在进气、压缩和排气行程中,飞轮释放能量又把曲轴的旋转运动转化成活塞的直线运动。

2. 配气机构

配气机构的功用是根据发动机的工作顺序和工作过程,定时开启和关闭进气门和排气门,使可燃混合气或空气进入汽缸,并使废气从汽缸内排出,实现换气过程。配气机构大多采用顶置气门式配气机构,一般由气门组、气门传动组和气门驱动组组成。

3. 燃料供给系统

汽油机燃料供给系的功用是根据发动机的要求,配制出一定数量和浓度的混合气,供入汽缸,并将燃烧后的废气从汽缸内排出到大气中去;柴油机燃料供给系的功用是把柴油和空气分别供入汽缸,在燃烧室内形成混合气并燃烧,最后将燃烧后的废气排出。

4. 润滑系统

润滑系的功用是向做相对运动的零件表面输送定量的清洁润滑油,以实现液体摩擦,减小摩擦阻力,减轻机件的磨损,并对零件表面进行清洗和冷却。润滑系通常由润滑油道、机油泵、机油滤清器和一些阀门等组成。

5. 冷却系统

冷却系统的功用是将受热零件吸收的部分热量及时散发出去,保证发动机在最适宜的温度状态下工作。

6. 点火系统

在汽油机中,汽缸内的可燃混合气是靠电火花点燃的,为此,在汽油机的汽缸盖上装有火花塞,火花塞头部伸入燃烧室内。能够按时在火花塞电极间产生电火花的全部设备称为点火系统,点火系统通常由蓄电池、发电机、分电器、点火线圈和火花塞等组成。

7. 起动系统

要使发动机由静止状态过渡到工作状态,必须先用外力转动发动机的曲轴,使活塞做往复运动,汽缸内的可燃混合气燃烧膨胀做功,推动活塞向下运动使曲轴旋转。发动机才能自行运转,工作循环才能自动进行。因此,曲轴在外力作用下开始转动到发动机开始自动怠速运转的全过程,称为发动机的起动。完成起动过程所需的装置,称为发动机的起动系统。

8. 进排气系统

进排气系统是发动机吸入新鲜空气和排出废气的系统。

汽油机由以上两大机构和六大系统组成,即由曲柄连杆机构、配气机构、燃料供给系统、润滑系统、冷却系统、点火系统、起动系统和进排气系统组成;柴油机由以下两大机构和五大系统组成,即由曲柄连杆机构、配气机构、燃料供给系统、润滑系统、冷却系统、起动系统和进排气系统组成。柴油机是压燃的,不需要点火系统。

四、发动机的基本名词术语

图1-2为四冲程发动机的名称术语示意图。其基本组成、运动关系与基本术语为:

1. 上止点

活塞顶部离曲轴中心最远位置。

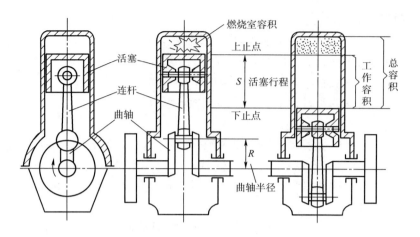

图 1-2　发动机基本名词术语

2. 下止点

活塞顶部离曲轴中心最近位置。

3. 活塞行程 S

活塞在汽缸内由一个止点移到另一个止点间的距离；曲轴每转半周（180°），相当于一个活塞行程，也称冲程，以 S 表示。

4. 工作容积 V_h

活塞在汽缸内由上止点移到下止点时，所让出来的空间，即称为汽缸的工作容积，以 V_h 表示。

$$V_h = \frac{\pi D^2}{4 \times 10^3} S \cdot i$$

式中：D——汽缸直径，cm；

　　　S——活塞行程，cm；

　　　i——汽缸数。

5. 压缩容积 V_c

当活塞在汽缸内位于上止点时，在活塞顶上的全部空间，称为压缩容积或称燃烧室容积，以 V_c 表示。

6. 汽缸总容积 V_a

活塞在下止点时，在活塞顶上的全部容积，也就是压缩容积 V_c 和工作容积 V_h 的总和，以 V_a 表示。

$$V_a = V_h + V_c$$

7. 发动机排量 V_π

多缸发动机全部汽缸工作容积的总和，称为发动机的排量，单位为 L，以 V_π 表示。

8. 压缩比 ε

汽缸总容积与压缩容积的比值，称为压缩比，以 ε 表示。

$$\varepsilon = \frac{V_a}{V_c} = \frac{V_h + V_c}{V_c} = 1 + \frac{V_h}{V_c}$$

压缩比是一个抽象的数值，它表示活塞从下止点到上止点时气体缩小的比数。例如，汽缸总容积为 1.2L，压缩容积为 0.2L，压缩比即为 6∶1 或 6，即气体被压缩到原来的 1/6。目前，汽油发动机的压缩比为 6~10（有的也高达 10 以上），柴油机的压缩比为 15~22。

9. 工作循环

由进气、压缩、做功和排气四项工作组成,每完成这四项工作就完成了一个工作循环。工作循环分别在每一个汽缸内进行,而与发动机的汽缸数无关。

五、往复活塞式发动机的工作原理

一般发动机设计有多个汽缸,每个汽缸中都有一个活塞,每个活塞通过活塞销、连杆与一个共用的曲轴(多缸机)相连接,活塞在汽缸内做往复运动,共同连续不断地实现曲轴的转动,对外做功。

1. 四冲程汽油机工作原理

活塞在汽缸中上下运动四个行程(即曲轴旋转720°),完成一个工作循环的发动机,称为四冲程循环发动机。

四个行程依照工作的先后次序,分别为进气→压缩→做功→排气四个行程,如图1-3所示。但四冲程发动机的每一个工作形态,并不完全在180°内发生。

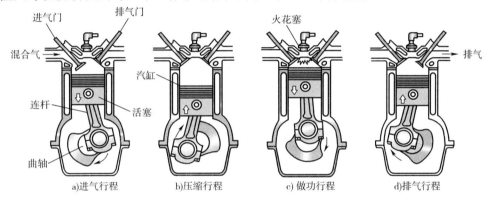

图1-3 四冲程往复活塞式发动机工作原理示意图

汽车工作循环中,气体压力 p 和相应的活塞所在不同位置的汽缸工作容积 V 之间的变化关系,常用发动机循环示功图来表示。如图1-4所示,示功图中曲线所围成的面积表示发动机整个工作循环中气体在单个汽缸内所做的功。

(1)进气行程如图1-3a)所示,曲轴带动活塞从上止点向下止点运动,进气门开启,排气门关闭,汽缸内活塞上方容积增大,汽缸内压力小于外界大气压,形成一定真空度,可燃混合气经进气歧管、进气门吸入汽缸。由于进气时间短且进气系统存在压力,进气终了时汽缸压力略低于大气压力,为0.074~0.093MPa。由于气体与汽缸壁之间存在摩擦,同时在高温机件和残余废气加热下,它的温度上升到80~130℃。

在图1-4a)的示功图上,进气行程用曲线 ra 表示。曲线 ra 位于大气压力线下,它与大气压力线纵坐标之差即表示汽缸内的真空度。

(2)压缩行程中,为了使可燃混合气能迅速、完全、集中地燃烧,使发动机能发出更大的功率,燃烧前必须将可燃混合气压缩。如图1-3b)所示,在进气行程终了时,活塞自下止点向上止点移动,曲轴由180°转到360°,此时,进排气门均关闭。随着汽缸的容积不断缩小,可燃混合气受到压缩,其温度和压力不断升高。压缩行程一直持续到活塞到达上止点时为止,此时,可燃混合气被压缩到活塞上方的很小空间,即燃烧室中。压缩终了时,可燃混合气的温度为327~427℃,可燃混合气压力为0.6~1.5MPa。如图1-4b)所示,压缩行程用曲线 ac 表示。

压缩终了时,可燃混合气的压力和温度取决于压缩比,压缩比越大,燃烧速度越快,因而发动机发出的功率便越大,动力性和经济性越好。但压缩比过大时,不仅不能进一步改善燃烧状况,反而会出现爆燃和表面点火等不正常燃烧现象。

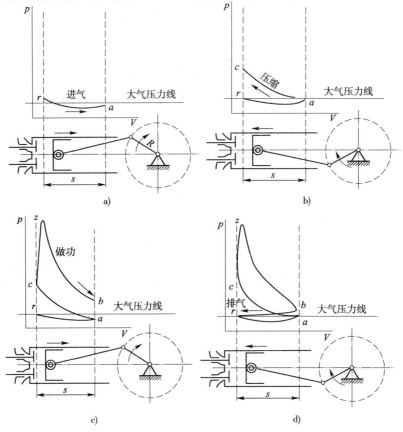

图 1-4 四冲程发动机示功图

因此,在提高压缩比时,必须注意防止爆燃和表面点火的发生。此外,压缩比提高还受到排气污染法规的限制。许多国家生产的汽油机,其压缩比都出现了下降的趋势。

(3) 做功行程如图 1-3c)所示,在这个行程中进排气门仍关闭。当活塞在压缩行程接近上止点时,装在汽缸盖上的火花塞在高压电作用下产生电火花,点燃被压缩的可燃混合气。可燃混合气燃烧后,放出大量的热能,使燃气的压力和温度急剧升高,如图 1-4c)曲线 cz 所示。最高压力 p 为 3～5MPa,相应的温度为 1927～2527℃,且体积迅速膨胀。此时,活塞被高压气体推动从上止点下行,带动曲轴从 360°旋转到 540°,并输出机械能,能量除了维持发动机本身继续运转消耗一部分外,其余部分都用于对外做功,所以该行程称为做功行程。

示功图上,曲线 zb 表示活塞向下移动时,汽缸内容积增加,气体压力和温度都在降低。在做功行程终了的 b 点,压力降到 0.3～0.5MPa,温度则降为 1027～1327℃。

(4) 排气行程可燃混合气体燃烧后生成的废气,必须从汽缸中排除,以便进行下一个进气行程。如图 1-3d)所示,当膨胀过程接近终了时,进气门关闭,排气门开启,曲轴通过连杆推动活塞从下止点向上止点运动,曲轴由 540°旋转到 720°。废气在自身残余压力和活塞的推力作用下从汽缸中排出。活塞到上止点附近时,排气行程结束。

如图 1-4d)所示,这一行程用曲线 br 表示。由于排气系统存在排气阻力,所以在排气终了时汽缸内压力稍高于大气压力,为 0.102～0.120MPa,废气温度为 627～927℃。

燃烧室占有一定容积,故排气终了时,不可能将废气排尽,留下的这一部分废气称为残余废气。残余废气量占总气量的比例一般用残余废气系数表示,残余废气系数是表征排气是否彻底的一个非常重要的参数。

2. 四冲程柴油机工作原理

四冲程柴油机(压燃式发动机)的每个工作循环也经历进气、压缩、做功、排气四个行程。但由于柴油机的燃料是柴油,其黏度比汽油大,而其自燃温度却较汽油低,故可燃混合气的形成及点火方式都与汽油机不同。

图1-5为四冲程柴油机示意图。柴油机在进气行程吸入的是纯空气,在压缩行程终了时,柴油机喷油泵将油压提高到10~15MPa以上,通过喷油器喷入汽缸,在很短时间内与压缩后的高温空气混合,形成可燃混合气。因此,这种发动机的可燃混合气是在汽缸内部形成的。

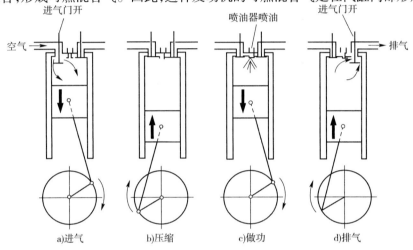

图1-5 四冲程柴油发动机工作循环

a)进气 b)压缩 c)做功 d)排气

由于柴油机的压缩比高(一般为16~22),所以压缩终了时汽缸内的空气压力可达3.5~4.5MPa,同时温度高达750~1000K,大大超过柴油的自燃温度。因此,柴油喷入汽缸后,在很短时间内与空气混合后便立即自行发火燃烧,汽缸内气压急剧上升到6~9MPa,温度也升到2000~2500K。在高压气体推动下,活塞向下运动并带动曲轴旋转而做功。废气同样经排气管排入大气中。

3. 四冲程汽油机与柴油机工作原理的比较

由上述四冲程汽油机和柴油机的工作循环可知,两种发动机的工作循环既有共同点,又有差别,如表1-2所示。

汽油机和柴油机的区别   表1-2

项 目	汽油发动机	柴油发动机
进气行程	吸进燃油和空气混合气	仅吸进空气
压缩行程	活塞压缩可燃混合气,压缩比为7~13,压缩终了温度为300~400℃	活塞压缩空气,压缩比为16~22,压缩终了温度为530~730℃
燃烧冲程	火花塞将压缩混合气强制点火(点燃)	燃油喷进高温、高压空气中,自行着火(压燃)
排气行程	活塞强力将气体排出汽缸外,主要排放物为CO、HC大,NO_x和黑烟少	活塞强力将气体排出汽缸外,主要排放物CO、HC小,NO_x和黑烟多
功率输出调整方法	由控制节气门的开度来改变可燃混合气的供给量	由控制喷油泵来改变燃油的供给量(进入汽缸的空气量不能调整)

4. 发动机型号编制规则

国内发动机型号编制规则,根据国家标准《内燃机产品名称和型号编制规则》(GB/T

725—2008)规定,发动机型号由阿拉伯数字和汉语拼音字母组成,型号由下列四部分构成,见图1-6。

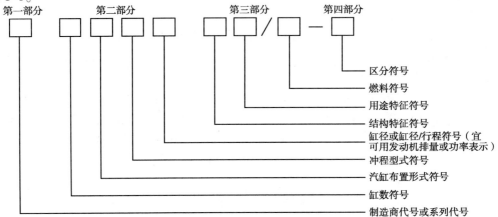

图1-6 内燃机型号编制规则

①第一部分:制造商代号或系列代号,由制造厂根据需要选择相应1~3位字母表示。

②第二部分:由缸数符号、缸径符号、汽缸布置形式符号和冲程型式符号组成,以字母表示。

A. 汽缸布置符号:V为V形;P为平卧形;H为H形;X为X形;无符号为多缸直列及单缸卧式。

B. 冲程型式符号:E表示二冲程,四冲程不标符号。

C. 缸径或缸径/行程符号(宜可用发动机排量或功率):单位由制造商自定。

③第三部分:由结构特征、用途特征符号和燃料符号组成。

A. 结构特征符号:F为风冷;N为凝气冷却;S为十字头式;D_X为可倒转;Z为增压;Z_L为增压中冷;无符号为冷却液冷却。

B. 用途特征符号:T为拖拉机;M为摩托车;G为工程机械;Q为车用;J为铁路机车;D为发电机组;C为船用主机,右机基本型;CZ为船用主机,左机基本型;Y为农用运输车;L为林业机械;无符号为通用型及固定动力。

C. 燃料符号:P为汽油;T为天然气(煤层气);CNG为压缩天然气;LNG为液化天然气;LPG为液化石油气;Z为沼气;W为煤矿瓦斯;M为煤气;S为柴油/天然气双燃料;SCZ为柴油/沼气双燃料;M为甲醇;E为乙醇;DME为二甲醇;FME为生物柴油;无符号为柴油。

④第四部分:区分符号,同一系列产品因改进等原因需要区分时,由制造厂选用适当符号表示。第三部分与第四部分可用"-"分隔。

以下为国内发动机型号编制示例:

①柴油机。

G12V190ZLD:12缸、V形、四冲程、缸径190mm、冷却液冷却、增压中冷、发电用(G为系列代号)。

R175A:单缸、四冲程、缸径75mm、冷却液冷却、(R为系列代号、A为区分代号)。

12VE230/300ZCZ:12缸、V形、二冲程、缸径230mm、行程300mm、冷却液冷却、增压、船用主机、左机基本型。

②汽油机。

1E65F/P:单缸、二冲程、缸径65mm、风冷、通用型。

492QP-A:四缸、直列、四冲程、缸径92mm、冷却液冷却、汽车用、(A为区分代号)。

③燃气机。

16V190ZLD/MJ：16缸、V形、四冲程、缸径190mm、冷却液冷却、增压中冷、发电用、燃气为焦炉煤气。

④双燃料发动机。

12V26/32ZL/SCZ：12缸、V形、四冲程、缸径260mm、行程320mm、冷却液冷却、增压中冷、燃料为柴油/沼气双燃料。

以下为国外发动机型号编制示例：

A．日本丰田汽车公司发动机型号。

$$\underset{①}{\triangle}\underset{②}{\square}-\underset{③}{\square}$$

其中：①表示生产序列的区分符号，用阿拉伯数字来表示。

②表示发动机系列，用一个或多个英文字母来表示。

③表示结构特征，用一个或多个英文字母来表示。E表示电子控制燃油喷射系统；T表示涡轮增压；Z表示机械增压；F表示顶置双凸轮轴，由一根皮带同时驱动；C表示顶置双凸轮轴，一根凸轮轴由一根皮带驱动，而另一根凸轮轴由主动凸轮轴驱动。

例如：3S-GTE表示区分符号为3、S系列，顶置双凸轮轴，由一根皮带同时驱动的电子控制燃油喷射发动机。

B．日本本田汽车公司发动机型号。

$$\underset{①}{\square}\underset{②}{\triangle}-\underset{③}{\square}$$

其中：①表示发动机特征，用一个或多个英文字母来表示。C表示V6发动机；B、F、H、ZC表示四缸发动机。

②表示发动机排量，用两位阿拉伯数字来表示，单位为升（L）。16表示排量为1.6L；20表示排量为2.0L。

③表示区分符号。A表示第一代产品；B表示第二代产品。

例如：F23-A表示四缸、排量2.3L、第一代产品。

C．美国康明斯发动机公司发动机型号。

$$\underset{①}{\triangle}\underset{②}{\square}\underset{③}{\square}\underset{④}{\square}\underset{⑤}{\triangle}$$

其中：①表示发动机的汽缸数，用阿拉伯数字来表示。

②表示发动机的系列代号，用英文字母来表示。

③表示废气涡轮增压器，用英文字母T来表示。

④表示进气中间冷却，用英文字母A来表示。

⑤表示发动机的排量，用阿拉伯数字来表示，单位为升（L）。

例如：6B5.9表示六缸、B系列、自然吸气、排量为5.9L的柴油机。

D．瑞典沃尔沃汽车公司发动机型号。

$$\underset{①}{\square}\underset{②}{\square}\underset{③}{\triangle}\underset{④}{\square}\underset{⑤}{\square}$$

其中：①表示发动机使用的燃料，用英文字母来表示。F为汽油机，D为柴油机。

②表示发动机汽缸排列形式，用英文字母来表示。H表示直列式，V表示汽缸V形布置。

③表示发动机的排量,用阿拉伯数字来表示,单位为升(L)。
④表示发动机的改进型,用英文字母来表示。
⑤表示发动机输出功率,用阿拉伯数字表示,单位为马力(匹)。

例如:DH12D420 表示柴油机、汽缸为直列卧式、排量为12L、改进为 D 形、发动机功率为420 匹的发动机。

任务工作单

学习情境一:发动机总体结构认知 工作任务一:发动机结构及工作过程认知	班级			
	姓名		学号	
	日期		评分	

一、工作单内容
了解发动机的结构和工作过程。

二、准备工作
说明:每位学生应在工作任务实施前独立完成准备工作。
1. 了解发动机的基本名称术语。
2. 了解发动机机械系统的总成部件名称和基本组成。
3. 了解发动机的基本工作原理。

三、任务实施
在解体的发动机上找出发动机的两大机构和五大系统。
1. 发动机的总体结构
(1)两大机构:_____
(2)五大系统:_____
2. 发动机结构认识

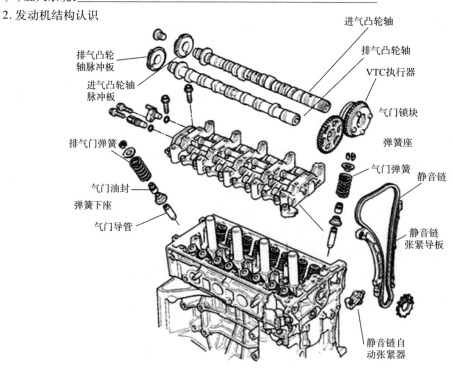

说明机构作用及名称：_____

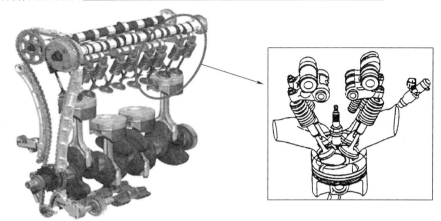

说明机构作用及名称：_____

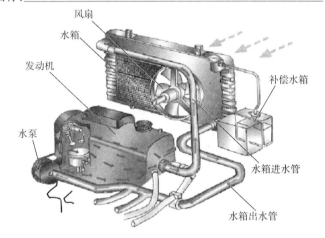

说明机构作用及名称：_____

3. 认识发动机的基本工作原理
（1）专业术语。

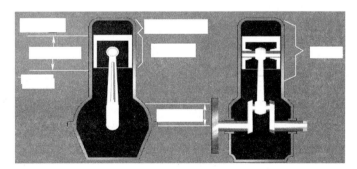

上止点：_____
下止点：_____
活塞行程（S）：_____
曲柄半径（R）：_____

汽缸工作容积(V_h)：_____
发动机排量(V_L)：_____
燃烧室容积(V_c)：_____
汽缸总容积(V_a)：_____
工作循环：_____
压缩比：_____
(2)四冲程发动机工作原理。
可以分为四个过程：_____、_____、_____、_____。
(3)四冲程汽油机和柴油机工作原理的异同点？
相同点：_____
_____
不同点：_____
_____

(4)汽柴油机的燃烧过程。
_____
_____
_____

(5)发动机型号编制举例。
①汽油机。
1E65F：表示_____
4100Q：表示_____
4100Q-4：表示_____
CA6102：表示_____
8V100：表示_____
TJ376Q：表示_____
CA488：表示_____
②柴油机。
195：表示_____
165F：表示_____
495Q：表示_____
6135Q：表示_____
X4105：表示_____

四、工作小结
通过此工作任务的实施，各小组集中完成下述工作。
1.掌握发动机的总体结构组成。

2.掌握发动机的基本术语及工作原理。

3.对于本次工作任务，你还有哪些好的意见和建议？

工作任务二 发动机技术性能指标认知

1. 应知应会

通过本工作任务的学习与具体实施,学生应学会下列知识:

(1)熟悉发动机的技术性能指标。

(2)掌握发动机各技术性能指标的意义。

应该掌握下列技能:

(1)能熟悉发动机各技术性能指标的作用。

(2)能用发动机各技术性能指标衡量发动机的性能。

2. 学习要求

(1)在每个工作任务的学习过程中,完成相关任务工作单的填写,并通过课程网络及时提交给相关教师。任务工作单提交方法详见课程网站。

(2)在每个情境实施阶段的中期或后期,按要求填写检修工作单。本情境学习结束后,按要求填写学生考核记录表,进行自我评价后交小组长,小组长评价后连同检修工作单统一交教师。

(3)每个情境学习到评价环节时,个人进行任务完成情况的评估。教师对小组抽查,被抽查的个人上台进行讲评。

发动机的性能指标是用来衡量发动机性能好坏的标准。发动机的主要性能指标有:动力性能指标、经济性能指标和排放性能指标,此外还有运转性能、工作可靠性、结构工艺性等指标。发动机的性能指标按照建立指标体系的基础不同,可以分为两种。一种是以工质对活塞做功为基础建立起来的性能指标,简称指示指标,主要包括:平均指示压力 p_i、指示功率 P_i。指示指标直接反映由燃烧到做功转换的工作循环进行得好坏,因而在工作过程的分析研究中得到广泛应用。另一种是以曲轴输出的净功率为基础建立起来的性能指标,简称有效指标。有效指标被用来直接评定发动机实际工作性能的优劣,因而在生产实践中获得广泛的应用。本节主要介绍发动机有效性能指标。

一、发动机性能指标

1. 动力性能指标

发动机动力性能主要包括有效转矩、有效功率和平均有效压力。

1)有效转矩

有效转矩指发动机通过曲轴或飞轮对外输出的转矩,通常用 M_e 表示,单位为 N·m。有效转矩是作用在活塞顶部的气体压力通过连杆传给曲轴产生的转矩,并克服了摩擦、驱动附件等损失之后从曲轴对外输出的净转矩。

2)有效功率

有效功率指发动机通过曲轴或飞轮对外输出的功率,通常用 P_e 表示,单位为 kW。有效功率同样是曲轴对外输出的净功率。它等于有效转矩和曲轴转速的乘积。发动机的有效功率可以在专用的试验台上用测功器测定,测出有效转矩和曲轴转速,然后用下面公式计算出有效功率

$$P_e = M_e \frac{2\pi n}{60} \times 10^{-3} = \frac{M_e n}{9550}$$

式中: M_e——有效转矩,N·m;
　　　n——曲轴转速,r/min。

3) 平均有效压力 p_e

发动机单位汽缸工作容积(L)所输出的有效功称为平均有效压力。通常用符号 p_e 表示,单位为 Pa 或 kPa。即

$$p_e = \frac{W_e}{V_h}$$

式中: W_e——单个汽缸的循环有效功,J;
　　　V_h——汽缸工作容积,L。

如果用 i 表示汽缸数, n 表示发动机转速(r/min), τ 表示行程数, V_h 表示汽缸工作容积,则平均有效压力 p_e 和有效功率 P_e 的关系为

$$P_e = \frac{p_e i V_h n}{30\tau} \times 10^{-3} (\text{kW}) \quad \text{或} \quad p_e = \frac{30 N_e \tau}{i n V_h} \times 10^3 (\text{kPa})$$

平均有效压力越高,有效转矩越大,发动机的动力性越好。发动机的平均有效压力一般汽油机为 650~1200kPa,柴油机为 600~950kPa。

2. 经济性能指标

通常用有效燃油消耗率来评价内燃机的经济性能。有效燃油消耗率是指单位有效功的燃油消耗量,常用发动机每发出 1kW 有效功率在 1h 内所消耗的燃油质量(以 g 为单位),燃油消耗率通常用 g_e 表示,其单位为 g/(kW·h),计算公式如下

$$g_e = \frac{G_T}{P_e} \times 10^3 \quad [\text{g/(kW·h)}]$$

式中: G_T——每小时的燃油消耗量,kg/h;
　　　P_e——有效功率,kW。

很明显,有效燃油消耗率越小,表示发动机曲轴输出净功率所消耗的燃油越少,其经济性越好。通常,发动机铭牌上给出的有效燃油消耗率 g_e 是最小值。g_e 的值,汽油机一般为 270~410[g/(kW·h)],柴油机一般为 215~285[g/(kW·h)]。

3. 紧凑性指标

汽车发动机紧凑性指标,一般是指发动机的比质量、升功率和单位体积功率。

1) 比质量

比质量是指发动机的总质量 G 与标定功率 N_e 的比值。它是反映发动机总体布置的紧凑性、制造技术和材料利用程度等综合参数的评价指标。总质量是指发动机的净质量,即不包括燃油、机油、冷却水以及其他不直接安装在发动机本体上的附属装备的质量。

汽车发动机的比质量一般为:3.53~8.16kg/kW。

2) 升功率

升功率是指标定状态时,每单位汽缸工作容积所能发出的有效功率。升功率为

$$N_1 = \frac{P_e}{iV_h} = \frac{p_e n}{30\tau} \times 10^{-3} \quad (\text{kW/L})$$

升功率是表示发动机汽缸工作容积有效利用程度的指标,它综合反映了平均有效压力 P_e、转速 n 以及冲程数 i 的影响,表征了发动机的强化程度,是重要的性能指标。现代汽车发动机的升功率一般为:汽油机:40~80kW/L;柴油机:11~15kW/L。

3）单位体积功率

单位体积功率是指发动机的标定功率 N_e 对其外廓体积 V 之比。外廓体积是指发动机外廓尺寸长 L、宽 B、高 H 的乘积。单位体积功率为

$$N_v = \frac{P_e}{LHB} = \frac{P_e}{V} = \frac{P_e V_H}{V_H V} = N_1 K$$

式中：V_H——发动机排量,L;

K——总布置紧凑性系数,L/m³。

由上式可见,要提高发动机的单位体积功率,不仅要提高升功率,而且还要提高总体布置的紧凑性。这就要求在设计发动机时,不能仅是片面追求其本体尺寸的紧凑性,而且要考虑附件布置影响等因数。

4. 发动机排放指标

排放性能指标包括排放烟度、有害气体（CO、HC、NO_x）排放量、噪声等。

5. 可靠性与耐久性指标

发动机的可靠性指标通常是以在保险期内不停车故障次数、停车故障次数以及更换主要零件和非主要零件数来表示的。对于汽车、拖拉机发动机,在保险期内应保证不更换主要零件。现代汽车、拖拉机发动机的无故障保险期一般为1500~2000h。

发动机耐久性指标是以它的大修期来表示的。发动机大修期是指发动机从出厂到再进厂大修之前累计的行驶小时数或车辆行驶的里程数。大修期也称发动机的使用寿命。汽车发动机的使用寿命一般以行驶的里程数来表示,一般为30万~60万km。

二、发动机特性

发动机性能指标随着调整情况和使用工况而变化的关系,称为发动机特性。通常用曲线表示,称为特性曲线。发动机特性可以分为调整特性和使用特性。发动机性能指标随调整状况变化而变化的关系,称为调整特性,如汽油机的点火提前角调整特性、柴油机喷油提前角调整特性、柴油机调速特性等;发动机性能指标随使用工况变化的关系,称为使用特性,如速度特性、负荷特性等。下面着重介绍发动机的速度特性、负荷特性和调整特性。

1. 发动机的速度特性

发动机的速度特性是指汽油机（或柴油机）燃料供给系统和点火系统（汽油机）调整为最佳,节气门位置不变时,其性能指标有效功率 P_e、有效转矩 M_e 和有效燃油消耗率 b_e 随发动机转速 n 变化的关系。发动机速度特性通过试验测得,节气门全开时测得的速度特性称为外特性,节气门部分开启时测得的速度特性称为部分负荷特性。图 1-7 为发动机速度特性曲线图。图中 M_e 曲线是一条上凸的曲线,直接影响发动机的动力性能;P_e 曲线则表示有效功率随转速变化的关系,由于 P_e、M_e、n 之间的关系为

$$P_e = M_e \frac{2\pi n}{60} \times 10^{-3} = \frac{M_e n}{9550}$$

P_e 存在一最大值,故 P_e 为一条抛物线;b_e 曲线则表示有效燃油消耗率与转速之间的关系,从图中可以看出,并不是节气门全开时 b_e 曲线最低,因为此时采用浓混合气,存在燃烧不完全现象。试验证明:在节气门开度为 80% 左右时,b_e 曲线最低,此时汽车运行最省油。

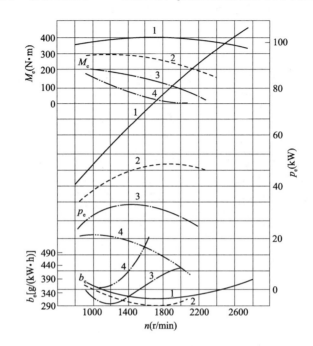

图 1-7　发动机速度特性

1-外特性;2、3、4-节气门开度分别为 75%、50%、25% 时的外特性

由于外特性曲线上的每一点都代表在此转速下的最大功率与最大转矩,所以外特性是最重要的速度特性。发动机的额定功率、额定转矩的标定就是以外特性为依据的。图 1-8 和图 1-9 分别为汽油机和柴油机的外特性,从图中可以看出,汽油机的转矩特性曲线与柴油机的转矩特性曲线有着明显的不同。

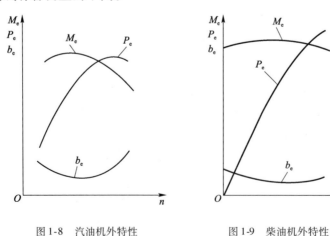

图 1-8　汽油机外特性　　　　图 1-9　柴油机外特性

2. 发动机的负荷特性

发动机负荷特性是指在转速一定时,发动机的性能参数(燃油消耗率、排气温度等)随负荷(有效功率、平均有效压力等)的改变而变化的关系。相应的曲线称为负荷特性曲线。它

主要被用来评价发动机在转速一定时,以不同的负荷运转的经济性,如汽车以一定的速度沿阻力变化的道路行驶时,负荷变化将引起耗油量变化。

发动机负荷特性曲线,如图1-10所示。由图可见,随着负荷的增加,燃料消耗率开始时急剧下降,到1点油耗最低。标定转速下的该油耗值被称为该发动机的最低燃油消耗率。但此时并非发动机的最大功率点。1点后,随着负荷的增加,发动机功率增大,燃料消耗率又回升。负荷增加到一定值,即图中的2点时,发动机排气冒烟超标,称为冒烟界限,发动机工作不允许超出冒烟界限。其适宜的工作区域应该在最低油耗点1附近。有的货车超载运行,将导致燃油消耗急剧上升,发动机过热,寿命下降,排气冒烟严重,污染大气,还会导致滑动距离加长,容易出现交通事故,这是不可取的。当负荷增加到图中的3点以后,负荷再继续增加,燃烧条件将极度恶化,有效燃油消耗率增加,发动机功率反而降低。

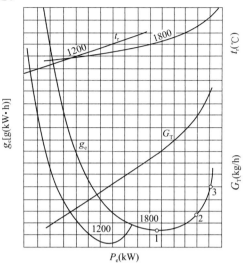

图1-10 发动机负荷特性曲线(柴油机)

为了兼顾发动机的动力与经济性能,标定功率点一般定在冒烟界限以内与最低燃油消耗点之间,可从坐标原点引负荷特性燃油消耗率曲线的切线,交点即作为发动机的标定工况点。

实际发动机工作中,往往由于负荷不足(如汽车载货量少等),而处于部分负荷下工作,导致燃料消耗率上升。有经验的驾驶员,就会采取加速滑行法、汽车换高挡位或带拖车等方法使发动机负荷增加,从而达到节油的目的。

三、知识拓展

1. 二冲程汽油机工作原理

二冲程发动机的工作循环是在两个活塞行程内,即曲轴旋转一周内完成的。

图1-11表示一种用曲轴箱扫气的二冲程化油器式汽油机的工作示意图。

发动机汽缸上有3个孔,这3个孔可分别在一定的时刻为活塞所开闭。进气孔1与化油器相连通,可燃混合气经孔1流入曲轴箱,继而经扫气孔3进入汽缸内,而废气则可经过与排气管连通的排气孔2被排出。

图1-11a)表示活塞向上移动,到活塞将3孔都关闭时,开始压缩在上一循环即已吸入缸内的可燃混合气,同时在活塞下面的曲轴箱内形成真空度(这种发动机的曲轴箱必须是密封的)。当活塞继续上行时,进气孔1开启,在大气压力作用下,可燃混合气便自化油器流入曲轴箱,如图1-11b)所示。活塞接近上止点时,火花塞发出电火花,点燃被压缩的混合气,如图1-11c)所示。高温、高压气体膨胀迫使活塞向下移动。进气孔逐渐被关闭,流入曲轴箱的混合气则因活塞的下移而被预先压缩。当活塞接近下止点时,排气孔开启,废气经过孔、排气管、消声器流到大气中,受到预压的新鲜混合气便自曲轴箱经孔流入缸内,并扫除废气,如图1-11d)所示。废气从汽缸内被新鲜混合气扫除并取代的过程,称为汽缸的换气过程,故这个孔被称为扫气孔或换气孔。

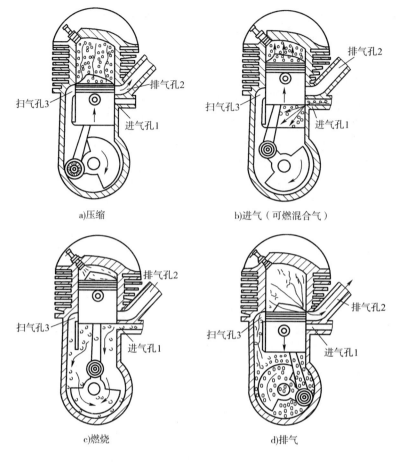

图 1-11 二冲程汽油发动机的工作原理

由上述可知,在二冲程发动机内,一个工作循环所包含的两个行程是:
1)第一行程

活塞自下止点向上移动,事先已充入活塞上方汽缸内的混合气被压缩,新的可燃混合气又经化油器被吸入活塞下方的曲轴箱内。

2)第二行程

活塞自上止点向下移动,活塞上方进行做功过程和换气过程,而活塞下方则进行可燃混合气的预压缩。

为了防止新鲜混合气大量与废气混合并随废气一起排出汽缸而造成浪费,活塞顶做成特殊的形状,使新鲜混合气的气流被引向上部,这样还可以利用新鲜混合气来扫除废气,使排气更为彻底。但是在二冲程发动机中,要完全避免可燃混合气的损失是很困难的。

2. 二冲程化油器式发动机与四冲程化油器式发动机相比较

二冲程化油器式发动机与四冲程化油器式发动机相比较,其主要优点如下:

(1)曲轴每转一周就有一个做功行程,因此,当二冲程发动机的工作容积和转速与四冲程发动机相同时,在理论上它的功率应等于四冲程发动机的 2 倍。

(2)由于发生做功过程的频率较高,故二冲程发动机的运转比较均匀平稳。

(3)由于没有专门的换气机构,所以其构造较简单,质量也比较小。

(4)使用方便。因为附属机构少,所以易受磨损和经常需要修理的运动部件数量也比较少。

由于构造上的关系,二冲程发动机的最大缺点是汽缸内的废气不易排除干净,并且在换气时减少了有效工作行程。因此,在同样的工作容积和曲轴转速下,二冲程发动机的功率并不等于四冲程发动机的2倍,只等于1.5~1.6倍;而且在换气时有一部分新鲜可燃混合气随同废气排出,因此二冲程发动机不如四冲程发动机经济。

由于上述的缺点,二冲程化油器式发动机在汽车上较少被采用。但这种发动机的制造费用低廉,构造简单,质量小,所以在摩托车上广泛应用。二冲程发动机可以通过减少扫气损失来改善燃油经济性差的缺点,因此电控喷射的二冲程发动机在汽车上得到发展。

二冲程汽油机和四冲程汽油机的比较见表1-3。

二冲程汽油机和四冲程汽油机比较　　　　表1-3

发动机类型	二冲程发动机	四冲程发动机
结构	简单	复杂
质量功率比	小	大
燃油消耗	高	低
升功率	低	高
制造维护成本	低	高
起动性能	好	差
使用寿命	短	长
排放污染	大	小

3. 二冲程柴油机工作原理

二冲程柴油机的工作过程和二冲程汽油发动机的工作过程相似,所不同的是:进入柴油机汽缸的不是可燃混合气,而是纯空气。图1-12所示为带有扫气泵的二冲程柴油机工作示意图。

空气由扫气泵提高压力以后,经过装在汽缸外部的空气室和汽缸壁(或汽缸套)上的许多小孔进入汽缸内,废气经由汽缸盖上的排气门排出。

在第一行程中,活塞自下止点向上止点移动。行程开始前不久,进气孔和排气门均已开启,利用自扫气泵流出的空气(压力为0.12~0.14MPa)使汽缸换气,如图1-12a)所示。当活塞继续向上移动,进气孔被遮盖,排气门也被关闭,空气受到压缩,如图1-12b)所示。当活塞接近上止点时,汽缸内的压力增到3MPa,温度升至850~1000K,燃油在高压(17~20MPa)下喷入汽缸内。这时,燃油自行着火燃烧,使汽缸内压力增高,如图1-12c)所示。

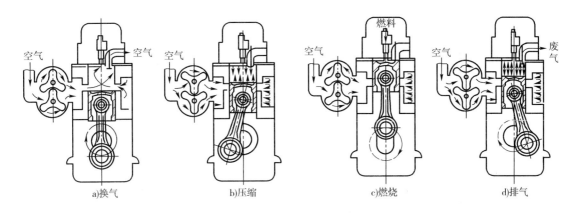

图1-12　二冲程柴油发动机的工作循环

在第二行程中,活塞受燃烧气体的膨胀作用自上止点向下止点移动而做功。活塞下行2/3行程时排气门开启,排出废气,如图1-12d)所示。此后,汽缸内压力降低,进气孔开启,进行换气。换气一直继续到活塞向上移动1/3行程的距离、进气孔完全被遮盖为止。

这种形式的发动机称为气门—窗孔直流扫气柴油机。与四冲程柴油机比较,二冲程柴油机的优缺点与上面讨论二冲程汽油机时所指出的优缺点基本相同,但由于二冲程柴油机用纯空气扫除废气,没有燃料损失,故经济性较高。

4. 阿特金森/米勒发动机工作原理

提高压缩比是提高四冲程发动机效率的主要途径,一直以来,"高压缩比＝高效率、高功率"已经成为内燃机学当中不变的信条。因为技术限制,压缩比不能有更大的提升,因此发动机的效率也不能进一步地提升。1882年,英国工程师James Atkinson(詹姆斯·阿特金森)在使用奥托循环内燃机的基础上,通过一套复杂的连杆机构,使得发动机的压缩行程大于膨胀行程,这种巧妙的设计,不仅改善了发动机的进气效率,也使得发动机的膨胀比高于压缩比,有效地提高了发动机效率,这种发动机的工作原理被称为阿特金森循环。其结构,如图1-13所示。

阿特金森发动机利用不同的连杆机制协同工作,使得各个行程幅度不同,有效地改良了进排气情况,膨胀比大于压缩比更是阿特金森发动机最大的特点。更长的膨胀行程可以更有效地利用燃烧后废气仍然存有的高压,所以燃油效率也比奥托循环更高一些。

阿特金森发动机过于复杂的连杆机构使其工作的稳定性和可靠性相对较低,所以在汽车上未能普及,不过船用、发电等大型柴油机在很大程度上借鉴了阿特金森发动机这种特性。

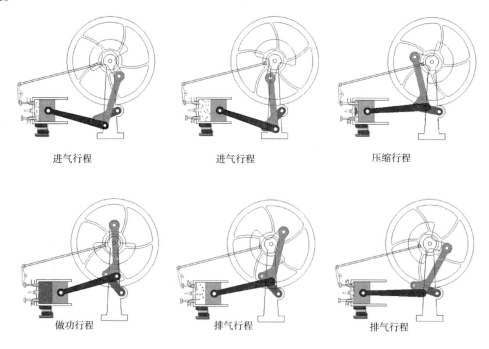

图1-13 阿特金森发动机工作原理

到了1940年,美国工程师Ralph Miller(拉夫·米勒)研发出一款膨胀比高于压缩比的发动机。这款发动机摒弃了此前阿特金森采用的复杂连杆机构,采用了在吸气行程结束,进入压缩行程时,令进气门延迟关闭,迫使原本已经吸入汽缸内的可燃混合气有一部分通过进气门"吐"出汽缸,再关闭气门。使发动机的实际压缩行程不是从活塞下止点开始,而是在下止点往上某个点(或许是只有0.7倍的活塞行程)才开始,降低了活塞的实际压缩行程,也就达到了压缩行程小于膨胀行程的目的。而由于有部分油气混合物返回进气道,使得压缩过程的实际油气混合物的量较少,因此阿特金森/米勒发动机的理论压缩比都比较高。以丰田的2ZR-FXE发动机为例,理论压缩比高达13.0∶1,但实际压缩比相当于10∶1左右(因实际压缩行程被缩短所致)。

这种基于阿特金森循环理论改良而来的发动机,称为米勒循环发动机,也是目前近现代阿特金森循环发动机的基本工作原理,如图1-14所示。

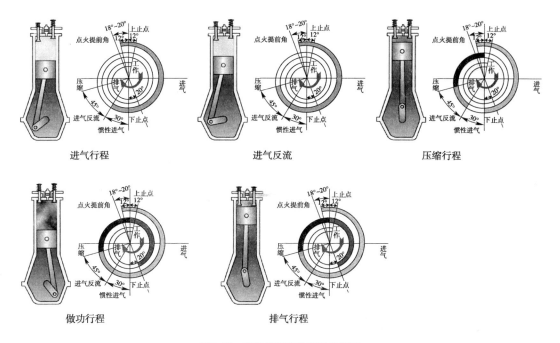

图1-14 米勒循环发动机工作原理

阿特金森/米勒循环发动机的特性主要有两点:独特的进气方式让低速转矩很差;长活塞行程不利于高转速运转。在低速时,本来就稀薄的混合气在"反流"之后变得更少,这让该类发动机低速转矩表现很差,用于车辆起步显然动力不够。而较长的活塞行程确实可以充分地利用燃油的能量,提升经济性,但也因此限制了转速的升高,加速性能也变差。这导致阿特金森/米勒循环发动机"升功率"这个性能指标很低,以丰田2ZR–FXE为例,1.8L发动机的输出仅有98匹/14.5kg·m,与奥托循环1.8L发动机相比,性能参数差距太大,作为汽车动力系统,没有竞争力。

汽车厂商为顺应环保节能要求,开发出不少油电混合动力汽车。而电动机低速转矩大的特性恰好能弥补阿特金森/米勒循环发动机低速转矩差的特性,而且阿特金森/米勒循环发动机的热效率高,燃油经济性好的特性也能更好地满足此类环保车型自身的特点。所以,油电混合动力汽车的发动机大多采用阿特金森/米勒循环发动机。

任务工作单

学习情境一:发动机总体结构认知 工作任务二:发动机技术性能指标认知	班级			
	姓名		学号	
	日期		评分	

一、工作单内容
了解发动机的相关技术性能。

二、准备工作
说明:每位学生应在工作任务实施前独立完成准备工作。
了解发动机的主要性能指标及特性。

三、任务实施
对发动机的主要性能指标及特性有正确认识。

1. 发动机性能指标的作用。

2. 发动机的主要动力性能指标及含义。

3. 发动机的经济性能指标及含义。

4. 发动机的紧凑性指标及含义。

5. 发动机的排放指标及含义。

6. 发动机的可靠性与耐久性指标及含义。

7. 发动机特性及含义。

四、工作小结
通过此工作任务的实施,各小组集中完成下述工作。
1. 掌握发动机的主要性能指标。

2. 掌握发动机的特性。

3. 对本次工作任务,你还有哪些好的意见和建议?

学习情境二　汽缸压力低故障检修

情境概述

本情境主要讲授发动机机体组、曲柄连杆机构的作用、分类、组成、基本工作原理以及维修技能。根据岗位职业能力的要求，本情境共安排3个真实的工作任务。

一、职业能力分析

通过本情境的学习，期望达到下列目标。

1. 专业能力

(1) 了解机体组和曲柄连杆机构的组成、结构。
(2) 能正确拆装机体组各组成部件。
(3) 能正确检修机体组各组成部件。

2. 社会能力

(1) 通过分组活动，培养团队协作能力。
(2) 通过规范文明操作，培养良好的职业道德和安全环保意识。
(3) 通过小组讨论、上台演讲评述，培养与客户的沟通能力。

3. 方法能力

(1) 通过查阅资料、文献，培养个人自学能力和获取信息能力。
(2) 通过情境化的工作任务活动，掌握解决实际问题的能力。
(3) 填写任务工作单，制订工作计划，培养工作能力。
(4) 能独立使用各种媒体完成学习任务。

二、学习情境描述

一辆本田(Honda)雅阁2.3L轿车，行驶21万km，驾驶员反映发动机动力变差、加速无力，不久前刚更换新火花塞，检查正常。经检查，汽缸压力偏低，造成发动机功率下降，判断可能是汽缸或活塞环磨损造成的上述原因。

为了能够排除故障，需要掌握发动机曲柄连杆机构的构造及其拆装工序和检修方法。

三、教学环境要求

本情境要求，在理实一体化专业教室和专业实训室完成。要求配备一辆轿车、各种拆装工具四套。同时，提供相关发动机的技术手册、使用说明书；可以用于资料查询的电脑、任务工作单、多媒体教学设备、课件和视频教学资料等。

学生分成四个小组，各组独立完成相关的工作任务，并在教学完成后提交任务工作单。

工作任务一　汽缸磨损测量

任务概述

1. 应知应会

通过本工作任务的学习与具体实施,学生应学会下列知识:

(1)熟悉机体组的基本组成。

(2)掌握机体组的基本检测方法。

应该掌握下列技能:

(1)能认识机体组的各组成部件。

(2)能正确进行机体组的拆装。

2. 学习要求

(1)在每个工作任务的学习过程中,完成相关任务工作单的填写,并通过课程网络及时提交给相关教师。任务工作单提交方法详见课程网站。

(2)在每个情境实施阶段的中期或后期,按要求填写检修工作单。本情境学习结束后,按要求填写学生考核记录表,进行自我评价后交小组长,小组长评价后连同检修工作单统一交教师。

(3)每个情境学习到评价环节时,个人进行任务完成情况的评估。教师对小组抽查,被抽查的个人上台进行讲评。

相关知识

发动机机体组包括汽缸体、曲轴箱、汽缸盖、汽缸盖罩、汽缸垫和油底壳等,如图2-1所示。

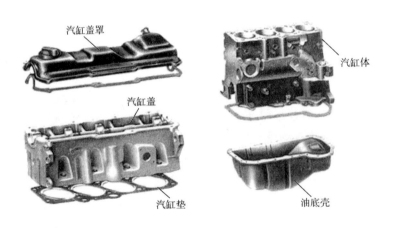

图2-1　机体组的组成

一、汽缸体和曲轴箱

1. 汽缸体基本结构

水冷发动机的汽缸体和曲轴箱常制成一体,而且多缸发动机的各个汽缸也合铸成一个整体,称为汽缸体—曲轴箱,简称汽缸体,如图 2-2 所示。汽缸体上半部有若干个为活塞在其中运动导向的圆柱形空腔,称为汽缸。下半部为支撑曲轴的曲轴箱,其内腔为曲轴旋转的空间。侧壁上钻有主油道,前后壁和中间隔板上钻有分油道。

汽缸体的上下两个平面用以安装汽缸盖和下曲轴箱,其往往也是汽缸修理的加工基准。

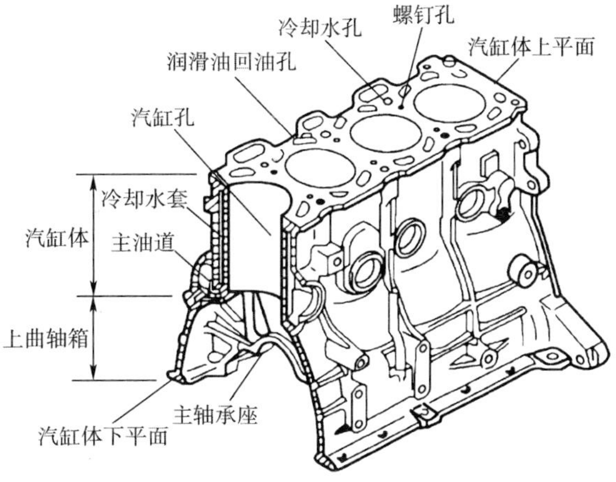

汽缸体承受较大的机械负荷和较复杂的热负荷,因此要求汽缸体具有足够的强度、刚度和良好的耐热性及耐腐蚀性等。

汽缸体和上曲轴箱一般采用灰铸铁、球墨铸铁或合金铸铁制造。有些发动机为了减轻质量、加强散热,而采用铝合金缸体。

2. 曲轴箱的形式

上曲轴箱有 3 种基本机构,如图 2-3 所示。

图 2-2 发动机的汽缸体

1)一般式汽缸体

其特点是油底壳安装平面和曲轴旋转中心在同一高度。这种汽缸体的优点是机体高度小,质量轻,结构紧凑,便于加工,曲轴拆装方便;但其缺点是刚度和强度较差。

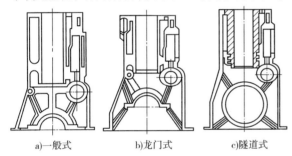

图 2-3 曲轴箱的基本形式
a)一般式 b)龙门式 c)隧道式

2)龙门式汽缸体

其特点是油底壳安装平面低于曲轴的旋转中心。它的优点是强度和刚度都好,能承受较大的机械负荷;但其缺点是工艺性较差,结构笨重,加工较困难。

3)隧道式汽缸体

这种形式的汽缸体曲轴的主轴承孔为整体式,采用滚动轴承,主轴承孔较大,曲轴从汽缸体后部装入。其优点是结构紧凑、刚度和强度好;但其缺点是加工精度要求高,工艺性较差,曲轴拆装不方便。

3. 汽缸和汽缸套

汽缸直接镗在汽缸体上的叫作整体式汽缸,整体式汽缸强度和刚度都好,能承受较大的载荷,这种汽缸对材料要求高,成本高。如果将汽缸制造成单独的圆筒形零件(即汽缸套),然后再装到汽缸体内。这样,汽缸套采用耐磨的优质材料制成,汽缸体可用价格较低的一般材料制造,从而降低了制造成本。同时,汽缸套可以从汽缸体中取出,因而便于修理和更换,并可大大延长汽缸体的使用寿命。汽缸套有干式汽缸套和湿式汽缸套两种,见图 2-4。

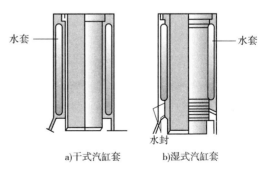

图 2-4 干式和湿式汽缸套
a)干式汽缸套 b)湿式汽缸套

干式汽缸套的特点是汽缸套装入汽缸体后,其外壁不直接与冷却水接触,而和汽缸体的壁面直接接触,壁厚较薄,一般为1~3mm。它具有整体式汽缸体的优点,强度和刚度都较好,但加工比较复杂,内外表面都需要进行精加工,拆装不方便,散热不良。

湿式汽缸套的特点是汽缸套装入汽缸体后,其外壁直接与冷却水接触,汽缸套仅在上下各有一圆环地带和汽缸体接触,壁厚一般为5~9mm。它散热良好,冷却均匀,加工容易,通常只需要精加工内表面,而与水接触的外表面不需要加工,拆装方便,但缺点是强度、刚度都不如干式汽缸套好,而且容易产生漏水现象。应该采取一些防漏措施。

二、汽缸盖与汽缸垫

1. 汽缸盖

汽缸盖装在汽缸体的上方,两者之间以汽缸垫保持密封,如图2-5所示。

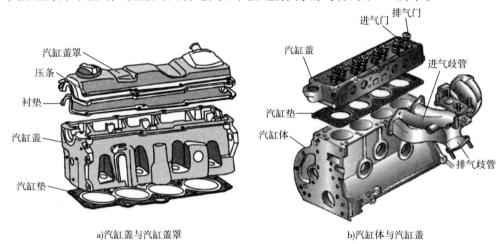

图2-5 汽缸盖结构

缸盖上还装有进排气门座、气门导管孔,用于安装进排气门,还有进气通道和排气通道等。汽油机的汽缸盖上加工有安装火花塞的孔,而柴油机的汽缸盖上加工有安装喷油器的孔。顶置凸轮轴式发动机的汽缸盖上还加工有凸轮轴轴承孔,用以安装凸轮轴。

汽缸盖一般采用灰铸铁或合金铸铁铸成,铝合金的导热性好,有利于提高压缩比,所以近年来铝合金汽缸盖在发动机上的应用越来越多。

活塞在上止点时,活塞顶部与汽缸盖底部之间所形成的空间,称为燃烧室。

1) 盆形燃烧室

进排气门成一线排列,垂直安装在汽缸盖上,如图2-6所示。图中IN表示进气门、EX表示排气门。

气门配置结构简单,混合气压缩时涡流强;但由于进、排气门锥面积大,进排气孔弯曲弧度大,故容积效率较低。

2) 楔形燃烧室

进排气门成一线排列,约与汽缸孔中心线倾斜20°装在汽缸盖上,燃烧室呈三角形,如图2-7所示。

气门配置结构简单,气体流动圆滑,涡流强,而且火焰传播距离较短,不易产生爆震;但由于燃烧室表面积大,故热损失较多。

3) 半球形燃烧室

进排气门分别斜置在汽缸盖的一侧,如图 2-8 所示。

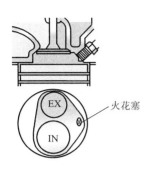 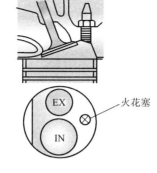 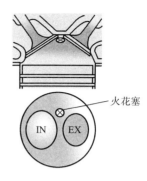

图 2-6　盆形燃烧室　　　　图 2-7　楔形燃烧室　　　　图 2-8　半球形燃烧室

进排气流动顺畅,容积效率高,气门座的冷却效果好,火花塞与燃烧室各部位的距离短且距离相等;但配气机构较复杂,压缩涡流弱。

4) 多气门燃烧室

进排气门也是分别斜置在汽缸盖的一侧,但气门中心线与汽缸孔中心线的夹角较小,而且为多气门设计,如图 2-9 所示。

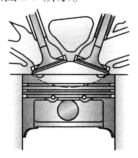 

图 2-9　多气门燃烧室

燃烧室表面积最小,热损失少,而且因多气门设计,故进排气效率很高;但配气机构最复杂。

2. 汽缸垫

汽缸垫装在汽缸盖和汽缸体之间,其功用是保证汽缸盖与汽缸体接触面的密封,防止漏气、漏水和漏油,如图 2-10 所示。

汽缸垫的材料要有一定的弹性,能补偿结合面的不平度,以确保密封,同时要有好的耐热性和耐压性,在高温高压下不烧损、不变形。目前,应用较多的是铜皮—棉结构的汽缸垫,由于铜皮—棉汽缸垫翻边处有三层铜皮,压紧时较之石棉不易变形。有的发动机还采用在石棉中心用编织的钢丝网或有孔钢板为骨架,两面用石棉与橡胶黏结剂压成的汽缸垫。

三、油底壳

油底壳的作用是储存机油并封闭曲轴箱,一般为薄钢板冲压而成,如图 2-11 所示。在有的发动机上,为达到良好的散热效果,采用了铝合金铸造的油底壳,在壳的底部还铸有散热片。为保证发动机纵向倾斜时机油泵仍能吸到机油,油底壳中部或后部做得较深。

有时在油底壳中还设有挡油板,以减轻油面波动。底部装有磁性的放油螺栓,以吸附润滑油中的铁屑,减少发动机的磨损。

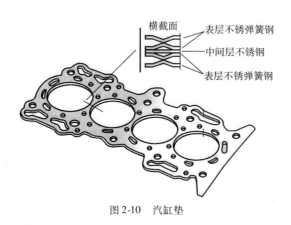
图 2-10 汽缸垫

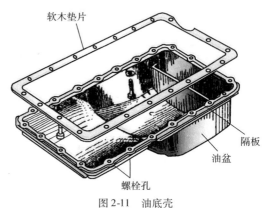
图 2-11 油底壳

任务实施

一、项目实施环境

（1）发动机实训室。
（2）发动机一台。
（3）常用工具一套、扭力扳手、刀口尺、量缸表、塞尺等。

二、项目实施步骤

1. 机体组的拆装

（1）按图 2-12 所示的编号顺序拆卸发动机周边的附属零件。

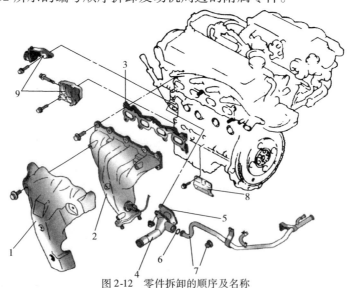
图 2-12 零件拆卸的顺序及名称

1-排气歧管隔热板;2-排气歧管;3-垫片(换新);4-进水管;5-垫片(换新);6-O形环(换新);7-冷却水旁通管;8-排气管托架;9-冷气压缩机托架及惰轮

（2）拆卸正时皮带。

（3）拆卸汽缸盖，分 2~3 次拧松汽缸盖的固定螺栓，螺栓的放松顺序如图 2-13 所示。使用塑料锤子轻敲肋部，以便拆卸汽缸盖。注意：必须等发动机冷却后才能进行拆卸工作。

（4）拆卸汽缸体的外部零件。

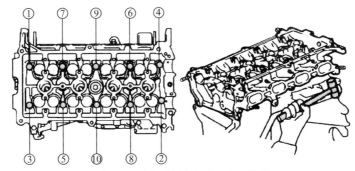

图 2-13 汽缸盖固定螺栓的放松顺序

图 2-14 是汽缸体外部结构零部件组成及拆装顺序。

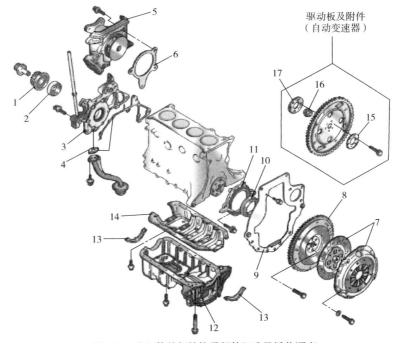

图 2-14 汽缸体外部结构零部件组成及拆装顺序

1-曲轴皮带轮;2-前油封;3-前盖;4-机油滤网;5-水泵;6-垫片(换新);7-离合器总成;8-飞轮;9-后端板;10-后油封(换新);11-后盖;12-油底壳;13-油封(换新);14-主轴承支撑板;15-加强片;16-导套;17-曲轴

拆卸飞轮或驱动板,在拆卸飞轮时要注意以对角方式拧松固定螺栓,取下飞轮或驱动板,如图 2-15 所示。

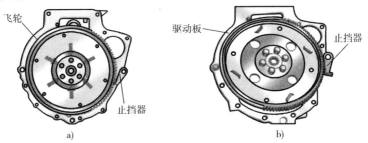

图 2-15 飞轮的拆装

(5)拆下油底壳。

(6)装上新的汽缸垫,如图 2-16a)所示,注意安装时的方向性。装上汽缸盖,分 2~3 次拧紧汽缸盖的固定螺栓,在拧紧到规定力矩后再旋转90°,螺栓的锁紧顺序,如图2-16b)所示。

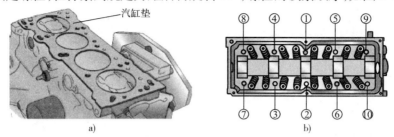

图2-16 新汽缸垫及汽缸螺栓拧紧顺序

2. 机体组的检修

1)汽缸体和缸盖的检修

汽缸体与汽缸盖平面发生变形时,可用直尺放在平面上,然后用厚薄规测量直尺与平面间的间隙,即平面度误差,如图2-17所示。汽缸体上平面的平面度误差,在任意位置,每50mm×50mm的范围内应不大于0.05mm。全长≤600mm的汽缸体,平面度误差不大于0.15mm;全长>60mm的铸铁汽缸体,平面度误差不大于0.25mm;全长>600mm的铝合金汽缸体,其平面度误差不大于0.35mm。用高度规检查汽缸两端的高度,以确定汽缸体上下平面的平行度。在镗缸时,这些平面是主要的定位基准,直接影响到汽缸中心线与主轴承孔中心线的垂直度。

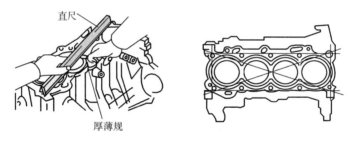

图2-17 汽缸体和缸盖平面的测量

汽缸体平面局部不平时,可用铲削的方法修平。平面变形较大时,可采用平面磨床进行磨削加工修理,但总切削量不宜过大,应为0.24~0.50mm,否则将影响汽缸的压缩比。

汽缸盖可根据情况采用磨削等方法予以修平。汽缸盖平面度要求:全长上应不大于0.10mm,在100mm长度上应不大于0.03mm。

2)汽缸体和缸盖裂纹的检修

缸体裂纹的检测方法有两种:一种是通过水压试验来检测,另一种是通过染色渗透剂检查。

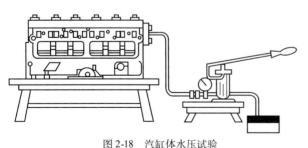

图2-18 汽缸体水压试验

汽缸体裂纹的检查一般采用水压试验法,如图2-18所示。试验时,用专用的盖板封住汽缸体水道口,用水压机将水压入缸体水道中,要求在0.3~0.4MPa的压力下,保持约5min,应没有任何渗漏现象。

染渗透剂检查能够检测目测很难检查到小裂纹。染色渗透剂检查利用液体的毛细现象检测表面裂纹。在这种检查中,要用三种液体:渗透剂(红色)、洗涤液(蓝色)和显影剂（白色）。首先要清洁需要检查的区域,喷洒渗透剂（红色）并且等待干燥。使用洗涤液清洁沾附在表面的渗透剂（蓝色）,再喷洒显影剂（白色）,若有表面裂纹,则呈现红色。

3）汽缸磨损的测量

测量汽缸的磨损程度是确定发动机技术状况的重要手段。通过测量,主要是确定汽缸磨损后的圆度、圆柱度,根据汽缸的磨损程度,确定发动机是否需要进行大修以及确定修理尺寸。

汽缸磨损规律:汽缸体的主要磨损发生在汽缸、汽缸套承孔、曲轴主轴承承孔和后端面等部位。

汽缸磨损的原因有:因金属直接接触摩擦形成局部高温而出现熔融、黏着、脱落等,所造成的黏着磨损;因燃料和润滑剂中的酸类物质,所形成的腐蚀磨损;因进气中的灰尘、燃料和润滑剂中的机械杂质,以及金属磨屑等,所形成的磨料磨损。几种磨损往往同时存在,但在某种情况下某种磨损将占主要地位。例如,在爆震和润滑能力差的条件下,黏着磨损是主要的,而在低温起动和低温工作时又以腐蚀磨损为主,据资料介绍,此工况的累计磨损量约占汽缸总磨损量的30%。所以要尽量使发动机在正常温度下工作,以减少磨损。

汽缸的磨损是不均匀的,正常磨损的特点是:在汽缸轴线方向上呈上大下小的不规则锥形磨损。在第一道活塞环上止点顶边稍下处磨损量最大,如图2-19所示。

而活塞环上止点以上的缸壁几乎没有磨损,因此在两者之间形成一个明显的台阶（缸肩）。某些情况下最大磨损可能发生在汽缸中部。在断面上的磨损呈不规则的椭圆形,一般是前后或左右方向磨损最大。各缸的磨损程度也不一致。通常是位于发动机两端的汽缸,因其冷却强度大,磨损量往往比中部的汽缸略大。

汽缸的磨损达到一定程度时,发动机的技术性能将明显变坏,功率下降,燃料、润滑剂的消耗明显增加。所以,一般是以汽缸的磨损程度作为发动机是否需要大修的主要依据。

测量汽缸磨损通常使用量缸表。测量方法如下:

（1）根据汽缸直径的尺寸,选择合适的接杆,装入量缸表的下端。接杆装好后与活动伸缩杆的总长度应与被测汽缸尺寸相适应。

（2）校正量缸表的尺寸。将外径千分尺校准到被测汽缸的标准尺寸,再将量缸表校准到外径千分尺的尺寸,并使伸缩杆有 $1 \sim 2$ mm 的压缩行程,旋转表盘使表针对准零位。

（3）在汽缸上选择上、中、下三个截面,在每个截面的 $A—A$、$B—B$ 两个方向采用两点法测量直径。活塞处于上止点时,第一道活塞环所处的位置为上截面,一般在汽缸体上部距离汽缸上平面10mm处;活塞处于下止点时第一道环所处的位置为下截面,一般在汽缸体下部距离汽缸下平面10mm处;上下截面的中间位置为中截面。

将量缸表的测杆伸入到汽缸的上部,测量第一道活塞环在上止点位置时所对应的汽缸壁,如图2-20所示。

（4）量缸表下移,测量汽缸中部和下部的磨损。汽缸中部为上、下止点中间的位置,汽缸下部为距离汽缸下边缘 $10 \sim 20$ mm 处。

用量缸表进行测量时,应注意使测杆与汽缸轴线保持垂直位置,以达到测量的准确性。当摆动量缸表,其指针指示到最小读数时,即表示测杆已垂直于汽缸轴线,这时才能记录读数,否则测量不准确。

圆度误差是在同一截面上测得的最大值与最小值差值的一半。

圆柱度误差是指在任意截面上测得的最大值与最小值差值的一半,也就是6个尺寸中最大值减去最小值的差的一半。

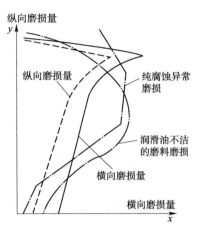
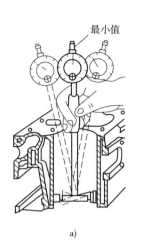
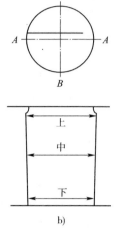

图 2-19　汽缸轴线方向的磨损　　　　　图 2-20　汽缸的测量

汽缸圆度公差:汽油机为 0.05mm,柴油机为 0.065mm。汽缸圆柱度公差:汽油机为 0.20mm,柴油机为 0.25mm。如超出此范围,则应进行镗缸修理。

任务工作单

学习情境二:汽缸压力低故障检修 工作任务一:汽缸磨损测量	班级		
	姓名		学号
	日期		评分

一、工作单内容
了解机体组的组成与检修内容。
二、准备工作
说明:每位学生应在工作任务实施前独立完成准备工作。
1. 掌握机体组的组成及其作用。
2. 掌握机体组损伤原因。
3. 掌握机体组检修方法。
三、任务实施
了解机体组的结构组成,对损坏的机体组进行正确检修。
1. 汽缸盖罩
作用:_____
_____
制造材料:_____等。
说明下面字母的含义:
12VALVE:_____
SOHC:_____
DOHC:_____
VVT/VVT-1:_____
VTEC:_____

汽缸盖罩损伤:_____、_____、_____等。
形成原因:_____、
_____等。
故障现象:_____
_____
检测及维修:_____
铝合金材料、铁质:_____
塑胶材料:_____

2. 汽缸盖
作用:_____
制造材料:_____、_____、_____等。
汽缸盖的结构形式:_____、_____。
汽油机的燃烧室是由_____及_____组成。
汽油机常用燃烧室形状有三种,即_____、_____、_____。
汽缸盖的损伤:破裂、变形等。
(1)破裂损伤形成的原因。
_____
_____
_____

检测方法:_____、_____、_____等。
维修:_____
_____
(2)变形损伤形成的原因。
_____
_____
_____
_____
_____

(3)变形检测方法:平度尺+厚薄规配合。

检测标准:
汽缸盖长度 $L \leqslant 300$mm,允许其平面公差在_____mm。
汽缸盖长度 $L \geqslant 300$mm,允许其平面公差在_____mm。

检测位置及方法：

a)　　　　　　　　　　　　　　b)

汽缸盖的破裂及变形损伤的故障现象：
_____
_____

3.汽缸体

作用：_____

制造材料：_____、_____、_____等。

简述汽缸的磨损规律：
_____
_____
_____

1）正确进行量缸
（1）安装量缸表：
①将量缸表插入百分表的杆部。
②选择合适的接杆。
③调整千分尺。
（2）校正量缸表：
①粗调。
②精调。
2）测量部位及方法

圆柱度误差＝（最大值－最小值）/2

数据记录：（分别对一缸的3个截面进行测量）。
_____
_____
_____

4.汽缸垫

作用：_____

目前应用较多的有几种汽缸垫：
_____
_____
_____

故障损伤：_____
_____

故障形成原因及故障现象分析：
气通气：_____
气通水：_____
气通油：_____
水通油：_____
装配注意事项：
_____
_____

5. 油底壳
作用：_____
组成材料：_____
内部结构：(看图填空)

故障损伤的形成原因及检测维修
变形、破裂：_____
漏油：_____
放油螺栓：_____

四、工作小结
通过此工作任务的实施，各小组集中完成下述工作。
1. 掌握机体组的总体结构组成。

2. 掌握机体组的损伤原因及检修方法。

3. 对本次工作任务，你还有哪些好的意见和建议？

工作任务二　活塞环更换

 任务概述

1. 应知应会

通过本工作任务的学习与具体实施,学生应学会下列知识:

(1)熟悉活塞连杆组的基本组成。

(2)掌握活塞连杆组的检测方法。

应该掌握下列技能:

(1)能熟练地对活塞连杆组进行拆装。

(2)能对活塞连杆组进行检测。

2. 学习要求

(1)在每个工作任务的学习过程中,完成相关任务工作单的填写,并通过课程网络及时提交给相关教师。任务工作单提交方法详见课程网站。

(2)在每个情境实施阶段的中期或后期,按要求填写检修工作单。本情境学习结束后,按要求填写学生考核记录表,进行自我评价后交小组长,小组长评价后连同检修工作单统一交教师。

(3)每个情境学习到评价环节时,个人进行任务完成情况的评估。教师对小组抽查,被抽查的个人上台进行讲评。

 相关知识

活塞连杆组由活塞、活塞环、活塞销和连杆等主要机件组成,如图 2-21 所示。

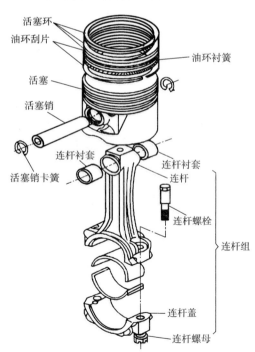

图 2-21　活塞连杆组

一、活塞

1. 功用与工作条件

活塞的主要功用是承受汽缸中的燃烧压力,并将此力通过活塞销和连杆传给曲轴。此外,活塞还与汽缸盖、汽缸壁共同组成燃烧室。

由于活塞顶部直接与高温燃气接触,其散热条件又较差,致使活塞承受很大的热负荷。活塞顶部在做功行程时,承受着燃气冲击性的高压力,高温、高压将引起活塞变形,导致磨损增加。

由于活塞在汽缸中做变速运动,它会产生很大的惯性力,并且活塞承受的气体压力和惯性力是呈周期性变化的,因此活塞的不同部分会受到交变的拉伸、压缩或弯曲载荷。所以,要求活塞应有足够的强度和刚度,质量尽可能小,导热性能要好,要有良好的耐热性、耐磨性,温度变化时,尺寸及形状的变化要小。

发动机广泛采用的活塞材料是铝合金,有的柴油机上也采用合金铸铁或耐热钢制造活塞。铝合金活塞具有质量小,导热性好的优点。缺点是热膨胀系数较大;在高温时,强度和刚度下降较大。

2. 活塞的结构

活塞是由活塞顶部、活塞头部和活塞裙部3部分组成,如图2-22所示。

1)顶部

活塞顶部是燃烧室的组成部分,其形状与选用的燃烧室的形式有关。汽油机活塞顶有平顶、凹顶、凸顶和特殊顶式等形式,如图2-23所示。

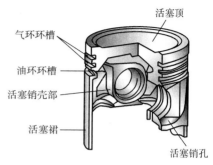

图 2-22 活塞

(1)平顶式活塞,结构简单,加工方便,受热面积小,在汽油机上广泛采用。

(2)凸顶式活塞,顶部刚度较大,制造时可减薄顶部的厚度,因而质量较小,但顶部温度较高,主要适用于二冲程发动机。

(3)凹顶式活塞,可用来调节发动机的压缩比,而且可以改善燃烧室形状,但顶部受热量大,易形成积炭,加工制造比较困难。

(4)特殊顶式,直接喷射式汽油发动机使用。或某些为提高涡流或避免活塞顶部与气门头部相互撞击的发动机采用此种形式。

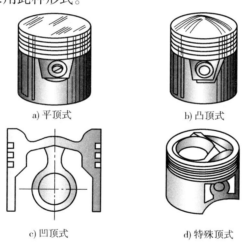

图 2-23 活塞顶部形状

2)活塞的头部

活塞头部是活塞环槽以上的部分。其作用是承受气体压力,并传给连杆,与活塞环一起实现对汽缸的密封;将活塞顶部所吸收的热量传递给汽缸壁。

活塞头部切有若干道用以安装活塞环的环槽。汽油机活塞环一般有3~4环槽,上面2~3道用以安装气环,下面一道用以安装油环。油环槽的底部钻有若干小孔,以使油环从汽缸壁上刮下的多余润滑油经此流回油底壳。

3)活塞的裙部

油环槽以下部分称为活塞裙部。其作用是为活塞在汽缸内做往复运动导向和承受侧压力。

活塞的变形是裙部直径沿活塞销座轴线方向增大。侧压力的作用也使活塞裙部直径在同一方向上增大。此外,活塞销座附近的金属量多,受热后膨胀量也大,致使裙部在受热变形时,在沿活塞销座轴线方向的直径增大量大于其他方向。所以,使得活塞沿裙部断面变成长轴在活塞销方向上的椭圆。

为了使活塞在工作温度下与汽缸壁间保持有比较均匀的间隙,以免在汽缸内卡死,必须预先在冷态下把活塞制成裙部断面为长轴垂直于活塞销方向的椭圆形,轴线方向为上小下大的圆锥形。

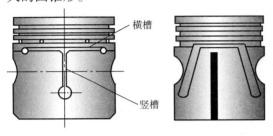

图 2-24　开槽活塞

为了减小销座附近的热变形量,有的活塞还将销座附近的裙部外表面制成凹陷 0.5~1.0mm。有的活塞在裙部受侧压力小的一面,还开有 T 形和 Π 形槽,如图 2-24 所示。其中,横槽叫绝热槽,开在头部最下一道油环槽中或裙部上边沿(横槽开在油环槽中时,还可兼作油孔),其作用是切断从活塞头部向裙部传输的部分热流通道,减少头部热量向裙部的传导,从而减小裙部的热膨胀。竖槽叫膨胀槽,其作用是使裙部具有一定的弹性,从而使冷状态下的装配间隙尽可能小,而在热状态下又因切槽的补偿作用,可避免活塞在汽缸中卡死。

为减小铝合金活塞裙部的热膨胀量,有的活塞在其销座中镶铸有热膨胀系数较低的恒范钢片。恒范钢片是含镍的低碳合金钢。其线膨胀系数仅为铸铝的 1/10。

为了对活塞裙部表面进行保护,通常还对活塞裙部进行表面处理。汽油机的铸铝活塞裙部外表面镀锡;柴油机铸铝活塞裙部外表面磷化。

活塞销座是活塞通过活塞销与连杆的连接部分,位于活塞裙部的上部。为限制活塞销的轴向窜动,大部分活塞在销座孔内接近外端处制有槽用以安装卡环。

销座孔的中心线一般位于活塞中心线的平面内,当活塞越过上止点改变运动方向时,由于侧压力瞬时换向,使活塞与缸壁的接触面突然由一侧平移至另一侧,如图 2-25a)所示,活塞对缸壁产生"敲击"(俗称活塞敲缸)。因此,有些发动机将活塞销座轴线向做功行程中受侧压力较大的一面偏移 1~2mm,如图 2-25b)所示。这样,在活塞接近上止点时,作用在活塞销座轴线右侧的气体大于左侧,使活塞倾斜,裙部下端提前先换向,然后活塞越过上止点,侧压力相反时,活塞才以左下端接触处为支点,顶部向左转(不是平移),完成换向,而使换向冲击力大为减弱。

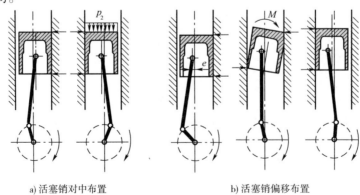

a) 活塞销对中布置　　　　b) 活塞销偏移布置

图 2-25　活塞销偏置时的工作情况

二、活塞环

活塞环包括气环和油环两种，如图2-26所示。

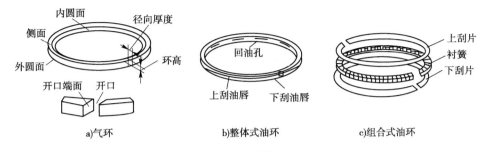

图2-26 活塞环

气环（也称压缩环）的功用是保证活塞与汽缸壁间的密封，防止汽缸中的气体窜入曲轴箱；同时，还将活塞头部的热量传给汽缸；另外，还起刮油、布油的辅助作用。

油环的功用是将汽缸壁上多余的机油刮回油底壳，并在汽缸壁上均匀布油；此外，油环也兼起密封作用。

活塞环是在高温、高压、高速和润滑困难的条件下工作的。因此，活塞环是发动机中寿命最短的零件之一。

第一道活塞环，甚至所有的活塞环，其工作表面都进行多孔镀铬或喷钼。由于多孔性铬层硬度高，并能储存少量机油，从而可以减缓活塞环及汽缸壁的磨损。

1. 气环

气环结构如图2-26a）所示，端面开有切口，切口可以使得气环直径发生弹性变化，切口是燃气漏进曲轴箱的主要通道，切口形状如图2-27所示。在自由状态下外径略大于汽缸直径，它与活塞一起装入汽缸后，外表面紧贴在汽缸壁上，形成第一密封面，被封闭的气体不能通过环周与汽缸之间，便进入了环与环槽的空隙，一方面把环压到环槽端面形成第二密封面，同时，作用在环背的气体压力又大大加强了第一密封面的密封作用，如图2-28所示。气环密封效果一般与气环数量有关，汽油机一般采用2道气环，柴油机一般多采用3道气环。

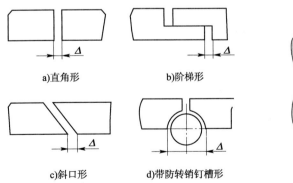

图2-27 气环的切口形状

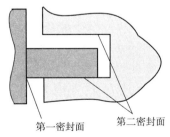

图2-28 气环的密封面

气环的断面形状很多，最常见的有矩形环、锥面环、正扭曲内切环、反扭曲锥面环、梯形环和桶面环，如图2-29所示。

1) 矩形环

断面为矩形,其结构简单,制造方便,易于生产,应用最广。但是矩形环随活塞往复运动时,会把汽缸壁面上的机油不断送入汽缸中。这种现象称为"气环的泵油作用",如图2-30所示。

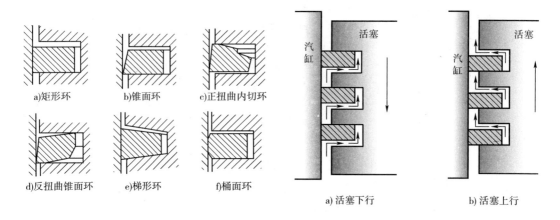

图2-29 气环的断面形状　　　　图2-30 气环的泵油作用

活塞下行时,由于环与汽缸壁的摩擦阻力及环的惯性,环被压靠在环槽的上端面上,汽缸壁面上的油被刮入下边隙和内边隙;活塞上行时,环又被压靠在环槽的下端面。结果第一道环背隙里的机油就进入燃烧室,窜入燃烧室的机油,会在燃烧室内形成积炭,造成机油的消耗量增加。另外,上窜的机油也可能在环槽内形成积炭,使环在环槽内卡死而失去密封作用,划伤汽缸壁,甚至使环折断。可见泵油作用是很有害的,必须设法消除。为了消除或减少有害的泵油作用,除了在气环的下面装有油环外,广泛采用了非矩形断面的扭曲环。

2) 锥面环

断面呈锥形,外圆工作面上加工了一个很小的锥面(0.5°~1.5°),减小了环与汽缸壁的接触面,提高了表面接触压力,有利于磨合和密封。

3) 扭曲环

扭曲环是在矩形环的内圆上边缘或外圆下边缘切去一部分,使断面呈不对称形状,在环的内圆部分切槽或倒角的称内切环,在环的外圆部分切槽或倒角的称外切环。装入汽缸后,由于断面不对称,会产生不平衡力的作用,使活塞环发生扭曲变形。活塞上行时,扭曲环在残余油膜上浮,可以减小摩擦、减小磨损。活塞下行时,则有刮油效果,避免机油烧掉。同时,由于扭曲环在环槽中上下跳动的行程缩短,可以减轻"泵油"的副作用。

目前,扭曲环被广泛地应用于第二道活塞环槽上,安装时必须注意断面形状和方向,内切口朝上,外切口朝下,不能装反。

4) 梯形环

断面呈梯形,工作时,梯形环在压缩行程和做功行程中随着活塞受侧压力的方向不同而不断地改变位置,这样会把沉积在环槽中的积炭挤出去,避免了环被粘在环槽中而折断,可以延长环的使用寿命。但是主要缺点是加工困难,精度要求高。

5) 桶面环

桶面环的外圆为凸圆弧形,是近年来兴起的一种新型结构。当桶面环上下运动时,均能与汽缸壁形成楔形空间,使机油容易进入摩擦面,减小磨损。

2. 油环

目前,汽车发动机采用的油环有整体式和组合式两种结构形式。

1)整体式

以合金铸铁制成,在环的中央开槽,以利机油流动。图 2-31 所示为整体式油环的断面形状。

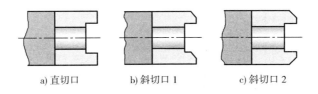

a) 直切口　　　b) 斜切口 1　　　c) 斜切口 2

图 2-31　整体式油环

2)组合式油环

由两片铬合金钢片及弹性衬环组成,如图 2-32 所示。弹性衬环使铬合金钢片向上、向下以及向外作用。

现代汽油发动机多使用组合式油环,可有效控制机油油膜。

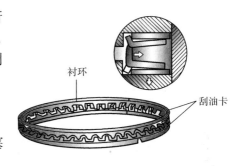

图 2-32　组合式油环

三、活塞销

活塞销的功用是连接活塞和连杆小头,并把活塞承受的气体压力传给连杆。

活塞销在高温下周期地承受很大的冲击载荷,其本身又做摆转运动,而且处于润滑条件很差的情况下工作,因此要求活塞销具有足够的强度和刚度、表面韧性好、耐磨性好、重量轻。所以活塞销一般都做成空心圆柱体,采用低碳钢和低碳合金钢制成,外表面经渗碳淬火处理,以提高硬度,精加工后进行磨光,有较高的尺寸精度和表面光洁度。

活塞销的内孔有 3 种形状:圆柱形、两段截锥与一段圆柱组合、两段截锥形,如图 2-33 所示。

a) 圆柱形　　　b) 两段截锥与一段圆柱组合　　　c) 两段截锥形

图 2-33　活塞销的结构

活塞销与活塞销座孔和连杆小头衬套孔的连接配合方式有两种,即全浮式和半浮式,如图 2-34 所示。

1. 全浮式

全浮式活塞销能在连杆小头衬套孔和活塞销座孔内做自由转动,可以保证活塞销沿圆周磨损均匀,因此应用较普遍。为防止活塞销轴向窜动而损坏汽缸壁,在活塞销座两端装有弹性卡环来限位。

2. 半浮式

半浮式活塞销是用螺栓将活塞销夹紧在连杆小头孔内,这时活塞销只在活塞销孔内转动,在连杆小头孔内不转动。因而连杆小头孔内不装衬套,活塞销座孔内也不装挡圈。

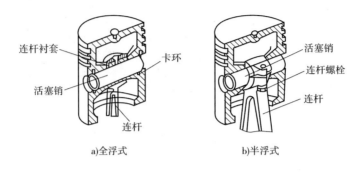

图 2-34 活塞的连接方式

四、连杆

连杆总成由连杆、连杆轴承以及连杆轴承盖等组成,如图 2-35 所示。连杆连接在活塞与曲轴之间,将活塞的动力传递到曲轴,并将活塞的往复运动转变成曲轴的旋转运动。

全浮式活塞销,由于工作时连杆小头孔与活塞销之间有相对运动,所以常常在连杆小头孔中压入减磨的青铜衬套。为了润滑活塞销与衬套,在连杆小头和衬套上铣有油槽或钻有油孔,以收集发动机运转时飞溅上来的润滑油并用以润滑。有的发动机连杆小头采用压力润滑,在连杆杆身内钻有纵向的压力油通道。半浮式活塞销是与连杆小头紧配合的,所以连杆小头孔内不需要衬套,也不需要润滑。

连杆杆身通常做成 I 字形断面(图 2-36),抗弯强度好、重量轻、大圆弧过渡,而且上小下大。采用压力法润滑的连杆,杆身中部都制有连通连杆大、小头的油道。

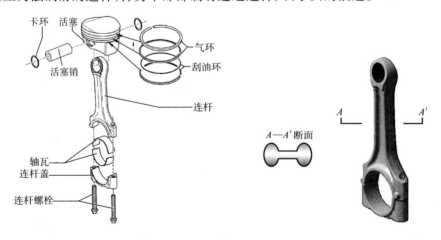

图 2-35 连杆结构　　　　图 2-36 连杆的断面形状

连杆大头与曲轴的连杆轴颈相连,连杆大头有整体式和分开式两种。一般都采用分开式,分开式又分为平分和斜分两种。

平分式的分面与连杆杆身轴线垂直,汽油机多采用这种连杆。因为一般汽油机连杆大头的横向尺寸都小于汽缸直径,可以方便地通过汽缸进行拆装,故常采用平切口连杆。

斜分式的分面与连杆杆身轴线呈30°~60°夹角。柴油机多采用这种连杆。因为柴油机压缩比大,受力较大,曲轴的连杆轴颈较粗,相应的连杆大头尺寸往往超过了汽缸直径,为了使连杆大头能通过汽缸、便于拆装,一般都采用斜切口,最常见的是45°夹角。

把连杆大头分开,取下的部分叫连杆盖,连杆与连杆盖配对加工。加工后,在它们同一侧打上配对记号,安装时不得互相调换或变更方向。为此,在结构上采取了定位措施。平切口连杆盖与连杆的定位多采用连杆螺栓定位,利用连杆螺栓中部精加工的圆柱凸台或光圆柱部分与经过精加工的螺栓孔来保证定位准确。斜切口连杆常用的定位方法有锯齿定位、圆销定位、套筒定位和止口定位。

连杆盖和连杆大头用连杆螺栓连在一起,连杆螺栓在工作中承受很大的冲击力,若折断或松脱,将造成严重事故。为此,连杆螺栓都采用优质合金钢,并精加工和热处理特制而成。安装连杆盖、拧紧连杆螺栓螺母时,要用扭力扳手分2~3次交替均匀地拧紧到规定的力矩,拧紧后还应可靠地锁紧。连杆螺栓损坏后绝不能用其他普通螺栓来代替。

五、连杆轴承

连杆轴承也称连杆轴瓦(俗称小瓦),装在连杆大头内,用以保护连杆轴颈和连杆大头。其在工作时承受着较大的交变载荷、高速摩擦、低速大负荷时润滑困难等苛刻条件。为此,要求轴承具有足够的强度、良好的减磨性和耐腐蚀性。

现代发动机所用的连杆轴承是由钢背和减磨层组成的分开式薄壁轴承,如图2-37所示。

钢背由低碳钢带制成,是轴承的基体。钢背既有足够的强度,以承受近乎冲击性的载荷;又有合适的刚度,以便与轴承孔良好贴合。在钢背的内圆面上浇铸减磨合金层,用以减小摩擦阻力、加速磨合和保持油膜。目前,常用的轴承减磨合金,主要有白合金、铜铅合金和高锡铝合金。

连杆轴承装入连杆大头时有一定的过盈,以便能均匀地紧贴在孔壁上。连杆轴承应具有很好的承载能力和导热能力。

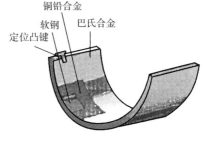

图2-37 连杆轴承的结构

为了防止连杆轴承在工作中发生转动或轴向移动,在两个连杆轴承的剖分面上,分别冲压出高于钢背面的两个定位凸键。装配时,这两个凸键分别嵌入在连杆大头和连杆盖上的相应凹槽中,在连杆轴承内表面上还加工有油槽,用以储油和保证可靠润滑。

一、项目实施环境

(1)发动机实训室。
(2)发动机一台。
(3)常用工具一套、扭力扳手、活塞环拆装钳、厚薄规、连杆校正仪、活塞环压缩器

二、项目实施步骤

1. 活塞连杆的拆装

1)拆卸连杆与活塞总成

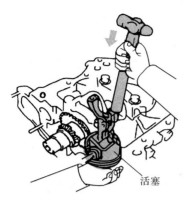

图 2-38 用榔头木柄将连杆与活塞总成推出

拆卸前,先检查连杆盖与连杆间的相对记号,以及连杆与活塞总成朝向曲轴皮带轮端的记号,若没有,应先做上记号;必要时,将各活塞依缸数编号。

拧松固定螺母,取下连杆盖,然后使用榔头木柄将连杆与活塞总成从汽缸体顶部推出,如图 2-38 所示。注意,敲击连杆时不要碰到汽缸内壁,以免损坏汽缸。

2)拆卸活塞环

使用活塞环拆装钳拆下活塞环,如图 2-39 所示。活塞环开口不可过度扩张,取下的活塞环应予编号或依缸数排列。

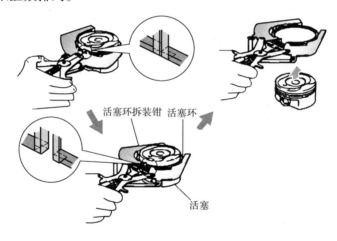

图 2-39 活塞环的拆卸

3)活塞销的拆卸

将活塞径直放入专用工具中。注意,如果专用工具和活塞倾斜,活塞便可能破裂。

使用液压机,将专用工具向里推并拆卸活塞销,如图 2-40 所示。

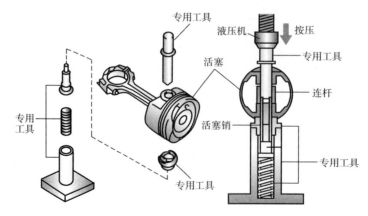

图 2-40 活塞销的拆卸

2. 活塞连杆组的检修

1）活塞的选配

当汽缸的磨损超过规定值及活塞发生异常损坏时，必须对汽缸进行修复，并且要根据汽缸的修理尺寸选配活塞。选配活塞时要注意以下几点：

（1）选用同一修理尺寸和同一分组尺寸的活塞。活塞裙部的尺寸是镗磨汽缸的依据，即汽缸的修理尺寸是哪一级的，活塞也应选用哪一级修理尺寸的活塞。由于活塞的分组，因此只有在选用同一分组活塞后，才能按选定活塞的裙部尺寸进行镗磨汽缸。

（2）同一发动机必须选用同一厂牌的活塞。活塞应成套选配，以保证其材料和性能的一致性。

（3）在选配的成套活塞中，尺寸差和质量差应符合要求。成套活塞中，其尺寸差一般为 0.02～0.025mm，质量差一般为 4～8g，销座孔的涂色标记应相同。

新型汽车的活塞与汽缸的配合都采用选配法，在汽缸的技术要求确定的前提下，重点是选配相应的活塞。我国活塞的修理尺寸的级差为 0.25mm，共分六级，最大为 1.50mm；国外有些车型只有 1～4 个级别。在每一个修理尺寸级别中又分为若干组，通常分为 3～6 组不等，相邻两组的直径差为 0.010～0.015mm。选配时，要注意活塞的分组标记和涂色标记。有的发动机为薄型汽缸套，活塞不设置修理尺寸，只区分标准系列活塞和维修系列活塞，每一系列活塞中也有若干组供选配。活塞的修理尺寸级别代号常打印在活塞顶部。

活塞的分组适用于标准直径的活塞，也适用于修理尺寸的活塞。在维修过程中，若活塞与汽缸套都换用新件，必须进行分组；若汽缸的磨损较小只需更换活塞时，则应选用同一级别中活塞直径最大的一组。

2）活塞环的选配。

活塞环设有与汽缸和活塞相同级别的修理尺寸，但不因活塞的分组而分组。

活塞环选配时，以汽缸的修理尺寸为依据，同一台发动机应选用与汽缸和活塞修理尺寸等级相同的活塞环。当发动机汽缸磨损后，也应选配与汽缸同一级别的活塞环，严禁选择加大一级修理尺寸的活塞环经过锉削端隙来使用。

对活塞环的要求是：与汽缸、活塞的修理尺寸一致；具有规定的弹力，以保证汽缸的密封性；环的漏光度、端隙、侧隙和背隙应符合原厂规定。

（1）活塞环弹力的检验。活塞环的弹力是指使活塞环端隙为零时作用在活塞环上的径向力。活塞环的弹力是建立背压的首要条件，也是保证汽缸密封性的必要条件。弹力过大，会使环的磨损加剧；弹力过小，会使汽缸密封性变差，燃润料消耗增加，燃烧室积炭严重。

（2）活塞环漏光度的检验。活塞环的漏光度检验旨在检测环的外圆表面与缸壁的接触和密封程度，其目的是避免漏光度过大，使活塞环与汽缸的接触面积减小，造成漏气和窜机油的隐患。

常用的活塞环漏光度的简易检查方法是：活塞环置于汽缸内，用倒置的活塞将其推平，用一直径略小于活塞环外径的圆形板盖在环的上侧，在汽缸下部放置灯光，从汽缸上部观察活塞与汽缸壁的缝隙，确定其漏光情况。

对活塞环漏光度的技术要求是：在活塞环端口左右 30°范围内，不应有漏光点；在同一根活塞环上的漏光不得多于两处，每次漏光弧长所对应的圆心角不得超过 25°，同一环上漏光弧长所对应的圆心角之和不得超过 45°；漏光处的缝隙，应不大于 0.03mm。

（3）端隙的检测。将活塞环置入汽缸内，并用倒置的活塞顶部将环推平（对于未加工的汽缸,应推至下止点,即磨损最小处),然后用厚薄规测量(图2-41)。若端隙大于规定值,则应重新选配活塞环;若端隙小于规定值时,应用细平锉刀对环的端口进行锉修。锉修时,只能锉削一端环口且应平整;锉修后,应去除毛刺,以免在工作时刮伤汽缸壁。

(4)侧隙检验。将环放在槽内,围绕环槽滚动一周,应能自由滚动,既不能松动,又不能有阻滞现象。用厚薄规按维修手册中要求检测(图2-42)。间隙过大,会增加耗油量,同时,它也是异常噪声的原因之一;间隙过小,则可能由于热膨胀的原因,造成活塞环和汽缸内壁的损坏。

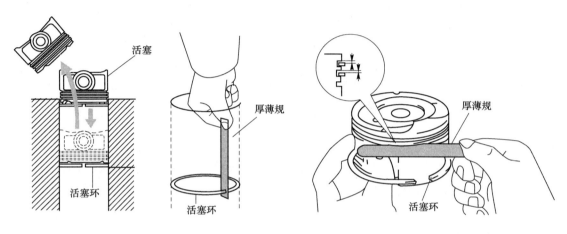

图2-41 活塞环端隙的检查图　　　　图2-42 活塞环侧隙的检查

(5)背隙检验。为测量方便,通常是将活塞环装入活塞内,以环槽深度与活塞环径向厚度的差值来衡量背隙。测量时,将环落入环槽底,再用深度游标卡尺测出环外圆柱面沉入环岸的数值,该数值一般为 0~0.35mm。

在实际操作中,通常是以经验法来判断活塞环的侧隙和背隙。将环置入环槽内,环应低于环岸,且能在槽中滑动自如,无明显松旷感觉即可。

3)活塞销的选配

在发动机工作时,活塞销承受较大的冲击载荷,当活塞销与活塞销座和连杆衬套的配合间隙超过一定数值时,就会由于配合的松旷而发生异响。

发动机大修时,一般应选择标准尺寸的活塞销(有些车型设有修理尺寸),以便为小修留有余地。

选配活塞销的原则是:同一台发动机应选用同一厂牌、同一修理尺寸的成组活塞销;活塞销表面应无任何锈蚀和斑点;质量差在10g范围内。

全浮式活塞销与活塞销座的配合,对于汽油机,在常温下应有微量的过盈(即活塞销不能在座孔内转动);当活塞处于75~80℃时,又有微量的间隙,使活塞销能在座孔内转动,但无间隙感觉。

4)连杆组的检修

连杆组的检修主要有连杆变形的检验与校正、连杆小端衬套的压装与铰削等。

连杆变形的检验在连杆校验仪上进行。

连杆校验仪能检验连杆的弯曲、扭曲、双重弯曲等。

检验时,首先将连杆盖装好,不装连杆轴承,并按规定的紧固力矩将连杆螺栓拧紧,同时将标准心轴装入小端衬套的承孔中。然后将连杆大端套装在支承轴上,通过调整定位螺钉使支承轴扩张,将连杆固定在校验仪上。测量工具是一个带有 V 形槽的"量规"。量规上的三点构成的平面与 V 形槽的对称平面垂直,两下侧点的距离为 100mm,上测点与两下测点连线的距离也是 100mm。

测量时,将量规的 V 形槽靠在心轴上并推向检验平板。如量规的 3 个测点都与检验仪的平板接触,说明连杆不变形。

若上测点与平板接触,两下测点不接触且与平板的间隙一致,或两测点与平板接触,而上测点不接触,表明连杆弯曲。可用厚薄规测出测点与平板之间的间隙,即为连杆在 100mm 长度上的弯曲度(图 2-43)。

若只有一个下测点与平板接触,另一下测点与平板不接触,而且间隙为上测点与平板间隙的两倍,这时,下测点与平板的间隙即为连杆在 100mm 长度上的扭曲度,见图 2-44。

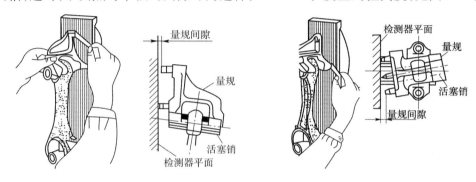

图 2-43　连杆弯曲的检测　　　　图 2-44　连杆扭曲的检测

在测量连杆变形时,有时会遇到下面两种情况:一是连杆同时存在弯曲和扭曲,反映在一个下测点与平板接触,但另一个下测点的间隙不等于上测点间隙的两倍。这时,下测点与平板的间隙为连杆扭曲度,而上测点间隙与下测点间隙的一半的差值为连杆弯曲度;二是连杆存在如图 2-45 所示的双重弯曲,检验时先测量出连杆小端端面与平板距离,再将连杆翻转 180°后,按同样方法测出此距离。若两次测出的距离数值不等,即说明连杆有双重弯曲,两次测量数值之差为连杆双重弯曲度。

在汽车维修技术标准中,对连杆的变形作了如下规定:连杆小端轴线与大端应在同一平面,在该平面上的平行度公差为 100:0.03,该平面的法向平面上的平行度公差为 100:0.06。若连杆的弯曲度和扭曲度超过公差值时,应进行校正。连杆的双重弯曲,通常不予校正,因为连杆大、小头对称平面偏移的双重弯曲极难校正,而双重弯曲对曲柄连杆机构的工作极为有害。因此,应更换连杆。

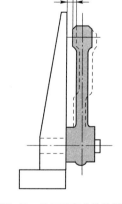

图 2-45　连杆双弯曲的检测

3. 活塞连杆组的安装

1)活塞环的安装

(1)用手组装组合式的油环,如图 2-46a)所示;其上、下合金钢片与弹性衬环的相关位置,如图 2-46b)所示。

(2)使用活塞环拆装钳组装第一及第二道活塞环,环上有字的面必须朝上,并注意第二与第一道环的断面形状不一样,发动机排气量不同的汽车第一道环的断面形状也不一样,如

图 2-47 所示。

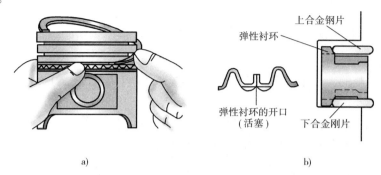

图 2-46　组装式油环与各零件的相关位置

为了提高汽缸的密封性,避免高压气体的泄漏,要求活塞环的开口应交错布置。一般是以第一道活塞环的开口位置为始点,其他各环的开口布置成迷宫状走向。第一道环应布置在做功行程侧压力较小的一侧,其他环(包括油环)依次间隔90°~180°。例如:有三道环的发动机,则每道环间隔120°;四道环的发动机(图 2-48),第二道环与第一道环间隔180°,第三道环与第二道环间隔90°,第三道环与第四道环间隔180°。安装组合油环的上、下刮片时,也要交错排列,两道刮片间隔180°。各环的开口布置都应避开活塞销座和膨胀槽位置。

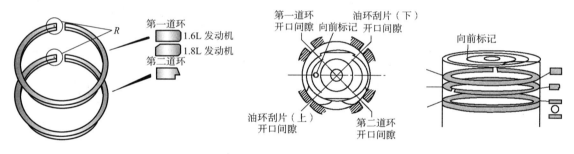

图 2-47　组装第一及第二道活塞环　　　　　图 2-48　活塞环正确安装

2)活塞连杆的装配(图 2-49)

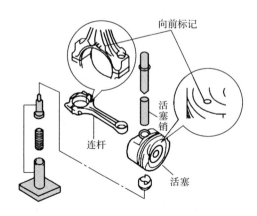

图 2-49　活塞连杆的装配

(1)将活塞和连杆向前标记对准。
(2)将活塞、活塞销和连杆固定到专用工具中,并且用压力器插入活塞销。

3)活塞连杆组的装配

(1)定位汽缸体并保持安装面竖直朝上。注意:如果汽缸体的定位发生偏差或者倾斜,活塞的插入便可能造成连杆损坏汽缸的内壁。

(2)在连轩盖和连杆上安装连杆轴承,在轴承表面涂上发动机机油。

(3)用活塞环压缩器收紧活塞环(图2-50)。注意:如果在活塞环压缩器内转动活塞,则活塞环的位置可能改变或损坏。如果将活塞环压缩器放至活塞裙部下面,则很难把活塞放到汽缸中。在活塞环压缩器的内表面涂油,以免损坏活塞和活塞环。

(4)用锤柄轻轻敲打,将活塞从汽缸顶部插入,其定位向前标记应当朝向发动机的前面,见图2-51。

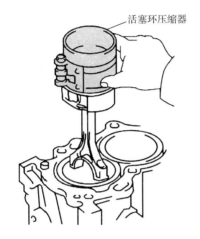 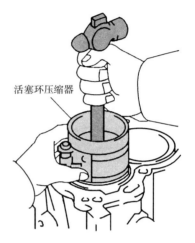

图2-50 用活塞环压缩器压紧活塞环　　　图2-51 将活塞敲打入汽缸

(5)安装连杆盖并上紧螺栓。

(6)每次装配时,转动曲轴,确保其能够自由转动,然后装配活塞。

任务工作单

学习情境二:汽缸压力低故障检修 工作任务二:活塞环更换	班级		
	姓名		学号
	日期		评分

一、工作单内容

了解活塞连杆组的组成与检修内容。

二、准备工作

说明:每位学生应在工作任务实施前独立完成准备工作。

1. 掌握活塞连杆组的组成及其作用。
2. 掌握活塞连杆组损伤原因。
3. 掌握活塞连杆组检修方法。

三、任务实施

了解活塞连杆组的结构组成,对损坏的活塞连杆组进行正确检修。

1. 活塞连杆组的组成(看图填空)

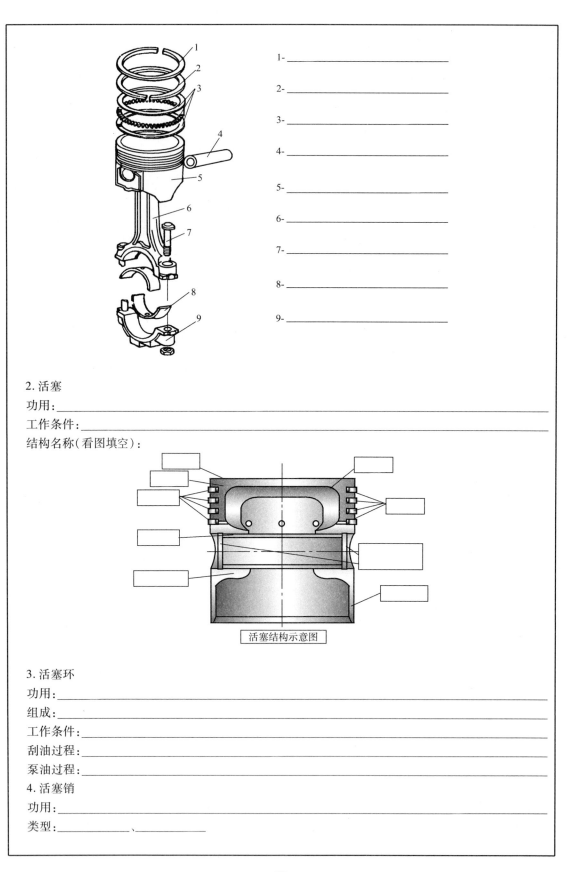

1-_____

2-_____

3-_____

4-_____

5-_____

6-_____

7-_____

8-_____

9-_____

2. 活塞

功用：_____

工作条件：_____

结构名称（看图填空）：

活塞结构示意图

3. 活塞环

功用：_____

组成：_____

工作条件：_____

刮油过程：_____

泵油过程：_____

4. 活塞销

功用：_____

类型：_____、_____

— 52 —

5.连杆
功用:_____
工作条件:_____
连杆的变形检修:_____
变形原因:_____
检测工具及方法:_____
连杆的弯扭检测:_____
变形修理方法:_____

四、工作小结

通过此工作任务的实施,各小组集中完成下述工作。

1.掌握活塞连杆组的总体结构组成。

2.掌握活塞连杆组的损伤原因及检修方法。

3.对本次工作任务,你还有哪些好的意见和建议?

工作任务三　曲轴、轴承更换

 任务概述

1. 应知应会

通过本工作任务的学习与具体实施,学生应学会下列知识:

(1)熟悉曲轴飞轮组的基本组成。

(2)能正确描述曲轴飞轮组各主要零件的构造。

(3)能正确检修曲轴和飞轮。

应该掌握下列技能:

(1)能认识曲轴飞轮组的各组成部件。

(2)能正确地对曲轴飞轮组进行拆装。

2. 学习要求

(1)在每个工作任务的学习过程中,完成相关任务工作单的填写,并通过课程网络及时提交给相关教师。任务工作单提交方法详见课程网站。

(2)在每个学习情境实施阶段的中期或后期,按要求填写检修工作单。学习情境学习结束后按要求填写学生考核记录表,进行自我评价后交小组长,小组长评价后连同检修工作单统一交教师。

(3)每个学习情境学习到评价环节时,个人进行任务完成情况的评估。教师对小组抽查,被抽查的个人上台进行讲评。

 相关知识

曲轴飞轮组主要由曲轴、飞轮、正时齿轮或正时链轮、V形带轮以及曲轴扭转减振器等组成,发动机的曲轴飞轮组如图2-52所示。

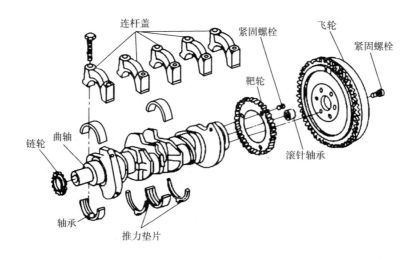

图2-52　曲轴飞轮组

一、曲轴

1. 曲轴的功用与工作条件

曲轴的主要功用是把活塞连杆组传来的气体压力转变为转矩并对外输出；另外，还用来驱动发动机的配气机构和其他各种辅助装置。

曲轴在工作时，要承受周期性变化的气体压力、往复惯性力和离心力，以及它们产生的转矩和弯矩的共同作用。因此，要求曲轴应由韧性和耐磨性都比较高的材料制造，一般采用中碳钢或中碳合金钢模锻。

2. 结构与平衡

曲轴的基本组成包括前端轴、主轴颈、连杆轴颈、曲柄、平衡重和后端凸缘等（图2-53）。

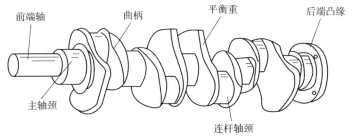

图2-53 曲轴的结构

一个连杆轴颈与它两端的曲柄及主轴颈构成一个曲拐。曲轴的曲拐数取决于汽缸的数目和排列方式。直列发动机曲轴的曲拐数等于汽缸数；V形发动机曲轴的曲拐数等于汽缸数的一半。

主轴颈是曲轴支承部分。每个连杆轴颈两边都有一个主轴颈，称为全支承曲轴，全支承曲轴的主轴颈总比连杆轴颈数多一个；主轴颈少于连杆轴颈者，称为非全支承曲轴。全支承曲轴的优点是可以提高曲轴的刚度，且主轴承的负荷较小。故它在汽油机和柴油机中广泛采用。

曲轴上开有贯穿主轴承、曲柄和连杆轴承的油道，以使主轴承内的润滑油经此贯穿油道流至连杆轴承，如图2-54所示。

平衡重用来平衡连杆大头、连杆轴颈和曲柄等产生的离心力及其力矩，有时还为了平衡部分往复惯性力及其力矩，使发动机运转平稳，并可减小曲轴主轴承的负荷。

现代小型高速发动机为减小噪声，采用平衡轴来提高曲轴的平衡度。平衡轴通常使用两根，断面为半圆，使用胶木斜齿轮与曲轴齿轮啮合。平衡轴与曲轴转动方向相反，以消除曲轴旋转的惯性力，如图2-55所示。

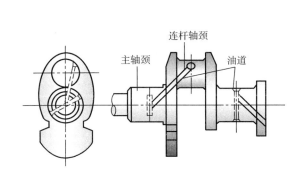

图2-54 曲轴内油道

图2-55 平衡轴

曲轴前端装有正时齿轮、驱动水泵的皮带轮以及起动爪等。为了防止机油沿曲轴轴颈外漏,在曲轴前端装有一个甩油盘,在齿轮室盖上装有油封。曲轴的后端用来安装飞轮,在后轴颈与飞轮凸缘之间做成挡油凸缘与回油螺纹,以阻止机油向后窜漏。

3. 曲拐的布置

曲轴的形状和曲拐相对位置(即曲拐的布置)取决于汽缸数、汽缸排列和发动机的发火顺序。安排多缸发动机的发火顺序,应注意使连续做功的两缸相距尽可能远,以减轻主轴承的载荷,同时避免可能发生的进气重叠现象。做功间隔应力求均匀,也就是说发动机在完成一个工作循环的曲轴转角内,每个汽缸都应发火做功一次,而且各缸发火的间隔时间以曲轴转角表示,称为发火间隔角。四冲程发动机完成一个工作循环曲轴转两圈,其转角为720°,在曲轴转角720°内发动机的每个汽缸应该点火做功一次。而且点火间隔角是均匀的,因此四冲程发动机的点火间隔角为720°/i(i为汽缸数目),即曲轴每转720°/i,就应有一缸做功,以保证发动机运转平稳。

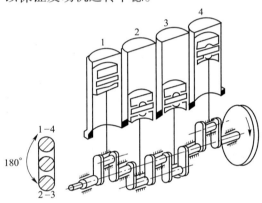

图 2-56 4 缸发动机曲拐布置图

(1)4 缸四冲程发动机的发火顺序和曲拐布置,如图 2-56 所示。4 缸四冲程发动机的发火间隔角为 720°/4 = 180°,曲轴每转半圈(180°)做功一次,4 个缸的做功行程是交替进行的,并在 720°内完成。因此,可使曲轴获得均匀的转速,工作平稳柔和。对于每一个汽缸来说,其工作过程和单缸机的工作过程完全相同,只不过是要求它按照一定的顺序工作,即为发动机的工作顺序,也叫作发动机的发火顺序。可见,多缸发动机的工作顺序(发火顺序)就是各缸完成同名行程的次序。4 缸发动机四个曲拐布置在同一平面内。1、4 缸在上,2、3 缸在下,互相错开 180°,其发火顺序的排列只有两种可能,即为 1-3-4-2 或为 1-2-4-3,两种工作顺序的发动机工作循环分别,见表 2-1 和表 2-2。

点火顺序为 1-3-4-2 工作循环表　　　　　　　　　　　　　　　　表 2-1

曲轴转角	第1缸	第2缸	第3缸	第4缸
0 ~ 180°	做功	排气	压缩	进气
180° ~ 360°	排气	进气	做功	压缩
360° ~ 540°	进气	压缩	排气	做功
540° ~ 720°	压缩	做功	进气	排气

点火顺序为 1-2-4-3 工作循环表　　　　　　　　　　　　　　　　表 2-2

曲轴转角	第1缸	第2缸	第3缸	第4缸
0 ~ 180°	做功	压缩	排气	进气
180° ~ 360°	排气	做功	进气	压缩
360° ~ 540°	进气	排气	压缩	做功
540° ~ 720°	压缩	进气	做功	排气

(2)四冲程直列 6 缸发动机的发火顺序和曲拐布置,如图 2-57 所示。四冲程直列 6 缸发

动机发火间隔角为 720°/6 = 120°,六个曲拐分别布置在三个平面内,一种发火顺序是 1-5-3-6-2-4,国产汽车的 6 缸直列发动机都用这种形式,其工作循环见表 2-3。另一种发火顺序是 1-4-2-6-3-5。

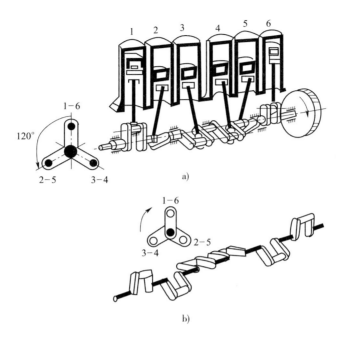

图 2-57 6 缸发动机曲拐布置图

点火顺序为 1-5-3-6-2-4 发动机工作循环表 表 2-3

曲轴转角		第 1 缸	第 2 缸	第 3 缸	第 4 缸	第 5 缸	第 6 缸
0~180°	60°	做功	排气	进气	做功	压缩	进气
	120°	做功	排气	压缩	排气	压缩	进气
	180°	做功	进气	压缩	排气	做功	进气
180°~360°	240°	排气	进气	压缩	排气	做功	压缩
	300°	排气	进气	做功	进气	做功	压缩
	360°	排气	进气	做功	进气	排气	压缩
360°~540°	420°	进气	压缩	做功	进气	排气	做功
	480°	进气	压缩	排气	压缩	排气	做功
	540°	进气	做功	排气	压缩	进气	做功
540°~720°	600°	压缩	做功	排气	压缩	进气	排气
	660°	压缩	做功	进气	做功	进气	排气
	720°	压缩	排气	进气	做功	压缩	排气

(3)四冲程 V 形 8 缸发动机的发火顺序和曲拐布置。四冲程 V 形 8 缸发动机的发火间隔角为 720°/8 = 90°,V 形发动机左右两列中对应的一对连杆共用一个曲拐,所以 V 形 8 缸发动机只有四个曲拐(图 2-58)。曲拐布置可以与 4 缸发动机相同,四个曲拐布置在同一平面内,也可以布置在两个互相错开 90°的平面内,使发动机得到更好的平衡。发火顺序为 1-8-4-3-6-5-7-2。其工作循环见表 2-4。

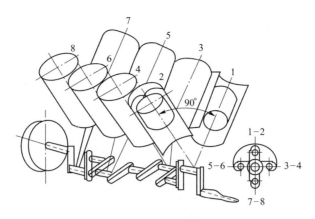

图 2-58 8 缸发动机曲拐布置图

点火顺序为 1-8-4-3-6-5-7-2 发动机工作循环表　　　　　　表 2-4

曲轴转角		第1缸	第2缸	第3缸	第4缸	第5缸	第6缸	第7缸	第8缸
0~180°	90°	做功	做功	进气	压缩	排气	进气	排气	压缩
	180°			排气	压缩	进气			做功
180°~360°	270°	排气			做功		压缩	进气	
	360°			进气	做功	压缩			排气
360°~540°	450°	进气			排气		做功	压缩	
	540°			压缩	排气	进气			进气
540°~720°	630°	压缩			进气		排气	做功	
	720°			做功	进气	排气			压缩

4. 扭转减振器

发动机运转时,各缸气体压力和往复运动件的惯性力周期性地作用在曲轴连杆轴颈上,给曲轴一个周期性变化的扭转外力,使曲轴发生忽快忽慢的转动,从而形成曲轴对于飞轮的扭转摆动,即曲轴的扭转振动。为了消减曲轴的扭转振动,有的发动机在曲轴前端装有扭转减振器。

常用的扭转减振器还有摩擦式和黏液(硅油)式等数种。

橡胶式扭转减振器(图 2-59)是将减振器圆盘用螺栓与曲轴带轮紧固在一起,橡胶层与圆盘及惯性盘硫化在一起。当曲轴发生扭转振动时,力图保持等速转动的惯性盘便使橡胶层发生内摩擦,从而消除了扭转振动的能量,避免扭振。

二、飞轮

飞轮的主要功用是通过储存和释放能量来提高发动机运转的均匀性和改善发动机克服短暂超负荷的能力,与此同时,又将发动机的动力传给离合器。

飞轮是一个转动惯量很大的圆盘,为了保证在有足够转动惯量的前提下,尽可能减小飞轮的质量,应使飞轮的大部分质量都集中在轮缘上,因而轮缘通常做宽而厚(图 2-60)。

飞轮多采用灰铸铁制造,当轮缘的圆周速度超过 50m/s 时,要采用强度较高的球墨铸铁或铸钢制造。

飞轮外缘上压有一个齿环,当发动机起动时,起动机齿轮与之啮合,带动曲轴旋转。飞轮上通常刻有点火正时或供油正时记号,以便校准点火时间。

飞轮与曲轴装配后应进行动平衡,否则,在旋转时因质量不平衡而产生的离心力,将引起发动机的振动并加速主轴承的磨损。进行动平衡后的曲轴与飞轮的位置是固定不变的。为避免因装错而引起错位,使平衡受到破坏,飞轮与曲轴之间应有严格的相对位置,用定位销或不对称布置的螺栓予以保证。

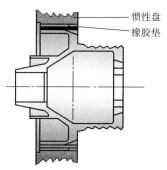

图 2-59　橡胶式扭转减振器

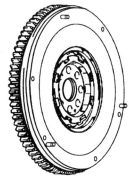

图 2-60　飞轮

三、知识拓展

1. 自动热补偿活塞

在活塞销座处镶铸恒范钢片的活塞称恒范活塞。由于恒范活塞在销座处只靠恒范钢片与活塞裙相连且恒范钢的热膨胀系数只有铝合金的 1/10 左右,因此当温度升高时,在恒范钢片的牵制下,裙部在活塞销孔轴线方向的热膨胀量很小。若将普通碳素钢片铸在销座处的铝合金层内侧形成双金属壁,则由于两种金属的热膨胀系数不同,当温度升高时双金属壁发生弯曲,而钢片两端的距离基本不变,从而限制了裙部的热膨胀量。因为这种控制热膨胀的作用随温度升高而增大,所以称为自动热补偿活塞,见图 2-61。

2. 发动机平衡轴机构

发动机工作时,曲柄连杆机构的运动质量将产生惯性力。往复运动件将产生往复惯性力,旋转运动件将产生旋转惯性力(即离心力)。这些不平衡的力及其产生的力矩会引起发动机的振动、冲击和噪声,加大车室内的噪声,降低汽车的平顺性和舒适性,影响轿车和发动机的使用寿命。为此,必须将引起汽车振动和噪声的发动机不平衡力及不平衡力矩减小到最低限度。

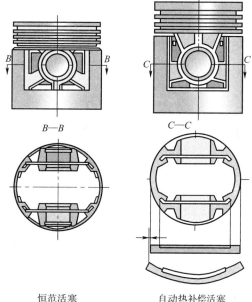

恒范活塞　　　自动热补偿活塞

图 2-61　恒范钢活塞和自动热补偿活塞

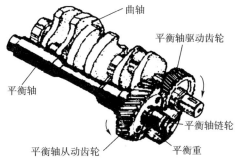

图 2-62　3 缸发动机平衡轴机构

在曲轴的曲柄臂上设置的平衡重,只能平衡旋转惯性力及其力矩,而往复惯性力及其力矩的平衡则需采用专门的结构来进行平衡。为了达到对这些惯性力的平衡,有些发动机增加了一根或多根平衡轴。

四冲程直列 3 缸发动机的曲轴为 3 个曲拐互呈 120°夹角的空间曲轴,其往复惯性力矩不平衡。例如:夏利 1L 3 缸机上所采用的平衡轴机构,如图 2-62

— 59 —

所示。平衡轴由曲轴前端的平衡轴驱动齿轮驱动。平衡轴与曲轴转速相同,转向相反。发动机运转时,由于平衡轴的旋转方向与曲轴的旋转方向相反,其前端平衡重所产生的离心力便可与曲轴所受的弯矩相平衡,从而提高了曲轴的使用寿命。平衡轴驱动齿轮和平衡轴从动齿轮上都刻有啮合对正标记,装配平衡轴时,必须将对正记号对齐。

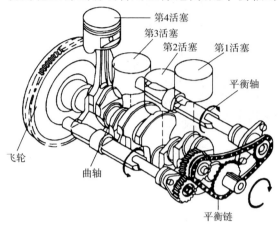

图 2-63 4缸直列发动机平衡轴机构

常见的四冲程直列4缸发动机通常采用两根平衡轴机构,如图 2-63 所示。两根平衡轴一高一低在汽缸中心线左右等距布置,上方的平衡轴与曲轴旋转方向相同,下方的平衡轴转向相反,上下平衡轴的垂直距离等于连杆长度的 0.7 倍。这种平衡机构可以显著降低由往复惯性力产生的振动和噪声。不过,大部分直列4缸轿车发动机都不装任何平衡轴机构,这是因为,对于小缸径的单列4缸机来说,在发动机支撑上采取适当的减振措施,也可以满足整车平稳性要求的。

3. 曲柄连杆机构的受力分析

发动机工作时,曲柄连杆机构是在高温、高压、高速和有化学腐蚀的条件下工作的。由于曲柄连杆机构是在高压下做变速运动,因此,它在工作中的受力情况很复杂。其中,主要有气体作用力、运动质量的惯性力、旋转运动件的离心力以及相对运动件的接触表面所产生的摩擦力等。

1)气体作用力

在每个工作循环的4个行程中,气体压力始终存在。但由于进气、排气两个行程中的气体压力较小,对机件影响不大。

在做功行程中,气体压力推动活塞向下运动(图 2-64a)。设活塞所受的总压力为 F_p,其传到活塞销上可分解为 F_{p1} 和 F_{p2}。分力 F_{p1} 通过活塞销传给连杆,并沿连杆方向作用在连杆轴颈上。F_{p1} 还可分解为两个分力 F_R 和 F_S。分力 F_R 沿曲柄方向使曲轴主轴颈与主轴承间产生压紧力;分力 F_S 垂直于曲柄,其除了使主轴颈和主轴承之间产生压紧力外,还对曲轴产生转矩 T,驱动曲轴旋转。F_{p2} 把活塞压向汽缸壁,形成活塞与缸壁间的侧压力,有使机体翻倒的趋势,故机体下部的两侧应支撑在车架上。

做功行程中,气体压力越大,发动机动力也越大。但气体压力又是造成机件磨损和损坏的主要因素。

在压缩行程中,气体压力是阻碍活塞向上运动的阻力。这时,作用在活塞顶上的气体总压力也可分解为 F'_{p1} 和 F'_{p2}(图 2-64b),F'_{p1} 又可分解为 F'_R 和 F'_S。分力 F'_S 对曲轴形成一个旋转阻力矩 T',企图阻止曲轴旋转;而 F'_{p2} 则将活塞压向汽缸的另一侧壁。

2)往复惯性力与离心力

往复运动的物体,当运动速度变化时,将产生往复惯性力。物体绕某一中心做旋转运动时,就会产生离心力。这两种力在曲柄连杆机构的运动中都存在。

当活塞从上止点向下止点运动时,其速度变化规律是:从零开始,逐渐增大,临近中间达最大值,然后又逐渐减小至零。也就是说,当活塞向下运动时,前半行程是加速运动,惯性力向上,以 F_j 表示(图 2-65a);后半行程是减速运动,惯性力向下,以 F'_j 表示(图 2-65b)。同理,当活塞向上运动时,前半行程惯性力向下,后半行程惯性力向上。由于往复惯性力和气体压力都可以认为作用于汽缸中心,只是上下方向有时不同,因此,惯性力分解后引起各传动机件的受力情况和气体压力相同。但惯性力不作用于汽缸盖,它在单缸发动机内部是不平衡的,会引起发动机上下振动,多缸发动机的惯性力可能在各缸之间相互平衡,引起振动的倾向大为减小。

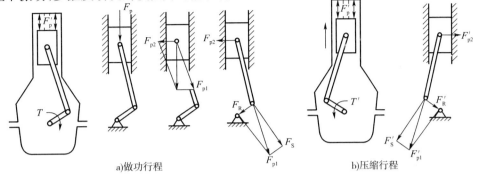

a)做功行程　　　　　　　　　　　　　　b)压缩行程

图 2-64　气体压力作用情况示意图

偏离曲轴轴线的曲柄、连杆轴颈和连杆大头在绕曲轴轴线旋转时,将产生离心力 F_c,如图 2-65 所示,其方向沿曲柄向外。F_c 在垂直方向上的分力 F_{cy} 与往复惯性力 F_j 的方向总是一致,因而加剧了发动机的上下振动。而水平方向上的分力 F_{cx} 则使发动机产生水平方向的振动。另外,离心力使连杆大头的轴承和轴颈、曲轴主轴承和轴颈受到又一附加载荷,增加了它们的变形和磨损。

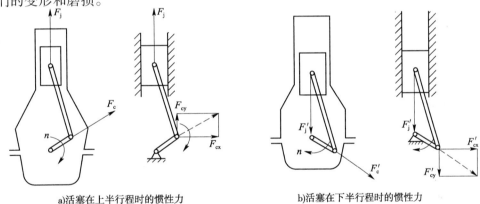

a)活塞在上半行程时的惯性力　　　　　　b)活塞在下半行程时的惯性力

图 2-65　往复惯性力和离心力作用示意图

3)摩擦力

曲柄连杆机构中,互相接触的表面做相对运动时都存在有摩擦力,其大小与正压力和摩擦系数成正比,其方向总是与相对运动的方向相反。摩擦力的存在是造成配合表面磨损的根源。上述各种力,作用在曲柄连杆机构的各有关零件上,使它们受到拉伸、压缩、弯曲和扭转等不同形式的载荷。为了保证工作可靠、减少磨损、减轻振动,在结构上应采取相应的措施。

任务实施

一、项目实施环境

(1)发动机实训室。
(2)发动机一台。
(3)常用工具一套、扭力扳手、百分表、外径千分尺。

二、项目实施步骤

1. 曲轴的拆卸

分 2~3 次放松连杆盖的固定螺栓,螺栓的放松顺序,如图 2-66 所示。必要时将连轩盖编号,并做上方向性记号。

若取下连杆轴承,应依序编号;注意上轴承有机油槽及油孔,而下轴承则没有。

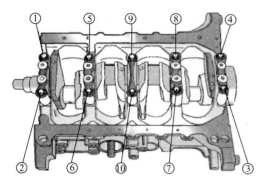

图 2-66　连杆盖固定螺栓的放松顺序

2. 曲轴的检修

曲轴的检验主要包括裂纹的检验、变形的检验和磨损的检验。

1) 曲轴裂纹的检修

曲轴清洗后,首先应检查有无裂纹。可用磁力探伤器或染色渗透剂进行裂纹的检验。曲轴检验出裂纹,一般应报废。

2) 曲轴弯曲变形的检修

检验弯曲变形,应以两端主轴颈的公共轴线为基准,检查中间主轴颈的径向圆跳动误差。检验时,将曲轴两端主轴颈分别放置在检验平板的 V 形块上,将百分表触头垂直抵在中间主轴颈上,慢慢转动曲轴一圈,百分表指针所示的最大摆差(图 2-67),即中间主轴颈的径向圆跳动误差值,若大于 0.15mm,则应进行压力校正。低于此限,可结合磨削主轴颈予以修正。

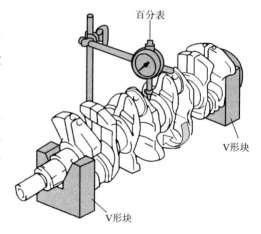

图 2-67　曲轴弯曲的检测

曲轴弯曲变形的校正,一般可采用冷压校正法。

冷压校正是将曲轴用 V 形块架住两端主轴颈,用油压机沿曲轴弯曲相反方向加压。由于钢质曲轴的弹性作用,压弯量应为曲轴弯曲量的 10~15 倍,并保持 2~4min,为减小弹性后效作用,最好采用人工时效法消除。人工时效处理,即在冷压后,将曲轴加热至 573~773K,保温 0.5~1h,便可消除冷压产生的内应力。

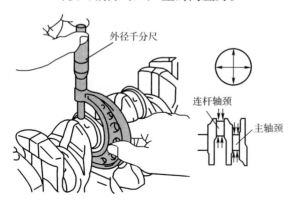

图 2-68　曲轴轴颈磨损检查测量部位

3) 曲轴扭曲变形的检修

曲轴扭曲变形的检验是将连杆轴颈转到水平位置上,用百分表分别确定同一方位上两个轴颈的高度差,即为扭曲变形量。

4) 曲轴轴颈磨损的检修

对经探伤检查而允许修复的曲轴,必须再进行轴颈磨损量的检查:先检视轴颈有无磨痕和损伤,再测量主轴颈和连杆轴颈的圆度误差和圆柱度误差。对曲轴短轴颈的磨损,以检验圆度误差为主,对长轴颈则必须检验圆度和圆柱度误差,如图 2-68 所示。

曲轴的主轴颈和连杆轴颈磨损后,若其圆度、圆柱度误差超过0.025mm,应按修理尺寸进行光磨。曲轴轴颈的磨削应在弯、扭校正后进行。磨削加工设备通常采用专用曲轴磨床。

3. 轴承的选配

轴承的选配包括选择合适内径的轴承,以及检验轴承的高出量、自由弹开量、定位凸点和轴承钢背表面质量等内容。

1) 选择轴承内径

根据曲轴轴承的直径和规定的径向间隙选择合适内径的轴承。现代发动机曲轴轴承制造时,根据选配的需要,其内径直径已制成一个尺寸系列。

2) 检验轴承钢背质量

要求定位凸点完整,轴承钢背光整无损。

3) 检验轴承自由弹开量

要求轴承在自由状态下的曲率半径大于座孔的曲率半径,如图2-69a)所示,保证轴承压入座孔后,可借轴承自身的弹力作用与轴承座贴合紧密。

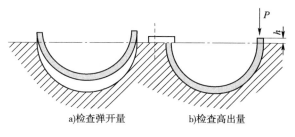

4) 检验轴承的高出量

轴承装入座孔内,上、下两片的每端均应高出轴承座平面0.03~0.05mm,称为高

图2-69 轴承的检查

出量(图2-69b)。轴承高出座孔,以保证轴承与座孔紧密贴合,提高散热效果。

5) 轴承的修理

现代汽车发动机的曲轴轴承已按直接选配的要求设计制造,不需要再进行刮削。但由于我国汽车配件市场尚不完善,考虑到野外作业等特殊情况,仍供应一定数量的有刮削余量的轴承。可刮削轴承的预留刮削余量一般为0.03~0.06mm。刮削时应注意:刀要锋利,避免用刀尖,一次刮削面积要小,要刮重留轻、刮大留小、边刮边试配。经刮削后,轴承的径向间隙应符合规定,轴承上的接触印痕的面积应不小于75%。

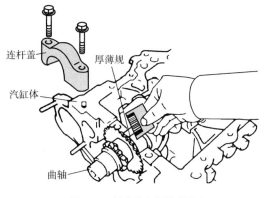

图2-70 轴承径向间隙的检查

(1) 轴承径向间隙的检验。检验时,把线规纵向放入轴承中,见图2-70,按原厂规定的拧紧力矩紧固连杆盖,在拧紧过程中应注意防止曲轴转动。然后拆下连杆盖,取出已压展的塑料线规,与附带有不同宽度色标的量规或第一道主轴承侧面上不同宽度的刻线相对比,与塑料规压展宽度相等的刻线所标示的值,即为轴承的间隙值。例如,上海桑塔纳轿车的测量线规用颜色来标识间隙值,如绿色表示间隙为0.025~0.076mm,红色表示间隙为0.05~0.15mm,蓝色表示间隙为0.10~0.23mm。

(2) 轴向间隙的检验与调整。曲轴轴向间隙一般为0.05~0.20mm,使用极限为0.35mm。

检验时,可用撬棒将曲轴移动靠紧一侧,然后用厚薄规测量另一侧的间隙。曲轴轴承间隙的调整是通过更换不同厚度的、装在曲轴前端或后端的推力环进行的;有的则是更换装在中间的、不同侧面厚度的推力环轴承进行调整的。

任务工作单

学习情境二:汽缸压力低故障检修	班级			
工作任务三:曲轴、轴承更换	姓名		学号	
	日期		评分	

一、工作单内容
了解曲轴飞轮组的组成与检修内容。

二、准备工作
说明:每位学生应在工作任务实施前独立完成准备工作。
1. 掌握曲轴飞轮组的组成及其作用。
2. 掌握曲轴飞轮组损伤原因。
3. 掌握曲轴飞轮组检修方法。

三、任务实施
了解曲轴飞轮组的结构组成,对损坏的曲轴飞轮组进行正确检修。
1. 曲轴
作用:_____
分类:_____
组成:_____
2. 曲轴裂纹的检修
产生原因:_____
观察法:_____
磁力探伤:_____
浸油敲击法:_____
3. 曲轴弯曲变形的检修
产生原因:_____
检修方法:_____
4. 曲轴扭曲变形的检修
产生原因:_____
检修方法:_____
5. 曲轴轴颈磨损的检修
产生原因:_____
检修方法:_____

四、工作小结
通过此工作任务的实施,各小组集中完成下述工作。
1. 掌握曲轴飞轮组的总体结构组成。

2. 掌握曲轴飞轮组的损伤原因及检修方法。

3. 对本次工作任务,你还有哪些好的意见和建议?

学习情境三　配气机构异响故障检修

情境概述

本情境主要讲授发动机配气机构的作用、分类、组成与基本工作原理,配气机构的拆装及维修技能。根据岗位职业能力的要求,本情境共安排三个真实的工作任务。

一、职业能力分析

通过本情境的学习,期望达到下列目标。

1. 专业能力

(1)了解配气机构的组成、结构。
(2)能正确拆装配气机构各组成部件。
(3)能正确检修配气机构各组成部件。

2. 社会能力

(1)通过分组活动,培养团队协作能力。
(2)通过规范文明操作,培养良好的职业道德和安全环保意识。
(3)通过小组讨论、上台演讲评述,培养与客户的沟通能力。

3. 方法能力

(1)通过查阅资料、文献,培养个人自学能力和获取信息能力。
(2)通过情境化的工作任务活动,掌握解决实际问题的能力。
(3)填写任务工作单,制订工作计划,培养工作能力。
(4)能独立使用各种媒体完成学习任务。

二、学习情境描述

驾驶员反映其驾驶汽车的发动机在低、中、高速运转时,均发出有节奏、连续清脆的"嗒嗒"金属敲击声。经初步判断,是配气机构中的气门脚异响。

为了能够排除故障,必须掌握配气机构的功用以及对发动机的影响,掌握配气机构的组成、工作原理及相应的检修内容。

三、教学环境要求

本情境要求,在理实一体化专业教室和专业实训室完成。要求配备带发动机翻转台架的发动机四台、各种拆装工具四套。同时,提供相关发动机的技术手册、使用说明书;可以用于资料查询的电脑、任务工作单、多媒体教学设备、课件和视频教学资料等。

学生分成四个小组,各组独立完成相关的工作任务,并在教学完成后提交任务工作单。

工作任务一　正时链条更换

1. 应知应会

通过本工作任务的学习与具体实施,学生应学会下列知识:

(1)熟悉配气机构组成及各个组成元件的结构和工作原理。

(2)了解配气系统如何工作,理解配气相位、配气正时、气门间隙概念。

(3)掌握气门间隙的调整方法及气门组零件的修理方法。

应该掌握下列技能:

(1)掌握气门间隙的调整方法与气门研磨方法。

(2)掌握配气系统的故障分析和排除方法。

2. 学习要求

(1)在每个工作任务的学习过程中,完成相关任务工作单的填写,并通过课程网络及时提交给相关教师。任务工作单提交方法详见课程网站。

(2)在每个情境实施阶段的中期或后期,按要求填写检修工作单。本情境学习结束后,按要求填写学生考核记录表,进行自我评价后交小组长,小组长评价后连同检修工作单统一交教师。

(3)每个情境学习到评价环节时,个人进行任务完成情况的评估。教师对小组抽查,被抽查的个人上台进行讲评。

配气机构是控制发动机进气和排气的装置,其作用是按照发动机的工作循环和点火次序的要求,定时开启和关闭各缸的进、排气门,以便在进气行程使尽可能多的可燃混合气(汽油机)或空气(柴油机)进入汽缸,在排气行程将废气快速排出汽缸。配气机构是发动机的两大核心机构之一,其结构和性能的优劣直接影响发动机的总体性能。

一、配气机构的基本组成

配气机构,如图3-1所示。配气机构由气门组和气门传动组组成。气门组包括气门、气门座、气门导管和气门弹簧等部件。气门传动组主要包括凸轮轴、凸轮轴正时带轮、正时齿形带、张紧轮、液压挺柱等部件。

发动机工作时,曲轴通过曲轴正时带轮、正时齿形带、凸轮轴正时带轮驱动凸轮轴旋转,当凸轮轴转到凸轮的凸起部分顶到液压挺柱时,通过液压挺柱压缩气门弹簧,使气门离座,即气门开启。当凸轮凸起部分离开液压挺柱时,气门便在气门弹簧力的作用下上升而落座,气门关闭。

由于四冲程发动机每完成一个工作循环,曲轴旋转2周,而各缸进、排气门各开启1次,完成一次进气和排气,此时凸轮轴只旋转1周。因此,曲轴与凸轮轴的转速比为2:1,即凸轮轴正时带轮的齿数是曲轴正时带轮齿数的2倍。

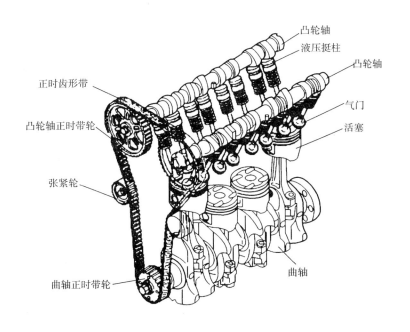

图 3-1 配气机构

二、配气机构的类型

发动机配气机构的形式多种多样,其主要区别在于气门布置形式和数量、凸轮轴布置形式和驱动方式。

1. 顶置式气门配气机构

顶置式气门配气机构是应用最广泛的一种形式。它的主要特点是安装在汽缸盖上,气门头部朝下,开启时向下运动。这种布置方式的优点是进气阻力小,充气系数大,燃烧室结构紧凑,有利于提高发动机的动力性和经济性。一汽捷达、上海桑塔纳、天津夏利等汽车发动机均采用顶置式气门配气机构。若凸轮轴中置或下置时,该机构的缺点就比较明显,即凸轮轴与气门相距较远,气门传动零件较多,结构较复杂,发动机的高度也有所增加等。

1)单顶置凸轮轴式配气机构(SOHC)

单顶置凸轮轴式配气机构(Single Over Head Camshaft,SOHC)是通过一根凸轮轴驱使进、排气门动作,其特征为气门和凸轮轴都设置在汽缸盖上。凸轮轴由正时链条或正时齿形带驱动,不需要推杆,摇臂和摇臂轴可有可无。

(1)单顶置凸轮轴、无摇臂和摇臂轴配气机构,如图3-2所示。凸轮轴通过液压挺柱直接驱动气门开启,无推杆和摇臂总成,气门排成一列。桑塔纳2000GSi车型AJR发动机配气机构即为此种形式。

(2)单顶置凸轮轴、单摇臂和摇臂轴配气机构,如图3-3所示。凸轮轴通过摇臂直接驱动气门开

图 3-2 单顶置凸轮轴无摇臂和摇臂轴配气机构

启,气门排成两列。通常,在发动机冷态装配时,在气门与其传动机构中,留有适当的间隙,以补偿气门受热后的膨胀量,这一预留间隙通常称为气门间隙。为了能够检查与调整气门间隙,一般在摇臂(或挺柱)上装有调整螺钉及其锁紧螺母。

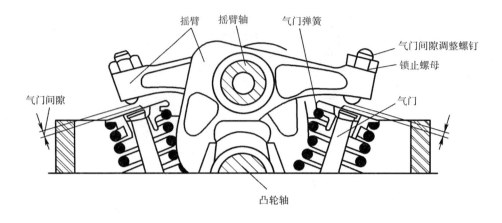

图3-3 单顶置凸轮轴、单摇臂和摇臂轴配气机构

(3)单顶置凸轮轴、双摇臂和摇臂轴配气机构,如图3-4所示。凸轮轴分别通过进气摇臂和排气摇臂驱动进气门和排气门开启,由于进、排气门排成两列,所以驱动进、排气门的进气摇臂和排气摇臂分别安装在各自的摇臂轴上。

(4)单顶置凸轮轴、有摇臂、无摇臂轴配气机构,如图3-5所示。凸轮轴位于摇臂上方,采用浮动式摇臂(只有摇臂而无摇臂轴),在摇臂上设有滚动轴承;摇臂与液压挺柱采用球面接触,并作为摇臂摆转的支点,气门排成一列。液压挺柱可以自动调整气门间隙(使气门间隙为0),减少了噪声,但结构复杂。

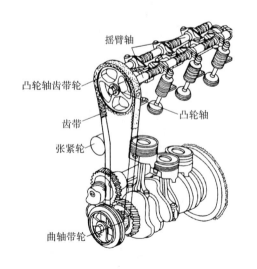

图3-4 单顶置凸轮轴、双摇臂和摇臂轴配气机构　　图3-5 单顶置凸轮轴、有摇臂、无摇臂轴配气机构

2)双顶置凸轮轴式配气机构(DOHC)

双顶置凸轮轴式(Double Over Head Camshaft,DOHC),如图3-6所示,其进、排气门分别由各自的凸轮轴控制(气门排成两列),凸轮轴直接驱动气门,也可通过摇臂间接驱动气门,

具有摇臂长度短、质量轻,以及驱动气门的相关部件易于适应高转速等优点。另外,由于进、排气凸轮轴是彼此相互独立的,所以增大了气门配置的自由度,火花塞可以设置在两根凸轮轴之间,即燃烧室的正中央。

四顶置凸轮轴配气机构与双顶置凸轮轴配气的基本机构原理大致相同,不同的是这种机构分别配置了两根进气凸轮轴和两根排气凸轮轴,一般用于V形发动机。

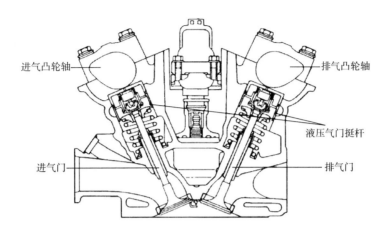

图3-6 双顶置凸轮轴式配气机构

2. 凸轮轴中置和下置式配气机构

1)凸轮轴中置式配气机构

如图3-7所示,中置凸轮轴配气机构是指进、排气门安装在汽缸盖上,而凸轮轴安装在汽缸体中上部的配气机构。中置凸轮轴配气机构的凸轮轴一般采用链条传动或正时齿带传动,采用短推杆或省去推杆,但需要摇臂和摇臂轴。

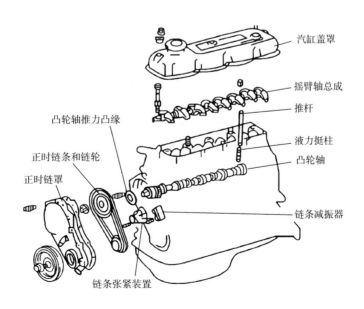

图3-7 中置式凸轮轴配气机构

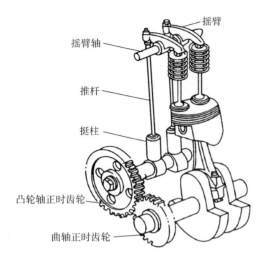

图 3-8　凸轮轴下置式配气机构

2）凸轮轴下置式配气机构

如图 3-8 所示,凸轮轴位于曲轴箱中部、位置较曲轴偏上的布置形式称为凸轮轴下置式配气机构。大多数载货汽车和大中型客车发动机都采用这种形式。

发动机工作时,曲轴通过正时齿轮驱动凸轮轴正时齿轮和凸轮轴旋转。当凸轮的凸起部位顶起挺柱时,经推杆和气门间隙调整螺钉推动摇臂绕摇臂轴摆动,压缩气门弹簧使气门开启。当凸轮的凸起部离开挺柱时,气门在气门弹簧力的作用下逐渐关闭。凸轮轴下置式配气机构特点是凸轮轴与曲轴位置靠近,可以简单地用一对齿轮传动,需要较长推杆、摇臂和摇臂轴等零部件,整个机构的刚度差。多用于转速较低的发动机,如载货汽车用的柴油机等。

三、气门的布置方式

1. 二气门式

大多数早期发动机都采用每缸一进一排两个气门的结构形式,如图 3-9 所示。

所有气门沿机体纵向排成一列,使结构简化。这样,相邻两缸的同名气门(同是进气门或排气门)就有可能使用一个气道,以使气道简化和获得较大的气道通过截面。也有的发动机将进、排气门交替布置,每缸单独设置气道,这样有助于汽缸盖的均匀冷却。柴油机的进、排气门一般都分置于机体的两侧,以避免排气对近气的加热效应而影响进气量。化油器式汽油机因需要排气对进气的预热,故进、排气门通常置于同一侧。电控汽油喷射发动机进气歧管内流动的是纯空气,不需对进气歧管预热,其进、排气门可分置于机体两侧。

为了改善汽缸的换气,有可能的条件下,应尽量加大气门头部直径,特别是进气门的直径,以便能够多进气。然而,每缸两个气门,气门的直径最大也不能超过汽缸直径的一半。当汽缸直径较大,活塞平均速度又较高时,每缸一进一排的气门结构就不能保证良好的换气质量。

2. 四气门或五气门式

从 20 世纪 80 年代开始,世界各大汽车厂商开发了多气门式发动机,先后推出了三气门、四气门和五气门等多气门式发动机配气机构,如图 3-10 ~ 图 3-12 所示。

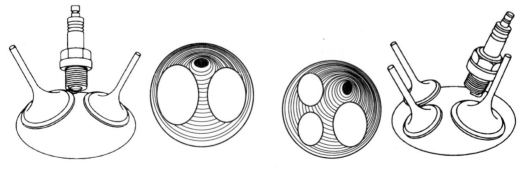

图 3-9　二气门式的结构形式　　　　　　图 3-10　三气门式的结构形式

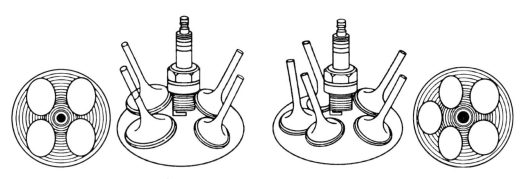

图 3-11 四气门式的结构形式　　　　　图 3-12 五气门式的结构形式

在多气门式发动机中,尤以四气门式发动机配气机构技术最完善,动力性和经济性最好,使用最广泛,目前处于主流地位,如 12V150Z 型柴油机就采用了两进、两排的四气门,喷油嘴布置在汽缸的中央,不仅有利于混合气的形成和燃烧,还使汽缸盖的结构、布局更合理。又如,一汽捷达都市先锋、捷达王轿车的 EA113 型发动机采用了五气门(三进两排)技术,尽可能大地增加了进气通道截面,使换气质量大大提高。此外,采用四气门或五气门后,还可适当减小气门升程,改善配气机构的动力性。所以,这两种结构多用于重型载货汽车的 V 形柴油机或高级轿车的发动机上。

四、配气相位

配气相位是指用曲轴转角表示进、排气门开闭时刻,以及开启持续时间。图 3-13 是用曲轴转角绘制的配气相位图。

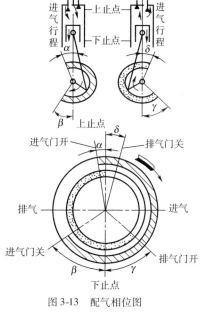

在介绍四冲程发动机工作原理时,为了便于理论分析与阐述,简单地把进、排气过程分别看作是在活塞的一个行程及曲轴转动 180° 内完成的,实际上,由于汽车发动机转速较高,一个行程所占的时间很短,例如:上海桑塔纳 2000 型轿车的 AJR 电控发动机,最大输出功率时的转速为 5200r/min,每个行程经历的时间为 $60/(5200 \times 2)$s $=0.0057$s。况且,凸轮驱动气门开启也需要一个过程,气门全开的时间就更短了,在这样短的时间内,难以做到进气充分、排气彻底。为了改善换气过程,气门的开启和关闭时刻已不在上下止点处,而是采用提前打开和迟后关

图 3-13 配气相位图

闭的办法来延长进、排气时间。使发动机的实际进、排气行程所对应的曲轴转角均大于 180°。

1. 进气门配气相位

如图 3-13 所示,发动机的进气门是在排气行程接近终了,活塞到达上止点之间打开的,即曲轴转到离曲拐的上止点位置还差一个角度 α 时,进气门已经打开,从进气门开始打开到活塞达到排气行程上止点对应的曲轴转角,称为进气提前角,用 α 表示。汽车发动机的进气提前角一般为 10°~30°。

进气门开启的目的,是为了保证进气行程开始时进气门已打开,减小进气阻力,使新鲜气体能顺利地冲入汽缸,能够使混合气进入得更多一些。

进气行程活塞到达下止点后,进气门并没有马上关闭,直到活塞过了下止点后又重新上

行,即曲轴转到超过曲拐下止点位置以后一个角度 β 时,进气门才关闭。从活塞位于进气行程下止点起,到进气门关闭所对应的曲轴转角称为进气门迟闭角,用 β 表示。发动机的进气门迟闭角一般为 40°~80°。

进气门晚关的目的,主要是利用进气行程终了时汽缸内压力仍低于大气压力所形成的压力差,再加上气流惯性,仍能够多进一部分空气。

这样,由于进气门早开晚关,整个进气行程持续时间相当于曲轴转角的 $180° + \alpha + \beta$。

2. 排气门配气相位

发动机的排气门是在做功行程接近终了、活塞还未到达下止点之前打开的,从排气门开始打开到活塞到达做功行程下止点对应的曲轴转角,称为排气提前角,用 γ 表示。汽车发动机的排气提前角一般为 40°~80°。

排气提前开启的原因是:当做功行程的活塞接近下止点时,汽缸内的气体虽有 0.3~0.4MPa 的压力,但就活塞做功而言,作用不大,这时若稍微打开排气门,大部分废气在此压力作用下可迅速自缸内排出;当活塞到下止点时,汽缸内压力已大大下降(约为 0.115MPa),这时排气门的开度进一步增加,从而减少了活塞上行时的排气阻力,高温废气迅速排出,还可以防止发动机过热。

经过整个排气行程,活塞到达排气上止点后又下行一定的曲轴转角,排气门才关闭。从活塞位于排气行程上止点起,到排气门完全关闭时所对应的曲轴转角,称为排气迟闭角,用 δ 表示。发动机的排气迟闭角一般为 10°~30°。这样,整个排气过程中,排气门开启持续时间的曲轴转角,即排气持续角为 $180° + \gamma + \delta$。

排气门晚关的目的:由于活塞到达上止点时,汽缸内的压力仍高于大气压,且废气气流有一定的惯性,适当延迟排气门关闭时刻可以利用此压力和气流惯性使废气排出得更干净一些。

3. 气门的重叠

由于进气门在上止点前开启,而排气门在上止点后关闭,这就出现了在上止点附近,同一段时间内,进、排气门同时开启,进气道、燃烧室、排气道三者出现了沟通现象,在此情况下,进、排气门都处于同时开启现象,称为气门重叠角。气门重叠期间,进、排气门的开度均比较小,且由于进气气流和排气气流的惯性较大,短时间内不会改变流向,因而只要气门重叠角选择适当,就不会出现废气倒流进入进气管和新鲜气体随同排出的问题。若选择不当,重叠角过大,发动机小负荷运转时,则会出现上述问题,致使发动机换气质量下降。

合理的配气相位由制造厂家根据发动机的结构和性能要求的不同,通过反复试验来确定。

 任务实施

一、项目实施环境

(1)发动机实训室。
(2)发动机一台。
(3)常用工具一套、扭力扳手、气门修磨机、气门座圈铰刀、检测平台、V 形铁、研磨膏、量程为 25mm 的外径千分尺、带表架的百分表等。

二、项目实施步骤

把测得的配气相位角与原厂规定的标准比较,有些发动机的配气相位不允许有偏差,而有些发动机则允许有一定的偏差,如上海柴油机厂生产的 135 系列柴油机相位允差 ±6°。配气相位有偏差或偏差超过允许值时应予调整,使之尽可能接近原厂标准。

调整配气相位时,应根据不同情况采取不同措施。如个别气门开启和关闭的时间偏早或偏晚不大时,可通过调整该气门间隙的方法予以解决;如各缸进、排气门开始和关闭的时间不符合规定值且迟早不一,通常是由于凸轮磨损严重,应修磨或更换凸轮轴;如各缸进、排气门开启和关闭的时间都偏晚(或偏早),而进、排气持续角都符合规定要求,这是由于凸轮轴与曲轴的相对安装位置不对引起的,在正时记号对正、正时齿轮啮合间隙符号规定或正时同步带磨损正常的情况下,一般采用以下方法统一调早或调迟。

1. 偏位键法

通过改变正时齿轮与凸轮轴连接键断面形状,可以统一调早或调迟配气相位。将该键的矩形断面改制成阶梯形,使键向左右有所偏移,制成偏位键(异形键),当偏位键装入键槽时,使正时齿轮相对凸轮轴偏转相应角度,从而改变配气相位。

偏位键分为正键、顺键、逆键三种,以装入键槽的下端为基准,上端偏移方向与凸轮轴旋转方向相同称为顺键,可将配气相位由快调慢;偏移方向与凸轮轴旋转方向相反称为逆键,可将配气相位由慢调快。正键用于配气正时。偏位键在安装时应注意方向,不得装反,否则将引起配气相位的成倍改变。

2. 凸轮轴正时齿轮轴向移位法

由于中置或下置凸轮轴的正时齿轮多为斜齿,如将凸轮轴正时齿轮做轴向位移时,若曲轴正时齿轮不动,凸轮轴正时齿轮将转过一个相应的角度,从而达到改变配气相位的目的。调整时,一般是通过改变,推力凸缘厚度或正时齿轮轮毂厚度的方法,使正时齿轮获得轴向位移量来进行的。

3. 错位法

当一台发动机的大多数气门配气相位角偏差在 6°以上时。可将正时齿轮记号调前或调后一个齿,就是错齿法。错齿后,再用偏位键进行微量调整。

偏位键法工艺简单,易于操作,而且配气相位调整范围比较法,因此在维修中得到广泛应用,但偏移量较大时,会降低键的强度,误差也较大。凸轮轴正时齿轮轴向位移法,可调配气相位的范围小,因此较少采用。除此之外,如需调整较大的配气相位角时,可采用改变凸轮轴或正时齿轮键槽位置法,但需要有加工键槽的铣床或插床。

任务工作单

学习情境三:配气机构异响故障检修 工作任务一:正时链条更换	班级		
	姓名		学号
	日期		评分

一、工作单内容
了解配气机构的组成与工作原理。
二、准备工作
说明:每位学生应在工作任务实施前独立完成准备工作。
1. 了解配气机构的组成及其作用。
2. 了解配气机构工作原理及配气相位。

三、任务实施
了解配气机构的组成,掌握配气机构工作原理及配气相位知识。
1. 配气机构的组成

2. 配气机构的作用

3. 配气机构的工作原理

4. 配气相位的含义

5. 配气相位的调整
(1)配气相位的影响因素:

(2)配气相位的调整方法:

四、工作小结
通过此工作任务的实施,各小组集中完成下述工作。
1. 掌握配气机构的总体结构组成。

2. 掌握配气机构的影响因素及调整方法。

3. 对本次工作任务,你还有哪些好的意见和建议?

工作任务二　气门漏气故障检修

任务概述

1. 应知应会

通过本工作任务的学习与具体实施,学生应学会下列知识:

(1)熟悉气门零件组的组成及各个组成元件的结构和工作原理。

(2)了解气门零件组如何工作,理解气门座锥角定义。

(3)掌握气门座铰削及气门研磨的方法。

应该掌握下列技能:

(1)能够熟练进行人工气门研磨的操作。

(2)掌握各个零件对气门零件组的影响和检修方法。

2. 学习要求

(1)在每个工作任务的学习过程中,完成相关任务工作单的填写,并通过课程网络及时提交给相关教师。任务工作单提交方法详见课程网站。

(2)在每个情境实施阶段的中期或后期,按要求填写检修工作单。本情境学习结束后,按要求填写学生考核记录表,进行自我评价后交小组长,小组长评价后连同检修工作单统一交教师。

(3)每个情境学习到评价环节时,个人进行任务完成情况的评估。教师对小组抽查,被抽查的个人上台进行讲评。

相关知识

气门组结构

气门组包括气门、气门导管、气门座及气门弹簧等零件(图3-14)。有的进气门还设有气门旋转机构。气门组应保证气门能够实现汽缸的密封。

1. 气门

气门由头部和杆部两部分组成。头部的工作温度很高(进气门可高达300～400℃;排气门更高,可达700～900℃),而且还要承受气体压力、气门弹簧力以及传动组零件惯性力的作用,其冷却和润滑条件又较差。因此,要求气门必须具有足够的强度、刚度、耐热和耐磨能力。进气门的材料采用合金钢(如铬钢或镍铬钢等),排气门则采用耐热合金钢(硅铬钢等)。

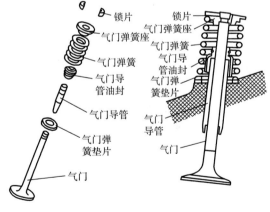

图3-14　气门组零件图

气门头部的形状有平顶、球面顶和喇叭形顶(凹顶)等,如图3-15所示。目前,使用最多的是平顶气门头。平顶气门头结构简单,制造方便,吸热面积小,质量也小,进、排气门都可以采用。球面顶气门头(图3-15c)使用于排气门,因为其强度高,排气阻力小,废气的清除效

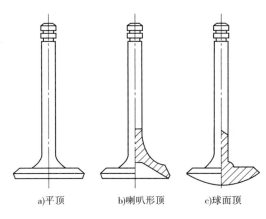

a) 平顶　　b) 喇叭形顶　　c) 球面顶

图 3-15　气门头部形状

果好。但球形的受热面积大、质量和惯性力大，加工较复杂。喇叭形顶头部（图3-15b）与杆部的过渡部分具有一定的流线型，可以减少进气阻力，但其顶部受热面积大，故适用于进气门，而不宜用于排气门。

气门头部与气门座接触的工作面称为气门密封锥面。该密封锥面与气门顶平面的夹角称为气门锥角，如图3-16所示。气门锥角一般为45°。有些发动机的进气门锥角为30°。气门头的边缘应保持一定的厚度，一般为1~3mm，以防止工作中由于气门与气门座之间的冲击而损坏或被高温气体烧蚀。为了减少进气阻力、提高汽缸的充量系数，多数发动机的进气门头部直径比排气门的要大。

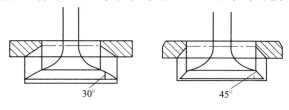

图 3-16　气门头部锥角

为保证气门头与气门座之间的良好配合，装配前应将气门头与气门座两者的密封锥面互相研磨。研磨好的零件不能互换。

气门头部的热量是通过气门座、气门杆，经气门导管传到汽缸盖的。为了提高气门头部的散热性能，气门座孔区域加强了冷却，气门头向气门杆过渡部分的几何形状应尽量做到圆滑，以增加强度并减少热流阻力。此外，还应使气门杆与气门导管中间的间隙尽可能的小。

气门杆呈圆柱形，在气门导管中不断进行往复运动。气门杆端的形状决定于气门弹簧座的固定方式（图3-17），常用的结构是用剖分成两半的锥形锁片来固定弹簧座（图3-17a）。这时，气门杆端部可切出环槽来安装锁片。解放CA1091型汽车6102型发动机的气门弹簧座用锁销来固定（图3-17b），故其气门杆端部有一个用来安装锁销的径向孔。锁销式固定方式是将锁销插入气门杆上的孔内，由于锁销长度大于气门弹簧座孔径，所以可使气门弹簧座固定。

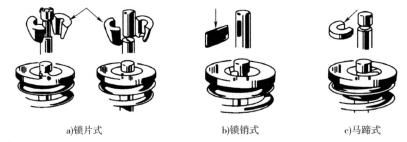

a) 锁片式　　　　b) 锁销式　　　　c) 马蹄式

图 3-17　弹簧座的固定方式

2. 气门座与气门锥角

1）气门座

汽缸盖（或汽缸体）的进、排气道口直接与气门密封锥面接触的部位称为气门座，气门座一般与气门配合，保证汽缸密封。

大部分发动机的气门座单独制成座圈，然后压装到燃烧室内的进、排气道口处，气门座圈与座孔应有足够的过盈配合量，以防止发动机工作时气门座脱落。

2）气门座锥角

为保证气门与气门座可靠密封,气门座上加工有与气门相适应的密封锥面,如图3-18所示。

气门座锥角与气门锥角相适应,由三部分组成。其中45°(或30°)锥面与气门密封锥面贴合,为保证有一定的座合压力,使密封可靠,同时又有一定的散热面积,要求结合面的宽度 b 为1～3mm。在安装气门前,还应采用与气门配对研磨的方法,以保证贴合更紧密、可靠。15°和75°锥角(国外多用30°和60°锥角)是用来修正工作锥面的宽度和上下位置的,以使其达到规定的要求。

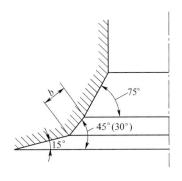

图3-18 气门座锥面

为保证发动机正常工作,要将气门座磨到规定的角度,即30°或45°。而在磨削时,常将气门锥角磨得比气门座锥角小1°左右,这样可获得一个密封干涉角,如图3-19所示。干涉角的存在,使气门在落座时能够切开气门座上的沉积物,而且还能产生更好的机械密封性;也有利于在走合期加速磨合。走合期结束,干涉角逐渐消失,形成良好的全锥面接触。

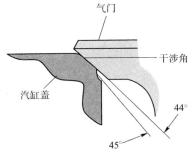

图3-19 气门密封干涉角

3. 气门导管

气门导管的功用是起导向作用,保证气门做直线往复运动,使气门与气门座能正确贴合。此外,气门导管还在气门杆与气门盖之间起导热作用。其结构,如图3-20所示。

气门导管的工作温度也较高,约200℃。气门杆在导管中运动时,仅靠配气机构飞溅出来的机油进行润滑,因此容易磨损。气门导管大多数用灰铸铁、球墨铸铁或铁金粉末冶金制造。

导管内外圆柱面经加工后压入汽缸盖的气门导管孔中,然后再精铰内孔。为了防止气门导管在使用过程中松脱,有的发动机对气门导管用卡环定位。气门杆与气门导管之间一般留有0.05～0.12mm间隙,使气门杆能在导管中自由运动。

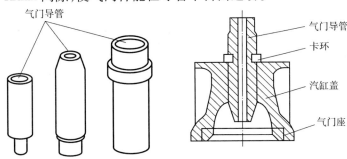

图3-20 气门导管的结构和气门座

4. 气门弹簧

气门弹簧的功用是关闭气门,靠弹簧张力使气门紧紧压在气门座上,克服气门和气门传动组件所产生的惯性力,防止各传动件彼此分离而不能正常工作。

气门弹簧一般采用圆柱形螺旋弹簧,如图3-21所示,为了防止弹簧发生共振,可采用变螺距圆柱弹簧。现代高速发动机多采用同心安装的内外两根气门弹簧,这样既提高了气门弹簧工作的可靠性,又能有效地防止共振的发生。安装时,内外弹簧的螺旋方向应相反,以防止折断的弹簧圈卡入另一个弹簧座圈。

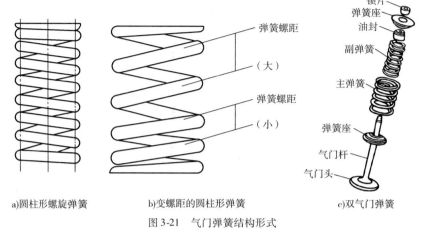

图 3-21 气门弹簧结构形式

5. 液压挺柱

液压挺柱的作用是使凸轮与气门间实现无间隙传动,以解决由于气门间隙的存在,而导致的配气机构在工作时所产生的冲击和噪声。越来越多的发动机,特别是轿车发动机上采用了液压挺柱。图 3-22 所示为凸轮轴上置式发动机采用的液压挺柱,一汽捷达、奥迪、上海桑塔纳轿车发动机采用这种液压挺柱。

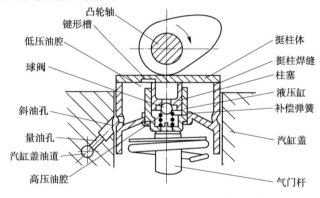

图 3-22 液压挺柱结构

液压挺柱由挺柱体、液压缸、柱塞、球阀和补偿弹簧等组成。挺柱体的外圆柱面上有一环形油槽,油槽内有一进油孔与低压油腔相通,背面上有一键形将低压油腔与柱塞的上部相通。液压缸与柱塞是一对精密偶件,配合间隙为 0.005mm。液压缸的内孔和外圆都经过精加工研磨,外圆与挺柱体内导向孔配合,内孔则与柱塞配合,两者都有相对运动。液压缸底部装有一个补偿弹簧,把球阀压靠在塞底部的阀座上。当球阀关闭柱塞的中间孔时,可分为两个油腔,即上部的低压油腔和下部的高压油腔。当球阀开启后,则成为一个通腔。

液压挺柱与凸轮的接触面为平面,为了使其在工作中旋转以减小摩擦,液压挺柱中心线与凸轮的对称中心线错位 1.5mm,同时凸轮在轴向上倾斜 0.002~0.02mm,使挺柱在工作过程中能绕其轴线微微转动。

当凸轮基圆与挺柱接触时,补偿弹簧使挺柱顶面和凸轮轮廓线保持紧密接触,液压缸下端面与气门杆尾部紧密接触,因此没有气门间隙。挺柱体上的环形油槽与缸盖上的斜油孔对齐,来自汽缸盖油道的润滑油经量油孔、斜油孔和环形油槽流入挺柱体内的低压油腔,并经挺柱背面上的键形槽进入柱塞上方的低压油腔。

当凸轮按图3-22所示方向转过基圆使凸起部分与挺柱接触时,挺柱体和柱塞向下移动,高压油腔中的润滑油被压缩,油压升高,加上补偿弹簧的作用,使球阀紧压在柱塞下端阀座上,这时高压油腔与低压油腔被分隔开。由于液体的不可压缩性,整个挺柱如同一个刚体一样下移打开气门。此时,挺柱环形油槽已离开了进油的位置,停止进油。

当挺柱达到下止点后开始上行时,由于仍受到气门弹簧和凸轮两方面的顶压,高压油腔继续封闭,球阀也不会打开,液压挺柱仍可认为是一个刚体,直至气门完全关闭时为止。此时,挺柱无凸轮的压力,高压油腔内的压力油和补偿弹簧一起推动柱塞上行,高压油腔油压下降。从低压油腔来的压力油推开球阀进入高压油腔,使两腔连通充满润滑油。这时,挺柱顶面仍和凸轮紧贴,气门间隙得到补偿。

在气门受热膨胀时,柱塞和液压缸做轴向相对运动,高压油腔中的油液可经过液压缸与柱塞间的缝隙挤入低压油腔,使挺柱自动"缩短",保证气门关闭紧密。当气门冷却收缩时,补偿弹簧将液压缸向下推动,而使柱塞与挺柱体向上移动,高压油腔压力下降,球阀打开,低压油腔油液进入高压油腔,挺柱自动"伸长",保证配气机构无间隙。故使用液压柱时,可以不预留气门间隙,也不需要调整气门间隙。

在发动机刚起动时,高压油腔还未得到润滑油的补充,在凸轮轴与液压柱间还有间隙,因此有轻微噪声,这是正常现象。当高压油腔得到润滑油补充后(起动后运转一会儿),噪声会自动消除。为此,有些发动机在汽缸盖油道中设置了一个机油止回阀,以使发动机停止工作时挺柱内的润滑油不会回流到汽缸盖油道。

液压挺柱结构复杂,加工精度要求高,磨损后会因泄油过多、补油不足,而出现气门间隙,无法调整与维修,只能更换。

任务实施

一、项目实施环境

(1)发动机实训室。
(2)发动机一台。
(3)常用工具一套、扭力扳手、气门修磨机、气门座圈铰刀、检测平台、V形架、研磨膏、量程为25mm的外径千分尺、带表架的百分表等。

二、项目实施步骤

1. 气门的检测

1)气门杆弯曲和气门头部检测

气门杆弯曲可用百分表来测定,如图3-23所示,将气门支承在两个距离100mm的V形架上,然后用百分表触头测量气门杆中部的弯曲度,其值超过0.05mm,则应更换。气门头不用百分表测量,转动气门头部一圈,读数最大值与最小值之差的一半即为气门头部的倾斜度误差。许用倾斜度误差为0.02mm。当气门杆弯曲或气门头部歪斜超过规定范围时,需更换气门。检查气门头部工作锥面的接触面宽度是否大于3mm,接触面有无烧蚀、磨损痕迹,气门头部圆锥环部厚度是否大于1mm。

2)气门杆与气门导管磨损的检查

用外径千分尺测量气门杆上、中、下三个位置,将测量尺寸与标准值进行比较,若超过规定范围则更换,如图 3-24 所示。

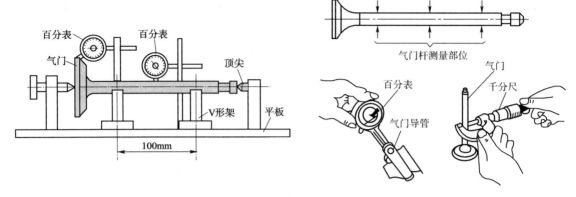

图 3-23　气门杆弯曲检测　　　　　　　　　图 3-24　气门杆与气门导管检查

气门导管磨损后,会使其与气门杆的配合间隙增大,导致气门工作时摆动,关闭不严。

气门导管的磨损情况可通过测量气门导管与气门杆配合间隙间接检查,配合间隙的检查有两种方法:一种是直接测量气门导管内径和气门杆直径,并计算其配合间隙;另外一种是按如图 3-25 所示,先把气门安装在气门导管内,再将气门提起 10~15mm(相对汽缸盖平面),然后用百分表测量气门头部的摆动量。

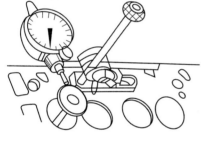

气门导管与气门杆配合间隙若超过允许极限时,可换用一个新气门重新进行检查,根据测量结果,视情况确定更换气门或气门导管,必要时两者一起更换。

3)气门头部工作面磨损检查

在维修作业中,当气门出现烧蚀、麻点或凹陷时,可进行光磨,光磨通常在气门光磨机上进行,如图 3-26 所示。作业时,要保证气门头部与杆部同心,气门头端部凹陷应磨平,光磨量在能磨出完整圆锥面的前提下越小越

图 3-25　测量气门头部摆动量

好。由于配件成本下降,一般发现气门有烧蚀、麻点或凹陷时,修理厂以更换新件为主。

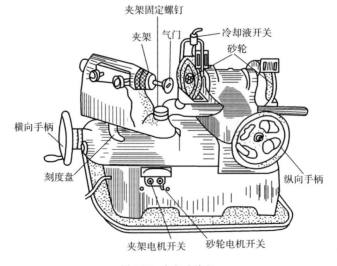

图 3-26　气门光磨机

— 80 —

2. 气门座圈的检修

1) 气门座定位

气门座部位可以被抬高或降低,这是通过切除或磨削气门座的上部或下部来实现的,如图3-27所示。将气门座研磨到标准的规范,如45°,用一个30°的磨石(或铰刀)磨去气门座的顶部,再用一个60°的磨石(或铰刀)磨去气门座的底部。通过从顶部和底部切除合适的量,气门座的位置得以调整。另外,通过使用这两块磨石,还可以将气门座部位的长度精确地磨到制造厂的规定。通过定位气门座,气门的位置也可以根据需要进行抬高或降低。

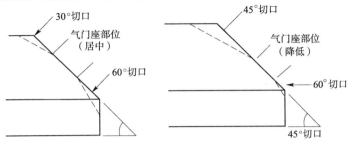

图3-27 气门座定位

在气门座被正确定位后,一定要确认气门座具有正确的宽度。气门座的宽度可以用一个小的气门座尺进行测量,如图3-28所示。如果宽度不正确或不符合规范,必须将气门座重新研磨到正确的宽度,同时还要确认气门座的定位是正确的。

2) 气门座圈的铰削

将气门座圈清理干净并检查工作面。气门座圈工作面磨损变宽超过1.4mm,工作面烧蚀出现斑点、凹陷时,应进行铰削与修磨。

(1) 根据气门直径选用合适的气门座铰刀,根据气门导管内径选择合适的铰杠,并插入气门导管内,以无明显旷动为宜,如图3-29所示。

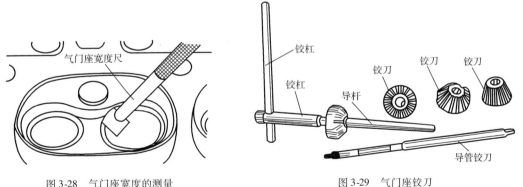

图3-28 气门座宽度的测量　　图3-29 气门座铰刀

(2) 将纱布垫在铰刀表面,砂磨气门座圈工作表面的硬化层。

(3) 用与气门工作面锥角相同的铰刀铰削工作锥面,直到将烧蚀、斑点等铰除为止,如图3-30所示。

(4) 在新气门或修磨过的气门锥面上涂一层红丹油,检查接触面的位置,应在气门锥面的中下部,宽度为1.0~1.4mm。

(5) 如果接触面偏上,则应用30°铰刀铰削,使接触面下移;如果接触面偏下,则应用75°铰刀铰削,使接触面上移。

(6) 用45°细铰刀或在铰刀下面垫上细纱布铰磨,以降低接触表面粗糙度值。

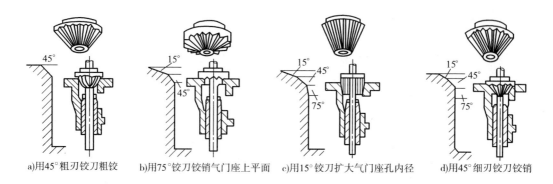

a) 用45°粗刃铰刀粗铰　　b) 用75°铰刀铰销气门座上平面　　c) 用15°铰刀扩大气门座孔内径　　d) 用45°细刃铰刀铰销

图 3-30　铰销顺序

3. 气门的手工研磨

如果气门与气门座圈配合不严密,可对气门进行研磨。其步骤如下:

(1) 用汽油或煤油清洗气门座、气门及气门导管,并在气门顶部作出标记。

(2) 在气门工作面上涂以薄层研磨砂,气门杆上涂以清洁润滑油,插入气门导管内(严禁研磨砂进入气门导管)。

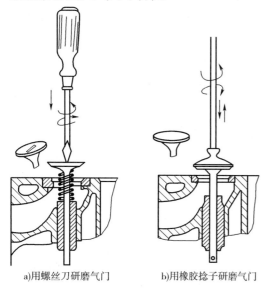

(3) 用橡皮捻子吸住气门,变换气门与气门座圈的位置,正确研磨,如图 3-31 所示。研磨以 2~3 次/s 的频率使气门与气门座拍击,在提起捻子的同时要以 10°~30°旋转气门,以保证均匀研磨。研磨时不要过分用力,否则会将气门工作面磨宽或磨成凹槽。粗研后,接触环带应整齐、无斑痕、无麻点。

(4) 粗研完毕后,清洗各部位,用细研磨砂研磨,直至工作面出现一条灰色无光的环带为止。

(5) 洗净研磨砂,涂以润滑油,继续研磨数分钟。

4. 气动研磨机研磨

将汽缸盖清洗干净。放在工作台上。在气门工作锥面上涂一层研磨砂,同时在气门杆上

a) 用螺丝刀研磨气门　　b) 用橡胶捻子研磨气门

图 3-31　用螺丝刀或橡胶捻子研磨气门

涂机油,插入气门导管内。连接好气动研磨机气管,用研磨机端头的橡胶捻子吸住气门,开动研磨机进行研磨。先粗磨,再清洗掉粗研磨砂,换成细研磨砂研磨,直至合格为止。

5. 气门与气门座密封性的检查

1) 划线法

检查前,将气门与气门座圈清洗干净,在气门锥面上用软铅笔沿轴向均匀地划上若干条线,如图 3-32 所示。然后与气门座圈接触。略压紧并转动气门 90°,取出气门,检查铅笔线是否被切断。若被切断,说明密封性良好;否

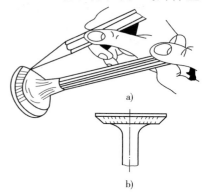

图 3-32　用软铅笔划线检查气门密封性

则,应重新研磨。

2）渗油法

将汽缸盖倒放在检测平台上,并装上待检测汽缸同一缸的气门和火花塞。向燃烧室注入煤油或汽油,5min 内气门与气门座圈接触处应无渗漏现象。

3）拍击法

将气门与相配气门座轻轻敲击几次并查看接触带,如有明亮的连续光环,即为合格。

4）涂红丹

在气门工作面上涂抹一层红丹,然后用橡胶捻子吸住气门并在气门座上旋转1/4圈,再将气门提起,若红丹布满气门座工作面一周而无间断,又十分整齐,即表示密封良好。

5）气压试验

如图 3-33 所示,气门与气门座密封性试验器由气压表、空气容筒及橡胶球等组成。试验时,先将空气容筒紧密地贴在气门头部周围,再压缩橡胶球,使空气容筒内具有一定的压力（68.6kPa 左右）。如果在半分钟内气压表的读数不下降,则表明气门与气门座的密封性良好。

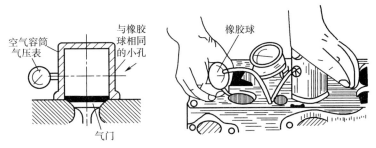

图 3-33　用气压密封检验器检验气门的密封性

6. 更换气门导管

更换气门导管时,应用冲子和锤子将气门导管按规定方向（一般为汽缸盖上方）拆出旧气门导管;如果旧气门导管装有限位卡环,拆卸前应先将其露出气门导管孔的部分敲断。此外,对于铝合金汽缸盖,拆卸旧气门导管前还应加热汽缸盖,以免汽缸盖裂损。

拆下旧气门导管后,应根据新导管外径适当铰削气门导管孔,使气门导管与气门导管孔有适当的过盈量,一般为 0.015~0.065mm。

安装新气门导管前,应先用60~80℃的热水或喷灯加热汽缸盖,然后用冲子和锤子将新气门导管敲入气门导管孔,气门导管伸出进、排气道的高度应符合规定。气门导管安装好后,应铰削气门导管内孔,使气门导管与气门杆配合间隙符合标准。

7. 更换气门油封

润滑油无泄漏而消耗异常,一般是活塞与汽缸配合间隙过大或气门油封漏油所致。更换气门油封时,应使用专用工具安装气门油封,如图 3-34 所示。注意:有些发动机进气门油封与排气门油封是不同的,如广州本田轿车的进气门油封的弹簧为白色,而排气门油封的弹簧为黑色,安

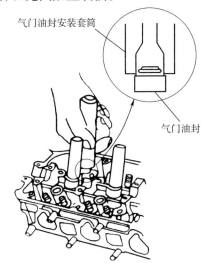

图 3-34　气门油封的安装

装时不能装错。

8.气门弹簧的检查

气门弹簧常见的故障是,由于长期受压缩,产生塑性变形而导致自由长度变短、弹力减弱、簧身歪斜,严重时可能出现弹簧折断。对气门弹簧的检查主要是:观察有无裂纹或折断,测量弹簧自由长度和垂直度、测量弹簧弹力。气门弹簧不能维修,必要时只能更换。

气门弹簧的自由长度可用卡尺进行测量。气门弹簧垂直度的检查如图 3-35 所示,气门弹簧的垂直度 α 一般应不大于 1.5~2.0mm,自由长度一般不超过 2.0mm。若气门弹簧的自由长度或垂直度不符合标准,应更换气门弹簧。

气门弹簧弹力的检查如图 3-36 所示,用检验仪对气门弹簧施加压力,在规定压力下的气门弹簧高度(或规定气门弹簧高度下的压力)应符合标准,否则应更换气门弹簧。

图 3-35　气门弹簧垂直度和自由长度的检查　　图 3-36　气门弹簧弹力的检查

 任务工作单

学习情境三:配气机构异响故障检修 工作任务二:气门漏气故障检修	班级		
	姓名		学号	
	日期		评分	

一、工作单内容
了解气门零件组的组成与检修方法。
二、准备工作
说明:每位学生应在工作任务实施前独立完成准备工作。
1.了解气门零件组的组成及其作用。
2.了解气门零件组的检修方法。
三、任务实施
了解气门零件组的组成及检修方法。
1.气门零件组的组成
_____
2.气门零件组的作用
_____
3.气门零件组的检修
(1)气门漏气检验方法:_____
_____
(2)气门漏气处理方法:_____
_____
_____

(3)气门研磨方法:_____
_____
_____

(4)气门密封不良对汽缸压力的影响:_____
_____
_____

(5)气门与气门座磨损的处理方法:_____
_____
_____

4.配气相位的绘制

四、工作小结
通过此工作任务的实施,各小组集中完成下述工作。
1.掌握气门零件组的总体结构组成。

2.掌握气门零件组的影响因素及调整方法。

3.对本次工作任务,你还有哪些好的意见和建议?

工作任务三　气门间隙调整

1. 应知应会

通过本工作任务的学习与具体实施,学生应学会下列知识:

(1)熟悉凸轮轴的结构与工作原理。

(2)掌握凸轮轴的检修内容和检修方法。

应该掌握下列技能:

(1)能够对正时同步带进行正确安装。

(2)能够正确分析液压挺柱的工作原理。

(3)能够对正时同步带、正时链条进行检测。

2. 学习要求

(1)在每个工作任务的学习过程中,完成相关任务工作单的填写,并通过课程网络及时提交给相关教师。任务工作单提交方法详见课程网站。

(2)在每个情境实施阶段的中期或后期,按要求填写检修工作单。本情境学习结束后,按要求填写学生考核记录表,进行自我评价后交小组长,小组长评价后连同检修工作单统一交教师。

(3)每个情境学习到评价环节时,个人进行任务完成情况的评估。教师对小组抽查,被抽查的个人上台进行讲评。

一、凸轮轴

1. 凸轮轴的作用

凸轮轴的作用是根据发动机工作循环要求,使各缸进、排气门按照配气相位规定的时间开启和关闭,并驱动分电器、机油泵等。

2. 凸轮轴的构造

如图3-37所示,凸轮轴主要由各缸进、排气凸轮,凸轮轴轴颈等组成。凸轮轴的主要工作部件是凸轮。凸轮的结构及其各部分参数名称如图3-38所示,在这里不再赘述。进、排气凸轮用于使气门按一定的工作次序和配气相位及时开闭,并保证气门有足够的升程。

凸轮轴上各缸的进气凸轮(或者排气凸轮)称为同名凸轮。从凸轮轴的前端看,各缸同名凸轮的相对角位置按发动机做功顺序逆凸轮轴转动方向排列,夹角为发动机做功间隔角的1/2。如做功顺序为1-3-4-2的4缸发动机,其同名凸轮间的夹角为180°/2=90°,以第1缸进气凸轮为基点,第3缸进气凸轮与第1缸进气凸轮相隔90°布置在逆凸轮轴旋转方向的位置上。

同一缸的进、排气凸轮称为异名凸轮。四冲程发动机的排气行程和进气行程是两个相连的行程,如果气门不早开晚关,从排气门开启到进气门开启,刚好是一个行程,曲轴转过180°,反映到凸轮轴上,两异名凸轮之间的夹角为90°。由于气门是早开晚关的,所以两异名凸轮间的夹角大于90°。

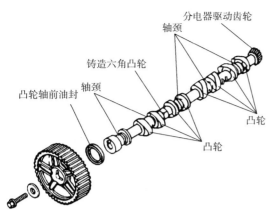

图 3-37 凸轮轴的结构

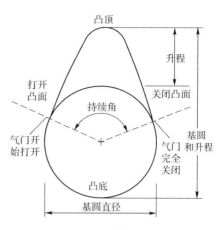

图 3-38 凸轮的结构

二、凸轮轴的传动与轴向定位

凸轮轴均由曲轴驱动。下置式凸轮轴与曲轴间用一对正时齿轮传动,安装时使正时标记对齐。中置式凸轮轴在曲轴与凸轮轴的两正时齿轮间加入一个惰性齿轮,安装时也要使各轮间的标记对齐。上置式凸轮轴由于与曲轴相距较远,用链条或同步带传动。

为防止凸轮轴在工作中产生轴向窜动,凸轮轴都装有轴向定位装置,常见的有以下几种。

(1)推力凸缘定位:在凸轮轴正时齿轮与汽缸体之间,装有轴向定位装置,可使凸轮轴在工作中能够可靠定位而不至于轴向窜动。

(2)轴承的翻边定位:我国引进的大众车系(桑塔纳、捷达、奥迪等)发动机,其凸轮轴的轴向定位是在第一和第五道轴径处,用轴承的翻边代替推力片进行定位。

(3)卡块定位:有些发动机在凸轮轴的尾端(如微型车 462Q 汽油机)或前端(富康轿车发动机)加工一环形槽,再用固定于汽缸盖后端面或前端面上的半圆形卡块卡入环槽中进行定位。

(4)润滑油自动控制定位:北京切诺基汽车发动机凸轮轴的轴向定位由润滑油自动控制。装配时,凸轮轴的轴向间隙较大,但当发动机工作时,润滑油进入凸轮轴轴端,能防止凸轮轴轴向窜动。

三、正时传动装置

凸轮轴靠曲轴来驱动,传动方式有齿轮传动、链传动和齿带传动三种。不管哪种传动方式,在装配时必须将正时标记对正后才能正确安装。气门的开启和关闭时刻、凸轮轴与曲轴的传动比均靠传动装置来保证。

1. 齿轮传动

齿轮传动正时精度高、传动阻力小且无需张紧机构,凸轮轴下置式、中置式配气机构大多采用圆柱形正时齿轮传动。正时齿轮分别安装在曲轴和凸轮轴的前端,用螺栓或螺母固定,齿轮与轴靠键传动。为了减少传动噪声,正时齿轮一般采用斜齿轮传动。凸轮轴正时齿轮的齿数为曲轴正时齿轮的两倍,以实现传动比为 2∶1。为保证气门的开启和关闭时刻正确,装配时,应对正两正时齿轮上的正时标记。一般只需要一对正时齿轮,必要时可增设中间齿轮,如图 3-39 所示。

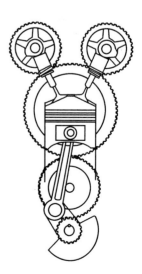

图 3-39 齿轮传动

2. 链传动

链条驱动式(图3-40)。凸轮轴位于汽缸盖上,由曲轴带动的曲轴链轮,通过正时链条驱动凸轮轴上的链轮旋转,从而带动凸轮轴旋转。为防止正时链抖动,链条导槽和链条张紧装置将张力传递至链条,以调节链条的张紧度。导链板采用橡胶导向面为链导向,一般应与链一起更换。

正时链条的形式有滚柱链条式及静音链条式两种,如图3-41所示。现代发动机所使用的滚柱链条,其销经镀铬硬化处理,耐磨性提高;而发动机高度的缩短,使链条的振动及噪声减小。由于耐久性好、可靠性高、免维护,故部分现代汽油发动机已逐渐改用正时链条。

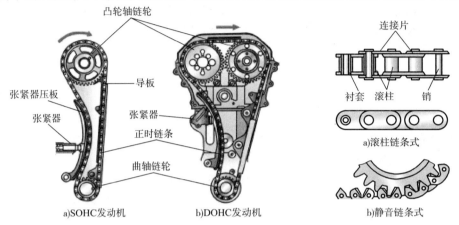

图3-40　长链条式正时机构　　　　　图3-41　正时链条形式

采用正时链传动装置的配气机构,其正时标记多种多样,如图3-42所示。常用的正时方法有:对正两链轮上的标记、在两链轮标记之间保持一定的链节数、对正链与链轮上的标记、一缸活塞处于压缩上止点时对正凸轮轴链轮与缸盖或缸体上的标记4种。

3. 齿带传动

正时齿带传动如图3-43所示,由于齿带传动与链传动相比,传动平稳噪声小,不需要润滑、结构简单、传动可靠,且制造成本低,近年来在中高速发动机上已广泛采用齿带代替链条。齿带一般用氯丁橡胶制成,中间夹有玻璃纤维和尼龙织物,以增加强度。一汽奥迪、上海桑塔纳、神龙富康等轿车的发动机都采用齿带传动。

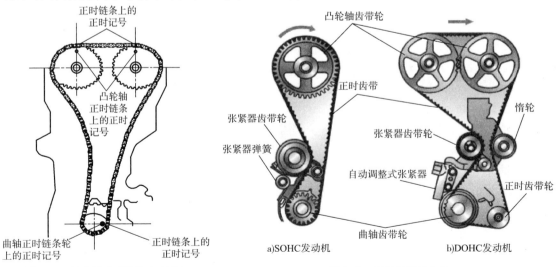

图3-42　链条驱动式及其正时记号　　　　图3-43　正时齿带驱动式

四、气门间隙

发动机工作中,气门及其传动件将因温度升高而膨胀。如果气门及其传动件之间,在冷态时无间隙或间隙过小,则在热态下,气门及其传动件受热膨胀必然会造成气门关闭不严,造成发动机在压缩和做功行程中的漏气,会使发动机功率下降。为了消除上述现象,通常在发动机冷态装配时,在气门及其传动机构中留有适当的间隙,以补偿气门受热后的膨胀量。这一预留间隙称为气门间隙,如图3-44所示。

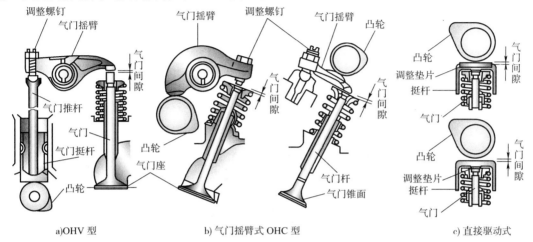

a) OHV 型　　　b) 气门摇臂式 OHC 型　　　c) 直接驱动式

图 3-44　气门间隙

气门间隙的大小一般由发动机制造厂家根据实验确定。一般冷态下,进气门间隙为 0.25~0.30mm,排气门间隙为 0.30~0.35mm。间隙过小,发动机在热态下会使气门与气门座关闭不严,发生漏气现象,导致功率下降,甚至烧坏气门;间隙过大,传动零件之间以及气门与气门座之间将产生严重撞击,造成整个配气机构运转不平稳,噪声增大,同时会造成气门开启的升程下降,使进气阻力增加,进气量减少,排气阻力增加,排气排不干净。

采用液压挺柱的发动机,靠液压挺柱轴向自动调整功能改变挺柱长度,随时补偿气门的热膨胀量,故不需要预留气门间隙。

五、知识拓展

1. 气门旋转器

为了改善气门与气门座密封锥面的工作条件,可设法使气门在工作中相对气门座缓慢旋转,这样可使气门头部沿圆周方向温度均匀,减小气门头部的热变形。气门旋转时,在密封锥面上产生轻微的摩擦力,有阻止沉积物形成的自洁作用。

气门旋转器有多种类型,目前最常用的是强制式气门旋转器,如图3-45所示。它是将气门弹簧座圈分成上、下两部分,两者之间有一个碟形弹簧和几个钢球。当气门弹簧被压缩时,旋转器中的小钢球会沿着倾斜的表面向上滚动,这样使气门每开启一次就转动一定角度。气门旋转时,在气门密封

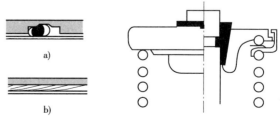

图 3-45　气门旋转机构

锥面和气门座之间产生轻微的摩擦作用,可以保持气门密封锥面和气门座的清洁,还可使气门头部沿圆周方向温度均匀,减小气门头部的热变形;同时,还可以减小气门杆上的积炭,改善气门杆与气门导管之间的润滑,并使气门杆顶部磨损均匀。

2. 无间隙齿轮传动

在大部分双上置凸轮轴(DOHC)式发动机中,都是采用一根链条或一根齿带来同时驱动进、排气两根凸轮轴。由于凸轮轴的转速要比曲轴的转速低一半,所以两个凸轮轴上的正时链轮(或齿带轮)的外径都较大。有些 DOHC 式发动机由于空间布置的限制,或为了使燃烧室形状紧凑,从而减小气门夹角和汽缸盖宽度,必须减小两个凸轮轴的距离。这种设计不能采用在两个凸轮轴上都装用大直径正时链轮(或齿带轮)的方式,只能在1个凸轮轴上装用大直径正时链轮,由曲轴带动,再由另一套传动机构带动另1个凸轮轴。两个凸轮轴之间的传动方式可以是链条传动(图3-46),也可以是齿轮传动(图3-47)。

图 3-46 双上置凸轮轴链条转动　　　　　图 3-47 双上置凸轮轴齿轮转动

当两个凸轮轴之间用齿轮传递运动时,由于这对齿轮位于汽缸盖上,其润滑条件较差(只能由发动机机油润滑),因此必须采用无间隙齿轮机构,以减小齿隙所产生的齿轮噪声。

无间隙齿轮传动机构由装在主动轴上的主动轮和装在从动轴上的从动轮和副齿轮组成,如图 3-48 所示。从动轮和副齿轮齿形相同,两者互相贴合;在从动轮与副齿轮的相贴面上开有环形槽,槽中装有非封闭环状弹性体;在从动轮和副齿轮的相贴面上均固定有一个销子,弹性体位于两销子之间,且弹性体两端紧贴两销子。从动轮和副齿轮组装在一起并与主动齿轮啮合后,在弹性体的弹力作用下,从动轮和副齿轮产生错位,使从动轮和副齿轮上的轮齿始终与主动齿轮的轮齿相啮合,从而消除了齿隙,减小了齿轮传动噪声。

无间隙齿轮传动的正时记号标注在主、从动齿轮的端面上,在安装时,应使两个正时记号对齐。

3. 可变气门机构

1) 可变气门机构原理

在传统的发动机上,进气门和排气门的开闭时刻是固定不变的,气门叠开角也是固定不变的,是根据试验而取得的最佳配气相位,在发动机运转过程中是不能改变的。然而发动机转速和负荷不同时,其进气量、排气量、进排气流的流速、进气及排气行程的持续时间、汽缸内燃烧过程等都不一样,对配气相位和气门升程的要求也不同。例如,转速高时,进气气流流速高,惯性能量大,所以希望进气门早些打开、晚些关闭,以便充分利用进气气流的惯性,使新鲜气体尽量多一些充入汽缸;反之,在发动机转速较低时,进气流速低,惯性能量也小,如果进气门迟闭角过大,会使已进入汽缸的新鲜气体被压缩行程中上行的活塞挤出汽缸;同样,如果进气门过早开启,由于此时活塞正上行排气,很容易把废气挤到进气管中,使进气中的残余废气增多,新鲜气体反而少了,会使发动机工作不稳定。因此,没有任何一种固定的配气相位设置能让发动机在高低转速时都能获得令人满意的性能,只能根据其匹配车型的需求,选择最优化的固定配气相位。

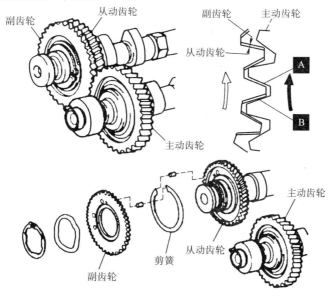

图 3-48 无间隙齿轮传动机构

同样,传统发动机的气门升程也是固定不变的,是以满足发动机高速、大负荷运转的需要而设计的。但是在发动机低速、小负荷状态下,进气量很少,无需太大的气门升程,此时较小的气门升程还能使进入汽缸的气流产生较好的涡流效果,并减少配气机构的运转阻力。

可变气门机构就是通过技术手段,使发动机的配气相位和气门升程能随发动机转速和负荷的变化而变化,始终保持最佳,从而保证发动机在任意转速和负荷情况下都有良好的燃料经济性、动力性、运转稳定性,减少排放污染。

可变气门机构有多种结构形式,不同厂家、不同发动机的可变气门机构往往有很大的不同。按控制内容,可变气门机构可分为可变配气相位和可变气门升程两大类,有些发动机只配置可变配气相位机构,如丰田的 VVT-i 发动机;有些发动机既配置可变配气相位机构,又配置可变气门行程机构,如丰田的 VVTL-i 发动机,本田的 i-VTEC 发动机。

按是否同时控制进、排气门,可变气门机构又分为只控制进气门的单可变气门机构和同时控制进、排气门的双可变气门机构两种。

按控制过程,可变气门机构可分为分段可变和连续可变两种,分段可变气门机构的配气相位或气门升程只有 2~3 种变化,连续可变气门机构可以在一个范围内使配气相位或气门升程产生连续变化。

按控制方法,可变气门机构又可以分为变换凸轮式、变换凸轮轴转角式和变换摇臂支点式等几种。

为了提高可变气门机构的效果,有些发动机往往将上述几种形式混合运用,例如:将连续可变配气相位、分段可变配气相位以及可变气门升程混合运用。

2)分段可变气门机构

分段可变气门机构通常是采用变换凸轮的方式。这种机构是在一根凸轮轴上布置2～3组凸轮,每组凸轮的大小、形状、配气相位和气门升程都各不相同。当发动机处于不同的运转工况时,ECU利用液压控制方式,通过摇臂上的控制机构来选择不同的凸轮驱动气门,从而实现配气相位和气门升程的改变。采用这种方式的有,本田汽车发动机的VTEC机构、三菱发动机的MIVEC机构等。

图3-49为本田汽车发动机上采用的三段式VTEC(Variable valve Timing & lift Electronic Control system)可变气门机构。这是一种四气门、单上置凸轮轴(SOHC)的可变进气门机构。

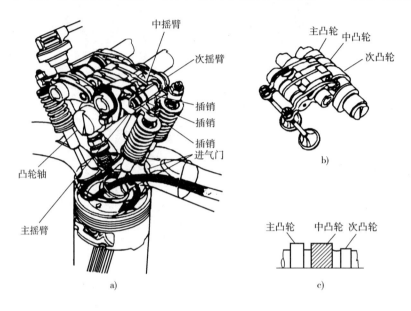

图3-49 本田VTEC可变配气机构

这种发动机的凸轮轴上,对应于每个汽缸有2个排气凸轮和3个进气凸轮。这3个进气凸轮的大小和形状各不相同,如图3-50c)所示:中间为高速凸轮,其轮廓线是以满足发动机高速、大负荷运转需要而设计的,升程最大,并有较大的进气门迟后角和气门叠开角;右边为中速凸轮,其轮廓线是以满足发动机最常用工况的中速、中小负荷运转需要而设计的,所以又称为主凸轮,其升程次之,进气门迟后角和气门叠开角也较小;左边的凸轮升程最小(只能使气门产生一个微小的开度),称为次凸轮。

与3个进气凸轮相对应的3个摇臂,按其所对应的凸轮分别称为中摇臂、主摇臂、次摇臂,如图3-50b)所示,3个摇臂内有两组受油压控制的插销(上面一组插销分为两段、下面一组插销则分成三段),插销的移动可控制3个摇臂各自独立运动或互相连成一体运动。控制插销移动的油压来自发动机润滑系统,并受控于发动机ECU。

当发动机处于低转速或者低负荷时,摇臂中的上、下两组插销的油压室内都没有油压,3个摇臂互相分离。主凸轮和次凸轮各自通过左边和右边的摇臂分别驱动两个进气门,使两者具有不同的配气相位及升程。左边由次凸轮驱动的气门基本上没有打开,只是有个微小的动作,以防止气门在高温下不动作而卡死,同时防止进气歧管壁上凝结的汽油聚集在进气门背面。此时,只有1个气门进气,如图3-50a)所示,以形成挤气作用,使进气气流在汽缸内产生涡流,促使燃烧完全。此时,中摇臂虽然也随中凸轮运动,却没有驱动气门,只是在摇臂轴上做无效的运动。

当发动机处于中速、中负荷运转工况时,ECU 通过电磁阀使发动机润滑系统的压力机油进入摇臂中上面一组插销的油压室,推动插销移动,将左右两边的主、次摇臂相连,两个进气门同时受最右边的主凸轮控制,按中速模式工作,如图 3-50b)所示。而中摇臂仍是独立的,所以中间的中凸轮仍没有起作用。

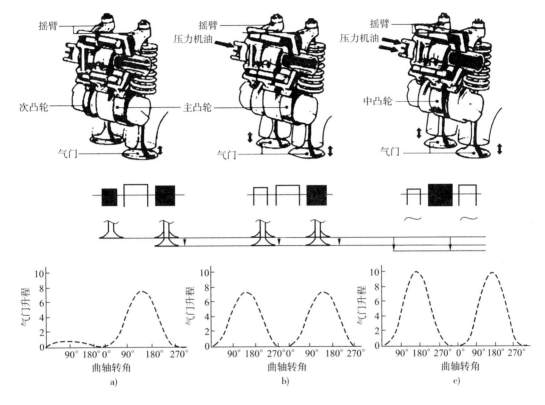

图 3-50　三段式 VTEC 可变气门驱动机构工作原理

当发动机转速升高到需要变换为高速模式时,ECU 通过电磁阀使压力机油同时进入摇臂上、下两组插销的油压室,下面一组插销的移动将 3 个摇臂连接成一体,由于中间的凸轮较大,使其他两个凸轮碰不到摇臂,故此时两个气门都受中间的高速凸轮控制,如图 3-50c)所示,气门开启的持续时间和升程都比中速模式大。

同理,当发动机转速降低时,ECU 通过电磁阀将摇臂中油压室内的压力机油泄出,使气门回到中速或低速工作模式。

本田汽车公司开发的这种分段可变气门机构能根据发动机运转工况,自动改变气门配气相位和升程,从而达到增大功率、降低油耗以及减少污染的目的。但由于其控制过程是分段有级的(早期只有 2 段,目前最新的也只有 3 段),当控制模式从低速段转换到中、高速段时,由于进气流量突然增大,使得发动机的输出功率也突然增大,导致发动机在整个转速范围内输出功率的变化不够柔和。

3)连续可变气门机构

连续可变气门机构包括连续可变配气相位和连续可变气门升程两种机构。

(1)连续可变配气相位机构。

目前,所采用的连续可变配气相位机构都是通过使凸轮轴和曲轴的相位改变一个角度,从而使该凸轮轴所决定的所有配气相位角同时提前或推迟,以达到配气相位的连续可变。

常见的连续可变气门驱动机构有两种,分别采用可变正时齿轮控制器和可变正时链条控制器来控制配气相位。

①可变正时齿轮控制器。可变正时齿轮控制器位于凸轮轴前端的正时链轮(或带轮)内,如图3-51所示,它利用发动机润滑系统的机油压力,可使凸轮轴与其前方的正时链轮之间的相对角度发生连续的变化。可变正时凸轮控制器的壳体与正时链轮结合为一体,壳体中有一呈十字形的叶片式转子与凸轮轴连接,如图3-52所示。转子的每个叶片与壳体的内腔之间形成两个封闭的油压室,由电磁阀控制的发动机润滑系统的压力机油通过凸轮轴上的油道进入或流出油压室,从而改变转子与壳体之间的相对角度,使该凸轮轴所决定的配气相位发生变化。电磁阀由发动机的ECU控制,当ECU控制电磁阀内的滑阀向左移动时,如图3-53a)所示,进入油压室的压力机油使转子相对于壳体向顺时针方向旋转,使配气相位角提前。与此相反,当ECU使电磁阀内的滑阀向右移动时,如图3-53b)所示,进入油压室的压力机油使转子相对于壳体朝逆时针方向旋转,使配气相位角推迟。

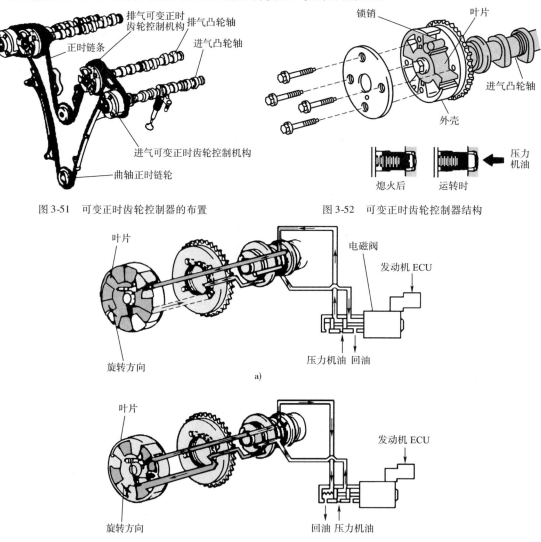

图3-51 可变正时齿轮控制器的布置　　　图3-52 可变正时齿轮控制器结构

图3-53 可变正时齿轮控制器的工作原理

转子中的锁销可以在发动机熄火后机油压力为 0 时,自动将转子和壳体相互连接,如图 3-52 所示,使发动机起动时的配气相位能保持为某一固定的角度,防止起动时因机油压力不足而使气门正时失去控制。

可变正时齿轮控制器是目前较为成熟的连续可变配气相位机构,具有结构紧凑、布置方便的特点。根据不同发动机的具体设计要求,可以仅在进气凸轮轴上设置可变正时齿轮控制器,只对进气门的配气相位进行控制(称为单可变气门机构),在不增加太多成本的情况下获得较大的性能改善;也可以在进气凸轮轴和排气凸轮轴上都设置可变正时齿轮控制器,使进气门和排气门的配气相位同时可变,使发动机的动力性、燃油经济性、排放性都得到最大的改善。

ECU 根据各个传感器检测得到的发动机工况,决定配气相位的数值,以使控制效果达到最佳。通常,按以下方式控制进、排气门的配气相位。

怠速、小负荷以及起动、暖机期间,将进气门配气相位延迟,减小进气提前角;同时,将排气门配气相位提前,减小排气迟后角,从而减小或消除气门叠开角,防止废气进入进气道,以稳定燃烧过程,提高怠速运转的稳定性和燃油经济性,并降低排放污染,如图 3-54a)所示。

中、小负荷时,增大进气提前角和排气迟后角,以增大气门叠开角,产生缸内废气再循环(这种设计可以取消 EGR 装置),降低排放污染,并减小排气行程后期和进气行程早期的泵气损失,如图 3-54b)所示。

中低转速、大负荷时,保持适当的进气迟后角,以充分利用进气惯性,提高充气量;同时,将排气门配气相位推迟,减小排气提前角,以充分利用燃烧气体的压力做功,提高燃油经济性,如图 3-54c)所示。

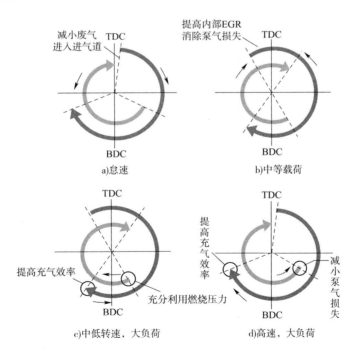

图 3-54 可变气门机构的控制方式

高速大负荷时,尽量增大进气迟后角,以充分利用进气惯性,提高充气量;同时,适当增大排气提前角,以减小排气行程后期的泵气损失,提高发动机的输出功率,如图 3-55d)所示。

②可变正时链条张紧器。可变正时链条张紧器布置在进气凸轮轴和排气凸轮轴之间的链条张紧机构内。在这种机构中,发动机曲轴的正时链轮只通过正时链条驱动排气凸轮轴,进气凸轮轴则由排气凸轮轴通过另一根链条驱动,如图3-55a)所示。该链条的长度比正常的长度要长几节,并用自动链条张紧器保持张紧,如图3-55b)所示。该张紧器在使链条保持张紧状态的同时,还可以在压力机油的控制下做整体的上下移动,使进、排气凸轮轴之间两侧链条的长度发生变化,以改变两凸轮轴之间的相对角度,从而达到使进气凸轮轴的配气相位角发生变化的目的,如图3-56所示。这种可变气门驱动机构结构简单、成本低,但只能在1个凸轮轴上(通常为进气凸轮轴)实现配气相位的变化,而且变化的角度范围较为有限。

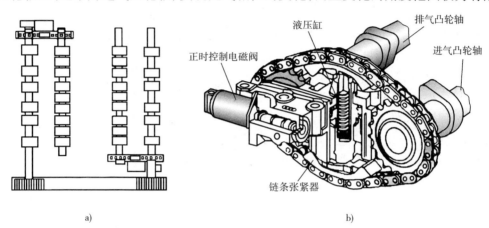

图3-55 可变正时链条张紧机构

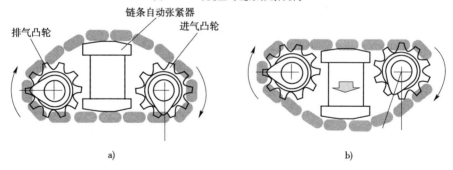

图3-56 可变正时链条张紧机构工作原理

（2）连续可变气门升程机构。

目前,在汽车发动机上采用连续可变气门升程机构的只有宝马汽车公司,该公司设计并应用在宝马汽车发动机上的连续可变气门升程机构称为Valvetronic系统。该机构的凸轮没有直接驱动气门,而是先驱动偏心轴摇臂,使其以偏心轴为支点摆动。偏心轴摇臂摆动时,其下端斜面顶动气门摇臂,从而将气门打开,如图3-57所示。

发动机的ECU通过一个电机转动偏心轴,使其保持在不同的位置上,以改变偏心轴摇臂支点的位置,从而使偏心轴摇臂顶动气门摇臂打开气门的程度发生变化,达到改变气门升程的目的。这种机构可使气门的升程从全开的最大升程到最小升程(约0.8mm)之间连续变化,从而可以取消原来的节气门,改由气门升程的变化来直接控制进气量。这种连续可变气门升程机构通常和连续可变正时齿轮控制机构配合使用,从而使发动机的配气相位和气门升程都能在一定范围内连续变化。

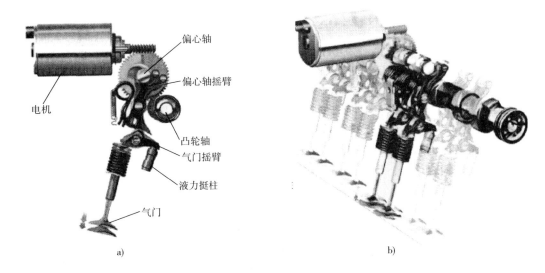

图 3-57 Valvetronic 连续可变气门升程机构

任务实施

一、项目实施环境

(1) 发动机实训室。
(2) 正时链传动发动机一台、正时带传动发动机一台。
(3) 常用工具一套、游标卡尺、厚薄规、百分表、平台等。

二、项目实施步骤

1. 正时链条和链轮的检修

采用链条传动的上置凸轮轴式配气机构,在发动机工作中,由于正时链条的磨损,造成节距变长,工作噪声增大,严重时还会使配气正时失准。因此,在维修中应对链条和链轮认真检查。

1) 正时链条的检查

拆下齿轮室盖,松开链条张紧器(或张紧轮),从链轮上取下正时链条。选择三个以上位置,用弹簧秤钩拉链条,在拉力为 50N 时,测量链条长度,若链条长度大于极限值,应更换新链条,如图 3-58 所示。

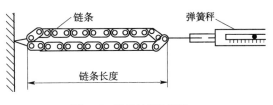

图 3-58 链条长度的测量

拆卸链条时,也可以通过摇转曲轴使曲轴正时链轮和凸轮轴正时链轮的正时记号按规定对正,再把两个链轮和链条一起取下,以便安装时不致搞错记号。

2) 正时链轮的检查

一般采用测量最小链轮直径的方法来判断链轮的磨损程度。将链条分别套在凸轮轴正时链轮和曲轴正时链轮上,用手指捏紧链条后,用游标卡尺分别测量其链轮直径,如图 3-59 所示。如磨损严重,最小链轮直径小于允许值时,则应更换链轮和链条。

2. 正时齿带的检修

正时齿带为帘布层或玻璃纤维层结构,具有较高的使用寿命,正常情况下,一般在汽车行驶 10 万 km 时才需要更换。正时齿带经过一段时间的使用后,会发生老化和损伤,因此使用中应该经常检查和维护,避免发生折断、滑齿,造成活塞与进、排气门相撞,从而使活塞与气门损坏,严重时还会造成气门摇臂、摇臂轴、凸轮轴、汽缸盖的损坏。

1) 正时同步带张紧度的检查

拆去正时同步带护罩,用拇指和食指捏住两带轮之间齿带的中间部位,用力翻转,若刚好能翻转 90°,即为张紧度合适,否则应松开张紧轮紧固螺母,将张紧轮压紧齿带,保持适当张紧力后紧固张紧轮固定螺母,然后复查,直至合适,如图 3-60 所示。

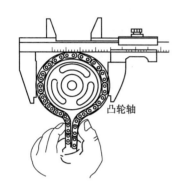
图 3-59 链轮最小直径的测量

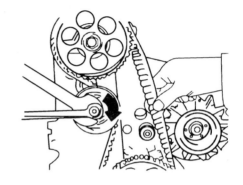
图 3-60 正时齿带张紧度的检查

2) 正时齿带的更换

如果在检查正时齿带时发现齿带有裂纹、磨损、橡胶老化、纤维拉毛起层、掉牙等损坏现象,则应予以更换。

3. 气门间隙调整

气门间隙是指为保证气门关闭严密,通常在发动机冷态装配时,在气门杆尾端与气门驱动零件(摇臂、挺柱或者凸轮)之间所预留的间隙。发动机工作过程中,气门因温度升高会有一定量的膨胀,如果没有气门间隙或者气门间隙过小,就会导致发动机工作时气门关闭不严,从而出现气门处漏气,而气门间隙过大,将会导致配气机构配合松旷,引起异响的产生。因此,除了液压挺柱之外的配气机构,必须预留气门间隙,在使用过程中还应进行调整。

调整气门间隙的方法主要有逐缸法和两次调整法两种。

1) 逐缸法

逐缸法调整气门间隙就是一次调整一个汽缸的进气门和排气门间隙的方法,有几个缸就要进行几次调整,其调节步骤如下:

(1) 打开气门室盖。

(2) 摇转曲轴,直至飞轮(或曲轴带轮)的正时记号与缸体上固定的正时记号对正,这时,第 1 缸处于上止点位置。

(3) 判断第 1 缸是压缩上止点还是排气上止点。用手摇第 1 缸的气门摇臂,如果进、排气门的摇臂均可摇动,则表明此时第 1 缸处于压缩上止点。如果进、排气门的摇臂均摇不动,则表明此时第 1 缸处于排气上止点,再转动曲轴一周,使 1 缸处于压缩上止点。或用其他方法使第 1 缸处于压缩上止点。

(4)气门间隙检查。用规定厚度的厚薄规插入气门杆与摇臂之间,来回抽动厚薄规,如果过紧或过松,都表明气门间隙不合适,需要进行调整。

(5)调整气门间隙。调整方法如图3-61所示,松开锁紧螺母,拧出调整螺钉,在气门杆与摇臂之间插入厚度与气门间隙相等的厚薄规,一边拧进调整螺钉,一边不停地来回抽动厚薄规,直到抽动厚薄规有阻力而且又能抽出时为止,锁紧螺母,在锁紧螺母时,不能让调整螺钉转动,最后再复查一次。

(6)按做功顺序,分别摇转曲轴180°,依次使下一缸处于压缩上止点,用同样的方法,检查与调整各缸的气门间隙。如做功顺序为1-3-4-2,则摇转曲轴180°,检查调整3缸的气门间隙,用同样的方法再检查调整4缸和2缸的气门间隙。

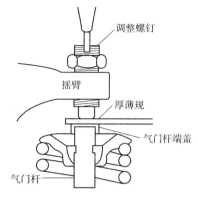

图3-61 气门间隙的调整

2)两次调整法

两次调整法可以通过两次调节,将所有汽缸的气门间隙调整完毕,有"一分为二"法、"右排、左进、压缩全调"法以及"双排不进"法等,这里只介绍"双排不进法"。"双排不进法"的"双"指处于压缩上止点的缸的两个气门间隙均可调整,"排"指该缸的排气门间隙可调整,"不"指该缸的两个气门间隙均不可调整,"进"指该缸的进气门间隙可调整。

(1)"两次调整法"的操作程序。

①摇转曲轴,根据正时记号找出第1缸压缩行程上止点。

②根据发动机的工作顺序,按"双排不进"原则确定能调整的气门,然后检查、调整气门间隙。

③将曲轴再转一圈,使正时记号对准,用同样的方法检查、调整其余气门间隙。至此所有的气门检查、调整完毕。

(2)几种工作顺序不同的发动机气门可否调节的确定。

①6缸发动机。第1缸处于压缩上止点时,若发动工作机顺序为1→5→3→6→2→4,根据"双排不进"原则,1(1、2)→5(9、10)→3(5、6)→6(11、12)→2(3、4)→4(7、8)双排排不进进(括号内为各缸对应气门,单数排气门,双数进气门),可调整的气门:1、2、9、5、3、4。把曲轴转过360°,6缸处于压缩上止点时,发动工作机顺序为:6→2→4→1→5→3,根据"双排不进"原则,6(11、12)→2(3、4)→4(7、8)→1(1、2)→5(9、10)→3(5、6)(括号内为各缸对应气门)双排排不进进,可调整的气门:11、12、3、7、10、6。刚好是1缸压缩上止点时没调的气门。也就是说,第一次用"双排不进法"确定第一次可调整的气门,第二次调整调整剩下的气门。

②5缸发动机。若点火顺序是1→2→4→5→3,第一遍调整(1缸在压缩上止点):1(1、2)→2(3、4)→4(7、8)→5(9、10)→3(5、6)双排排不进,可调气门为1、2、3、7、6。第二遍调整(1缸在排气上止点):1(1、2)→2(3、4)→4(7、8)→5(9、10)→3(5、6)不进进双排,可调气门为4、8、9、10、5。

③4缸发动机。若点火顺序是1→2→4→3,第一遍调整(1缸在压缩上止点):1(1、2)→3(5、6)→4(7、8)→2(3、4)双排不进,可调气门为1、2、5、4。第二遍调整(4缸在压缩上止点):1(1、2)→3(5、6)→(7、8)→2(3、4)不进双排,可调气门为6、7、8、3。

④8缸发动机。若点火顺序是1→5→4→2→6→3→7→8,第一遍调整(1缸在压缩上止点):1(1,2)→5(9,10)→4(7,8)→2(3,4)→6(11,12)→3(5,6)→7(13,14)→8(15,16)双排排排不进进进,可调气门为1、2、9、7、3、6、14、16。第二遍调整(6缸在压缩上止点):1(1、2)→5(9,10)→4(7,8)→2(3,4)→6(11,12)→3(5,6)→7(13,14)→8(15,16)不进进进双排排排,可调气门为10、8、4、11、12、5、13、15。

⑤3缸发动机。若点火顺序是1→2→3,第一遍调整(1缸在压缩上止点):1(1,2)→2(3,4)→3(5,6)双排进,可调节气门为1、2、3、6。第二遍调整(1缸在排气上止点):1(1,2)→2(3,4)→3(5,6)不进排,可调节气门为4、5。

(3)"两次调整法"调整气门间隙应注意的问题。

①不同结构的发动机,其进、排气门的排列不一定相同,调气门前应辨认清楚。

②1缸在压缩上止点还是在排气上止点不能搞错。一般发动机上都有正时记号。当正时记号对正时,有可能是1缸在压缩上止点,也有可能是1缸在排气上止点。此时,把曲轴逆时针转一个角度,1缸的排气门有打开的动向;顺时针转一个角度,1缸的进气门有打开的动向,则1缸在排气上止点。如果1缸的两个气门没有打开的动向,则为1缸在压缩上止点。

③相同缸数的发动机,若工作顺序不同,则气门调整的顺序也不一样。

④不同型号的发动机气门间隙不一样;同一型号发动机在冷态和热态时的气门间隙不一样,同一型号发动机进气门和排气门间隙也不一样。调整时,一定要根据维修手册按标准进行调整。

⑤把所有的气门调整以后,必须全部检查一遍,确保每个气门间隙完全符合标准要求。

⑥采用液压挺杆的发动机,因挺杆长度能自动变化,不需要预留气门间隙,所以没有气门间隙调整装置,也就不用进行气门间隙的调整了。

任务工作单

学习情境三:配气机构异响故障检修 工作任务三:气门间隙调整	班级		
	姓名		学号
	日期		评分

一、工作单内容
了解气门传动组的组成与检修方法。

二、准备工作
说明:每位学生应在工作任务实施前独立完成准备工作。
1.了解气门传动组的组成及其作用。
2.了解气门传动组的检修方法。

三、任务实施
了解气门传动组的组成及检修方法。
1.气门传动组的组成

2.气门传动组的作用

3.气门传动组的检修
(1)正时链条和链轮的检修内容:_____
_____
(2)正时齿带的检修内容:_____
_____
(3)正时齿带的安装流程:_____
_____
(4)正时齿带张紧度的检查:_____
_____
(5)气门间隙的调整方法及流程:_____
_____
_____

四、工作小结
通过此工作任务的实施,各小组集中完成下述工作。
1.掌握气门传动组结构组成。

2.掌握气门间隙的调整方法。

3.对本次工作任务,你还有哪些好的意见和建议?

学习情境四　发动机冒黑烟故障检修

情境概述

本情境主要讲授汽油机燃料供给系统的作用、分类、组成与基本工作原理,汽油机燃料供给系统的拆装及维修技能。根据岗位职业能力的要求,本情境共安排两个真实的工作任务。

一、职业能力分析

通过本情境的学习,期望达到下列目标。

1. 专业能力

(1)了解汽油机燃料供给系统的组成及各组成的结构。

(2)能正确拆装汽油机燃料供给系统各组成部件。

(3)能正确检修汽油机燃料供给系统各组成部件。

2. 社会能力

(1)通过分组活动,培养团队协作能力。

(2)通过规范文明操作,培养良好的职业道德和安全环保意识。

(3)通过小组讨论、上台演讲评述,培养与客户的沟通能力。

3. 方法能力

(1)通过查阅资料、文献,培养个人自学能力和获取信息能力。

(2)通过情境化的工作任务活动,掌握解决实际问题的能力。

(3)填写任务工作单,制订工作计划,培养工作能力。

(4)能独立使用各种媒体完成学习任务。

二、学习情境描述

有一台桑塔纳3000型轿车发动机,低速运转较好,急加速时冒黑烟、动力不足,且发动机有明显的抖动现象,发动机灯亮。初步诊断故障为混合气过浓。

为排除此故障,必须掌握可燃混合气对发动机工作的影响,掌握发动机供油系统的结构与组成,掌握汽油机供油系统的工作原理。

三、教学环境要求

本情境要求,在理实一体化专业教室和专业实训室完成。要求配备桑塔纳3000型轿车发动机四台、各种拆装工具四套。同时,提供相关发动机的技术手册、使用说明书;可以用于资料查询的电脑、任务工作单、多媒体教学设备、课件和视频教学资料等。

学生分成四个小组,各组独立完成相关的工作任务,并在教学完成后提交任务工作单。

工作任务一 发动机尾气检测

1. 应知应会

通过本工作任务的学习与具体实施,学生应学会下列知识:

(1)熟悉可燃混合气的形成过程及原理。

(2)了解混合气的浓度对发动机工况的影响。

(3)掌握发动机不同工况时对混合气的要求。

应该掌握下列技能:

能够根据发动机的故障现象判断混合气过浓或过稀。

2. 学习要求

(1)在每个工作任务的学习过程中,完成相关任务工作单的填写,并通过课程网络及时提交给相关教师。任务工作单提交方法详见课程网站。

(2)在每个情境实施阶段的中期或后期,按要求填写检修工作单。本情境学习结束后,按要求填写学生考核记录表,进行自我评价后交小组长,小组长评价后连同检修工作单统一交教师。

(3)每个情境学习到评价环节时,个人进行任务完成情况的评估。教师对小组抽查,被抽查的个人上台进行讲评。

一、可燃混合气的形成

汽油机混合气的形成有两种方式:一种是化油器式,另一种是电控燃油喷射式。

化油器式即利用化油器在汽缸外部形成大致均匀的可燃混合气,靠控制节气门开度调节混合气数量。这种化油器式的燃油系统已经淘汰。

电控燃油喷射系统混合气的形成是在进气管或汽缸中进行的。喷油器将来自供油系统具有一定压力的汽油喷射到进气门前方的进气歧管内,与来自空气供给系统的新鲜空气在缸外混合形成可燃混合气,进入汽缸被点燃做功。由于汽油是从细小的喷嘴喷出,可以充分雾化,因此能够与空气均匀混合,形成良好的可燃混合气;而且喷油量是由电脑控制的,所以混合气的浓度是最佳的。

二、空燃比与过量空气系数

1. 概念

汽油机正常燃烧必须使汽油和空气形成可燃混合气。可燃混合气是按照一定比例混合的汽油与空气的混合物。可燃混合气中燃料含量的多少称为可燃混合气浓度。

可燃混合气浓度通常用空燃比或过量空气系数来表示。

空燃比 R 是指每工作循环充入汽缸的空气量与燃油量的质量比(A/F)。

$$R = A/F = 空气质量(kg)/燃油质量(kg)$$

理论上,1kg 汽油完全燃烧需要 14.7kg 空气,故空燃比 $A/F = 14.7$ 的可燃混合气为标准混合气;$A/F > 14.7$ 的可燃混合气称为稀混合气;$A/F < 14.7$ 的混合气为浓混合气。

过量空气系数是指燃烧 1kg 燃料实际供给空气质量与理论上完全燃烧所需的理论空气量的质量比,一般用 α 表示。

α = 燃烧 1kg 燃料实际供给的空气质量/理论上完全燃烧 1kg 燃料所需的空气量
  = 实际空燃比/理论空燃比

$\alpha = 1$ 时的可燃混合气为理论混合气、$\alpha < 1$ 时的可燃混合气为浓混合气、$\alpha > 1$ 时的可燃混合气为稀混合气

2. 发动机运行工况及对混合气浓度的要求

汽车在实际应用过程中,发动机工况变化,可燃混合气浓度必须跟着变化。如汽车起步前和短暂停车时,发动机应处于怠速状态,此时节气门开度最小,负荷为 0,转速最低;汽车在一般道路上行驶时,行驶阻力不大,发动机处于中等负荷状态,此时节气门部分开启,车速和汽油机转速不一定很高;汽车在满载爬坡或者全速行驶时,发动机应处于全负荷状态,此时节气门全开,但转速并非一定最高。

1)稳定工况对混合气浓度的要求

稳定工况是指发动机已经预热,进入正常运转,并且在一定时间内工况没有突然变化。它可以分为怠速工况、小负荷工况、中等负荷、大负荷和全负荷五个范围。

(1) 怠速工况。怠速是指发动机不对外输出动力,做功行程产生的动力只用来克服发动机的内部阻力,维持发动机以最低稳定转速运转。汽油机怠速转速一般为 650～1000r/min 之间。

在怠速工况下,由于节气门开度小,进入汽缸内的混合气很少,汽缸内残余废气对混合气稀释严重,而且转速低,空气流速小,汽油雾化和蒸发不良,混合气形成不均匀。因此,要求供给 $\alpha = 0.6 \sim 0.8$ 的少量浓混合气。

(2) 小负荷工况。发动机负荷在 25% 以下时称为小负荷。由于小负荷时,混合气的数量比怠速时有所提高,废气对混合气的稀释作用也有所减弱,因而混合气浓度可以略为减小,一般 $\alpha = 0.75 \sim 0.9$。

(3) 中等负荷工况。发动机负荷在 25%～85% 之间称为中等负荷。由于进入汽缸的混合气数量增多,燃烧条件较好。此外,汽车发动机大部分的时间处在中等负荷下工作,为提高其经济性,应供给较稀的经济混合气,一般 $\alpha = 1.05 \sim 1.15$。

(4) 大负荷和全负荷工况。发动机负荷在 85% 以上时称为大负荷,负荷为 100% 时称为全负荷。此时,为了克服较大的外部阻力,要求发动机发出尽可能大的功率。因此,应供给较浓而多的功率混合气,一般 $\alpha = 0.85 \sim 0.95$。

2)过渡工况对混合气浓度的要求

汽车在运行中常遇到的过渡工况有冷起动、暖机和加速三种。

(1) 冷起动工况。起动是指发动机由静止到正常运转的过程。当熄火时间较长、发动机温度下降至环境温度时的起动称为冷起动。冷起动时,发动机温度低,汽油蒸发困难,只有供给极浓的混合气($\alpha = 0.2 \sim 0.6$),才能保证进入汽缸内的混合气中有足够的汽油蒸气,以利于发动机起动。

(2) 暖机工况。暖机一般是指冷起动后,发动机的温度逐渐升高到正常工作温度的过程。在暖机过程中,混合气的浓度应随温度升高而减小,从起动时的极浓减小到稳定怠速运

转所要求的浓度为止。

（3）加速工况。加速是指发动机负荷增加的过程。急加速时（如超车），节气门迅速开大，要求发动机的动力迅速提高，然而在急剧加大节气门开度的瞬间，由于汽油的惯性比空气惯性大，汽油流量的增加比空气流量的增加要慢得多，使混合气暂时过稀，反而使发动机的动力下降，甚至熄火。因此，在急加速时，必须采用专门的装置额外供油，加浓混合气，以满足发动机急加速的要求。

综上所述，发动机所要求的可燃混合气是随发动机工况的变化的，见表4-1。

可燃混合气是随发动机工况的变化　　　　　表4-1

工况	混合气性质	工作环境	对α的要求	空燃比（A/F）
起动工况	极浓	冷车起动，曲轴转速慢（50～150 r/min），发动机温度低，汽油雾化、蒸发不良，部分汽油在进气歧管内形成油膜，进入汽缸的燃油量少	必须供给多而浓的混合气，α=0.2～0.6	约为2
暖机工况	极浓→过浓	发动机温度逐渐升高，雾化条件稍有改善	供给的混合气由α=0.4～0.6到α=0.6～0.8	约为5
怠速工况	过浓	节气门开度小，进气量小，发动机转速低，蒸发条件仍然很差	需要少而浓的混合气，提高燃烧速度，α=0.6～0.8	约为11
小负荷工况	稍浓	发动机输出功率小（25%以下负荷），节气门稍开，混合气量小；汽缸残留废气比例高，对混合气有稀释作用	混合气浓度稍有减小，α=0.7～0.9	为12～13
中等负荷工况	经济	发动机负荷在25%～85%之间，工作范围大，时间长，节气门开度适中，转速高，汽油蒸发好	经济混合气，α=1.05～1.15	为15～18
大、全负荷工况	浓	需要克服很大的阻力，节气门开度在85%以上，进气量很多	多而浓的混合气，即功率混合气，α=0.85～0.95	为12～13
加速工况	过浓	节气门开度突然加大，发动机转速迅速提高，由于空气流量比汽油喷出量增加快得多，致使混合气瞬间过稀，会导致熄火	需额外加浓，α=0.7～0.9	约为8

由上表可知，发动机正常运转时，在小负荷和中等负荷工况下，要求随负荷的增加，供给由浓逐渐变稀的混合气。当进入大负荷直到全负荷工况下，又要求混合气由稀变浓，最后加浓到保证发动机输出最大功率。

 任务实施

一、项目实施环境

（1）发动机性能实训室。
（2）发动机综合分析仪。

二、项目实施步骤

1. 可燃混合气浓度对发动机性能的影响

可燃混合气浓度对发动机的燃烧过程以及其动力性和经济性都有很大的影响。

(1) 理论混合气($\alpha=1$)。它是理论上推算的完全燃烧的混合气浓度。但由于时间和空间条件的限制,汽油不能及时与空气进行绝对均匀的混合,实际上不可能完全燃烧。

(2) 稀混合气($\alpha>1$)。稀混合气可以保证所有的汽油分子获得足够的空气,实现完全燃烧,因而经济性最好。α 值为 $1.05 \sim 1.15$ 的稀混合气称为经济混合气。如果混合气过稀,因空气量增多,燃烧速度变慢、热量损失过大,会导致汽油机过热、加速性能变差等,造成经济性和动力性都下降。

(3) 浓混合气($\alpha<1$)。浓混合气中汽油含量较多,汽油分子密集,燃烧时速度快、压力大、发动机输出功率高。α 值为 $0.85 \sim 0.95$ 范围内的浓混合气,燃烧速度最快,发出功率最大,称为功率混合气。由于空气量不够,浓混合气燃烧不完全产生大量 CO,导致发动机排气冒黑烟、放炮、燃烧室积炭、功率下降、耗油率显著增大,造成排放性能和经济性能都降低。

(4) 燃烧极限。可燃混合气过浓或过稀到一定程度,即 $\alpha<0.4$ 或 $\alpha>1.4$ 时,火焰将在燃烧室内无法传播,导致发动机熄火。称为混合气的燃烧极限。

(5) 可燃混合气对汽油机性能的影响。图 4-1 所示为在发动机转速一定和节气门全开的条件下,改变 α 值的大小,测绘出汽油机功率 P_e 和油耗率 g_e 的相对值与过量空气系数 α 的关系曲线。从图中可以看出:

① 可燃混合气过稀和过浓,动力性和经济性能都不理想。

② 可燃混合气浓度在 $\alpha=0.88 \sim 1.11$ 范围内最有利,可以获得较好的动力性或者经济性。

③ 功率点和经济点不对应,动力性和经济性

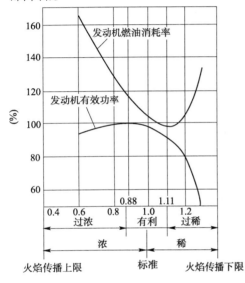

图 4-1 可燃混合气浓度对汽油机性能的影响
(汽油机转速不变,节气门全开)

也存在矛盾,不能同时获得最好的动力性和经济性,只能获得相对较好的动力性和经济性。

2. 与可燃混合气浓度相关的故障

混合气过浓或者过稀都会造成发动机工作不正常,影响发动机的功率,增大燃油消耗量。

如果一辆汽车的发动机过热、加速不良,基本可以判断是混合气过稀,而造成混合气过稀的原因是喷油量比所需的少,原因可能是燃油压力过低、喷油器工作不良或空气流量计之后有漏气部位等。

诊断步骤:按照由简到繁的原则。首先检查空气流量计之后是否有漏气部位,然后检查燃油压力,最后检查和测试喷油器。

在诊断过程中,发现空气流量计之后与进气软管连接处松动,有漏气现象。由于连接处的漏气量未经空气流量计计量,即实际吸入汽缸内的空气多,而检测到的进气量少,ECU 按空气流量计提供的少空气量的信号供油,发出的是喷油量少的指令,所以造成混合气过稀,以致出现以上故障。

重新紧固以上连接处,发动车后再试,故障随即消失,发动机运转正常。

混合气浓度不正常会引起发动机的诸多故障,详见表4-2,排除方法可以参照上文步骤。

可燃混合气浓度对发动机工作的影响　　　　　　　　表4-2

混合气	过量空气系数 α	发动机功率 P_e	油耗率 g_e	原因	发动机工作情况
火焰传播上限	0.4			太浓,火焰无法传播	混合气不燃烧,发动机不工作
过浓混合气	0.43~0.88	减小	显著增加	燃烧不完全	排气管冒黑烟、放炮,燃烧室积炭,排气污染严重
稍浓混合气	0.85~0.95	最大	增大18%	燃烧速度快、压力大、热损失小	
理论混合气	1	减小2%	增大4%		
稍稀混合气	1.05~1.15	减小8%	最小	燃烧完全	加速性能变差,经济性好
过稀混合气	1.13~1.33	显著减小	显著增大	燃烧速度慢、压力小、热损失大	发动机过热,加速性能变坏
火焰传播下限	1.4			油太少,火焰无法传播	混合气不燃烧,发动机不工作

 任务工作单

学习情境四:发动机冒黑烟故障检修 工作任务一:发动机尾气检测	班级		
	姓名		学号
	日期		评分

一、工作单内容

掌握发动机不同工况时对混合气的要求。

二、准备工作

说明:每位学生应在工作任务实施前独立完成准备工作。

1. 了解可燃混合气的形成过程。
2. 了解混合气的浓度对发动机工况的影响。
3. 排除混合气浓度变化带来的相关故障。

三、任务实施

了解混合气的形成过程及不同工况下混合气浓度的大小。

1. 可燃混合气的方式:

_____、_____。

2. 空燃比与过量空气系数的含义:

_____

_____

_____

3. 稳定工况的种类及对混合气的要求:

_____

_____

_____

4.过度工况的种类及对混合气的要求：
_____
_____

5.可燃混合气浓度变化导致的相关故障诊断：
（1）故障现象：
_____
_____
_____

（2）故障原因：
_____
_____
_____

（3）故障排除方法：
_____
_____
_____

四、工作小结
通过此工作任务的实施，各小组集中完成下述工作。
1.掌握混合气的形成过程。

2.掌握混合气浓度对发动机工况的影响因素及调整方法。

3.对本次工作任务，你还有哪些好的意见和建议？

工作任务二　供油压力过低故障检修

任务概述

1. 应知应会

通过本工作任务的学习与具体实施,学生应学会下列知识:

熟悉燃油供给系统的组成和原理。

应该掌握下列技能:

(1)能检测系统的供油压力。

(2)能拆卸燃油箱和燃油泵。

(3)能拆装燃油滤清器。

2. 学习要求

(1)在每个工作任务的学习过程中,完成相关任务工作单的填写,并通过课程网络及时提交给相关教师。任务工作单提交方法详见课程网站。

(2)在每个情境实施阶段的中期或后期,按要求填写检修工作单。本情境学习结束后,按要求填写学生考核记录表,进行自我评价后交小组长,小组长评价后连同检修工作单统一交教师。

(3)每个情境学习到评价环节时,个人进行任务完成情况的评估。教师对小组抽查,被抽查的个人上台进行讲评。

相关知识

一、电控汽油喷射系统的基本组成与结构

汽油机所用的燃料主要是汽油。汽油在汽缸外必须先分散成雾状并蒸发,按一定的比例与空气均匀混合,然后进入汽缸燃烧。现代汽油机燃料供给系统采用的是电控汽油喷射系统。其结构组成,如图4-2所示。

1. 电控汽油喷射系统的组成

电控汽油喷射式发动机的燃料供给系统由空气供给系统、燃油供给系统和电子控制系统三大部分组成。电控汽油喷射系统尽管形式多样,但它们都遵循相同的控制规则。即以电子控制单元(ECU)为控制核心,以空气流量和发动机转速为控制基础,以喷油器为控制对象,保证发动机在各种工况下获得最佳的混合气浓度,以满足发动机动力性、经济性和排放性要求。相同的控制原理决定了各类电控汽油喷射式发动机的燃料供给系统的基本组成和结构相似,其组成都由空气供给系统、汽油供给系统和电子控制系统三大部分组成。

1)汽油供给装置

汽油供给装置包括汽油箱、汽油滤清器、电动汽油泵、燃油管、燃油压力调节器和燃油分配管等部件,用以完成汽油的储存、输送以及滤清的任务。汽油供给装置组成,如图4-3所示。

油箱主要用于汽油储存。箱内部安装有电动汽油泵,使燃油形成一定的压力,输送到燃油分配管内;燃油滤清器把燃油当中的杂质过滤和清洁,防止油路堵塞;燃油压力调节器使

燃油分配管中的压力保持稳定,多余的燃油将返回到油箱中。现代汽车汽油供给装置将电动汽油泵、燃油滤清器、燃油压力调节器集成为一体,安装在汽油箱内,简化了零部件数量。

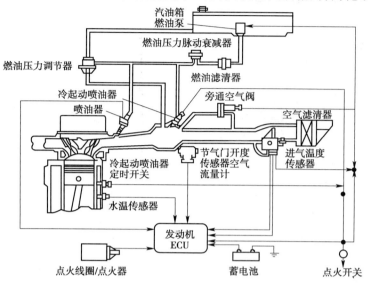

图 4-2 电喷系统的组成

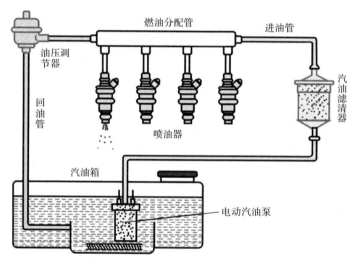

图 4-3 汽油机燃料供给装置组成

2) 空气供给装置

空气供给装置由空气滤清器、节气门体、空气流量计、进气管和进气歧管组成,也有些发动机还装有进气预热装置及空气增压器。主要用于空气的输送、计量、清洁和预热。结构如图 4-4 所示。

3) 可燃混合气形成装置

可燃混合气的形成是由喷油器将具备一定压力的燃油,按燃烧的需要将定量的燃油喷入进气歧管,将燃料和空气形成可燃混合气,进入汽缸。

4) 废气排出装置

由排气歧管、排气管、三元催化转换装置、氧传感器和排气消声器等结构组成。三元催化转换装置主要用于可燃混合气燃烧后废气的无害化处理;氧传感器用于检测废气中氧气的含量,判断可燃混合气配比是否正确;排气消声和废气排出。其结构如图 4-5 所示。

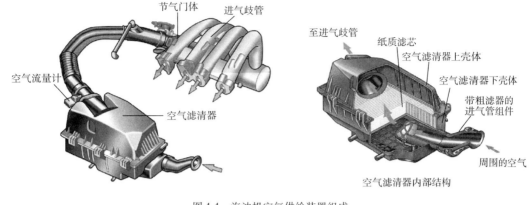

图 4-4　汽油机空气供给装置组成

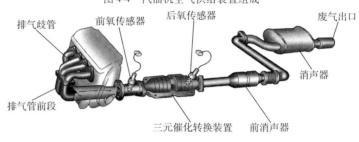

图 4-5　汽油机排气装置组成

2. 电控汽油喷射系统工作原理

燃油箱内的汽油被电动汽油泵吸出并加压,压力燃油经汽油滤清器滤去杂质后,被送至发动机上方的分配油管。分配油管与安装在各缸进气歧管上的喷油器相通。喷油器是一种电磁阀,由发动机电控系统的电脑(又称 ECU)控制。通电时喷油器开启,压力燃油以雾状喷入进气歧管内,与空气混合,在进气行程中被吸进汽缸。分配油管的末端装有油压调节器,用来调整分配油管中汽油的压力,使油压保持某一定值(250～300kPa),多余的燃油从油压调节器上的回油口经回油管返回汽油箱。混合气浓度由 ECU 控制。ECU 控制喷油器在每次进气行程开始之前喷油一次,由每次喷油持续时间的长短来控制喷油量。ECU 根据安装在发动机上的各种传感器,测得发动机的进气量、冷却水温度、进气温度、节气门开度、发动机转速等运转参数,根据 ECU 中设定的控制程序,在不同的工况下按不同的模式来控制喷油量。例如,在节气门全闭的怠速工况下,提供较浓的混合气;在节气门中小开度的一般运转工况下,提供理论混合气;在节气门全开或接近全开的满负荷、大负荷工况下,提供较浓的功率混合气。总之,使发动机在各种工况下都能获得所需的最适宜浓度的混合气,以达到既降低油耗,又保证发动机发出最大功率,同时使发动机的排放污染尽可能低的目的。

二、供油装置的基本结构原理

1. 汽油箱

图 4-6 为货车的油箱结构。它主要由箱体、汽油箱盖、液面指示传感器、汽油箱支架、放油螺塞等组成。其作用是储存汽油。通常布置在远离发动机的车架一侧或者车身后部,以减少火灾的危险,同时为改善汽车行驶的稳定性,其安装位置一般较低。汽油箱的容量视车辆大小和发动机排量而定。

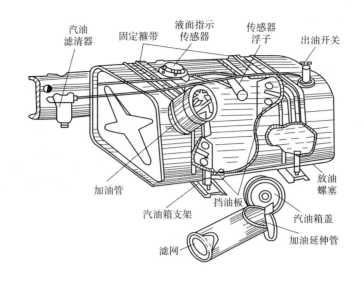

图 4-6 货车汽油箱

普通汽油箱是用薄钢板冲压件焊接而成。其油箱盖用以防止汽油的溅出及减少汽油挥发,通常将油箱盖设计成卡爪式并与波状片弹簧所压橡胶垫片将汽油箱口周缘夹住,以保证密封,有些盖上还设计了锁止装置,防止脱落或丢失。

为保证油箱内气压平衡,在油箱盖上设计了空气阀和蒸气阀,如图4-7所示。空气阀用较弱的空气阀弹簧压住,当油箱内油面下降,压力低于某一数值时,空气阀打开,使空气进入汽油箱,确保汽油箱内不致产生真空,避免受到内外空气压力差的作用而损坏。蒸气阀用较硬的弹簧压住,仅在汽油箱内因温度过高,压力超过规定值时才开启,因而有利于减少油箱内汽油蒸气挥发。

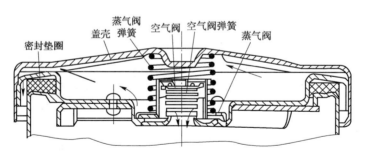

图 4-7 汽油箱盖

汽油表传感器装于油箱内,浮子与滑线变阻器构成一个小总成,并与汽油表连接用于指示汽油箱内燃料量。

现代轿车的汽油箱通常由耐油硬塑料制成。图4-8所示为轿车的汽油箱。它的主要结构包括油箱体、加油管、油量传感器等。

图4-9为一汽奥迪100型轿车汽油箱内部结构图。其结构中重力阀的作用是依靠阀的自重,在正常情况下允许空气进入油箱以消除负压。当车辆倾斜45°或者翻车时,此阀自动将通风口关闭,防止燃料漏出。

截止阀的作用是,当油箱内油量减少时,阀打开,油箱注油速度加快;当油箱内燃油已接近加满,空气不能从油箱内排出时,油面上有了压力,使截止阀关闭,汽油则不能流出油箱。

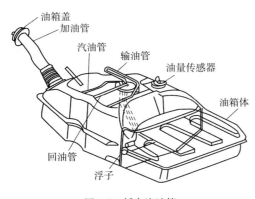
图 4-8　轿车汽油箱

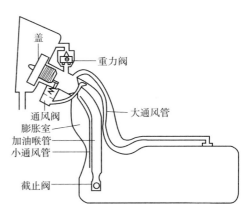
图 4-9　一汽奥迪 100 型轿车汽油箱内部

2. 汽油滤清器

汽油滤清器的作用是滤出汽油中的杂质和水分,防止堵塞喷油器等部件,减少运动部件的磨损。

汽油滤清器有不可拆式和可拆式(图 4-10)两种形式。国内外目前多使用不可拆式汽油滤清器,根据生产厂家的规定,定期更换整个滤清器总成。

发动机工作时,燃油在汽油泵作用下,杂质随燃油流向滤芯,被黏附在滤芯上,而清洁的燃油通过纸滤芯渗入滤芯的内腔,然后从出油管接头流出。

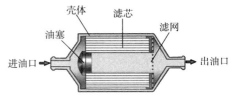
图 4-10　汽油滤清器

任务实施

一、项目实施环境

(1)整车实训室、整车一辆。
(2)汽车维护常用工具一套。
(3)维护用相关耗材,如汽油滤清器、垫圈等。

二、实施步骤

1. 燃油箱的拆装

图 4-11 是桑塔纳 2000GSi 轿车燃油箱及其附件的分解图,其拆装步骤如下。

(1)在点火开关断开的情况下,拔下蓄电池的搭铁线。
(2)使用专用设备抽取燃油箱内的燃油,使燃油箱内燃油的容量不能超过 2/3。
(3)拧下位于行李舱内地毯下的燃油箱密封凸缘。
(4)拔下导线插头,如图 4-12 所示。
(5)打开加油口盖板,撬出环绕在加油口颈部的橡胶件系统的夹环。
(6)将橡胶件推入。
(7)拧下在车底部的加油颈口固定螺栓。
(8)拔下位于车辆底部的进油管、回油管和通气管,如图 4-13 所示。
(9)将托架放置在燃油箱下。
(10)松开燃油箱夹带,放下燃油箱。

（11）按与拆卸的相反顺序装配燃油箱。

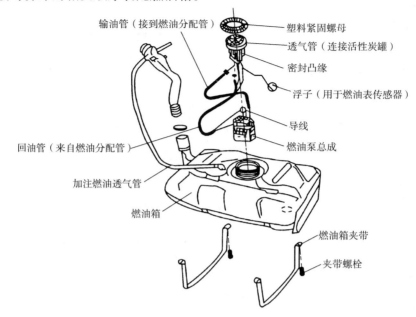

图4-11　桑塔纳2000GSi轿车燃油箱及其附件分解图

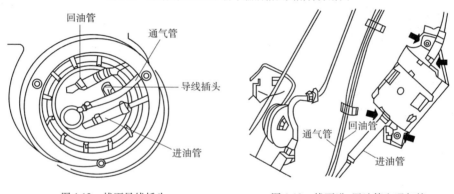

图4-12　拔下导线插头　　　　图4-13　拔下进、回油管和通气管

2. 燃油滤清器的拆装

1）可拆式燃油滤清器拆装

（1）拧松汽油滤清器总成上紧定螺母，同时扶住沉淀杯，将汽油滤清器总成从发动机上拆下。

（2）取下汽油滤清器，拧松沉淀杯，取下沉淀杯。

（3）拧下滤芯紧固螺栓，取下滤芯上的密封垫圈、滤芯、滤芯下的密封垫圈。

（4）取下沉淀杯密封垫圈，拆下进、出油接头。

（5）检查滤芯和各种密封垫圈的完好状况，清洗滤芯和各油道，若损坏应及时更换。

（6）装复汽油滤清器时，应按上述拆卸的相反顺序进行，特别注意密封垫圈的安装，以确保汽油滤清器的正常工作。

2）不可拆式燃油滤清器拆装

现代轿车上一般都是使用不可拆式燃油滤清器，应整体更换，桑塔纳2000GSi轿车燃油滤清器更换的步骤如下：

（1）松开车辆底部燃油滤清器托架紧固螺栓，取下燃油滤清器托架。

(2)松开夹箍,拔下燃油滤清器的油管。

拆开进油管前,必须将油盆置于接头底下,并将拆开的接头用橡皮塞塞住,如图4-14所示。再拆开上端的出油管接头,即可拆下汽油滤清器。

(3)取下燃油滤清器。

(4)安装上新的燃油滤清器,如图4-15所示。

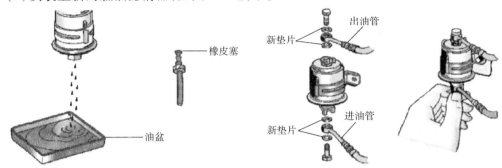

图4-14 拆卸燃油滤清器　　　　图4-15 安装新的燃油滤清器

在拆装燃油滤清器的时候,要注意在拔下燃油滤清器的油管时,应注意使用一块抹布防止剩余的燃油滴落;在安装新的燃油滤清器时,应注意燃油滤清器上的箭头应该指向燃油的流向;更换燃油滤清器后,一般应更换新的O形密封圈或垫片。

3. 喷油器的拆卸与安装

1)喷油器拆卸

当电喷发动机出现冷车起动困难、冷车无怠速、怠速不稳、排气污染物超标或排气冒黑烟等故障时,通常是由于喷油器堵塞或雾化不良所致,此时应拆卸喷油器,以便清洗或更换。

喷油器的拆卸:在拆卸喷油器之前,应先释放燃油系统的油压;有些车型在拆卸喷油器时,还应先拆除发动机上方影响喷油器拆卸的有关零部件,如进气管、节气门体等,然后按图4-16所示顺序拆卸喷油器。

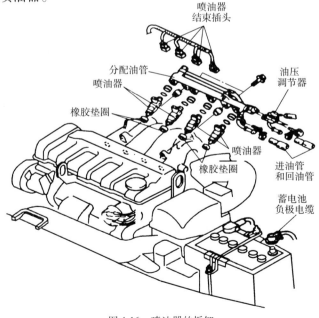

图4-16 喷油器的拆卸

(1) 拆下蓄电池负极电缆。
(2) 拔下各缸喷油器线束插头。
(3) 拆下连接在分配油管上的进油管和回油管。
(4) 拔去油压调节器上的真空软管，拆下油压调节器。
(5) 拧下分配油管的固定螺栓，将分配油管和喷油器一同拆下。

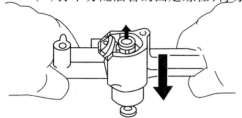

图 4-17 从分配管上压出喷油器

(6) 从分配油管中拔出喷油器（上方供油式喷油器）。
(7) 取下喷油器和进气歧管之间的橡胶垫圈。

对于侧方供油式喷油器，在拆下分配油管后，可按图 4-17 所示方法将喷油器从分配油管中压出。

对于拆下的喷油器，应先进行目测检查，其方法是：在工作台上铺一块干净的白布，将分配油管及喷油器内的残余汽油倒在白布上。若发现有铁锈或水珠自喷油器进油口处流出，说明喷油器已锈蚀，应更换。

2) 喷油器的清洗

喷油器可以用喷油器清洗试验台进行测试和清洗。在喷油器清洗试验台上可以观察喷油器喷油雾化状况，测定喷油器在一定时间或一定喷油次数内的喷油量，检查喷油器针阀密封性能。对于工作不良的喷油器，可在清洗试验台上进行超声波清洗和反流冲洗，以达到彻底清洁喷油器、使之恢复良好喷油雾化能力的目的。

如果没有喷油器清洗试验台，也可以用手工的方法，用化油器清洗剂清洗喷油器。在清洗时，应重点对喷油器的喷孔进行清洗。

3) 喷油器的安装

更换喷油器或清洗喷油器后，应按下述步骤进行安装。

(1) 将喷油器装在分配油管上。安装时应更换所有 O 形密封圈，并在 O 形密封圈上涂少量干净的汽油或机油，如图 4-18a) 所示。在将喷油器压入分配油管时应不断转动喷油器，以免损坏 O 形密封圈，如图 4-18b) 所示。

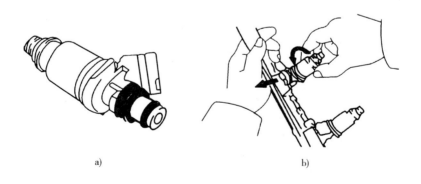

图 4-18 将喷油器装入分配管

(2) 在进气歧管的喷油器孔上安放好橡胶密封圈。如图 4-19a) 所示，将喷油器和分配油管一同装在发动机上，拧紧分配油管固定螺栓。

(3) 用手转动喷油器，检查是否能平顺转动。如果喷油器不能用手转动，说明 O 形密封圈安装不当，应拆下喷油器重新安装，如图 4-19b) 所示。

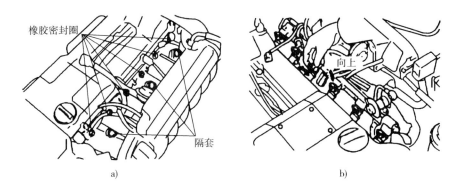

图 4-19 喷油器 O 形密封圈的安装与检查

(4)安装进油管和回油管,插上油压调节器真空软管,插好各喷油器线束插头。
(5)按与拆卸时相反的顺序安装进气管等其他零件。
(6)起动发动机后立即熄火,检查喷油器及油管接头有无漏油。

 知识拓展

汽油机缸内直喷技术

随着汽车数量的增长,汽车发展不断受到能源枯竭、油价上涨、全球气候变暖等问题的困扰。而传统的汽油喷射发动机,汽油在汽缸外喷射,汽油与空气无法呈层状混合,且汽油会附着在进气管壁及进气门上,同时喷射正时较不理想。在满足发动机排放要求的前提下改善发动机燃油经济性显得格外迫切。开发具有汽油机优点同时又具备高燃油经济性优点的车用发动机是当今发动机研究的主要发展方向。

汽油机缸内直喷技术(GDI)被认为是目前最有效的节能减排技术之一,汽油直喷发动机,将汽油直接喷入汽缸中,且喷射正时精确;通过提升喷油压力、缸内直喷、分层燃烧等技术,在改善发动机的冷起动、燃烧组织及废气排放的同时,可大大降低燃油消耗并提升功率/转矩输出。

汽油机的缸内直接喷射在空燃比很稀时,可在接近点火时刻才开始喷油,即压缩过程后期喷油,使火花塞周围的浓混合气来不及稀释就被点燃了,一般可在 $\alpha \geqslant 25 \sim 50$ 范围内稳定工作,GDI 燃烧系统能明显改善燃油消耗率。世界上的各大汽车厂商已经将汽油直喷技术的发动机应用到商用车辆上。

1. 汽油缸内直喷系统的组成

发动机汽油缸内直喷系统的组成,如图 4-20 所示。

汽油缸内直喷系统的组成。汽油供给装置由燃油箱、电子燃油泵、低压油管、高压油泵、高压油管、燃油分配器、高压喷油嘴和限压阀等组成。

空气供给系统。空气供给系统主要包括进气系统和排气系统,由空气滤清器、空气流量计、电子节气门、进气总管、进气歧管等组成。

电子控制系统主要由发动机电子控制单元、低压燃油压力传感器、高压燃油压力传感器、燃油泵控制单元等部分组成。

2. 发动机汽缸内直喷系统电控汽油喷射系统工作原理

(1)汽缸内直喷发动机(GDI)的燃烧方式。

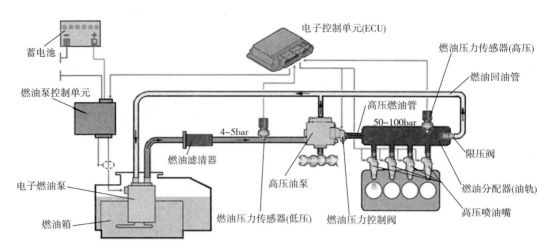

图 4-20 电喷系统的组成

①分层燃烧。

发动机在部分负荷工况时采用分层燃烧。可燃混合气在缸内分成两个区域：一个区域为含油混合气区，当地空燃比接近当量空燃比。另一个区域为无油区，空燃比为无穷大。点燃燃烧仅发生在含油混合气区，因此，分层燃烧混合气的平均空燃比在理论上可远远大于当量空燃比。

②均匀混合燃烧。

缸内直喷发动机的另一个燃烧方式，是直喷均匀混合燃烧，即在所有工况下都采用均匀混合气，空燃比和一般点燃汽油机相似。因此，这种系统可看作是对进气道喷射的电喷均匀混合燃烧系统的改进。

（2）汽油缸内直喷发动机（GDI）的工作过程。

电子燃油泵将燃油从油箱泵送至低压油路，在发动机工作时仅保持 4～5bar 油压。由于发动机工作时燃油消耗是不固定的，因此低压燃油压力传感器时刻将燃油压力信号发送发动机控制单元，发动机控制单元根据此信号，以脉冲方式通过电子燃油泵控制单元控制电子燃油泵工作，即燃油泵转速是受控可变的，不需要燃油压力调节器，输出油压也保持在 4～5bar。

高压油泵由发动机凸轮轴驱动，将低压油管中的燃油升压输送至高压油路中。由于发动机在不同工况时对喷射压力是不同的，在 50～100bar 之间。例如，大众 Tiguan 怠速时喷射压力是 50bar，高速时喷射压力是 90bar。因为按需调节的高压油路压力，燃油分配管中的油压始终处于最佳压力。燃油分配管处装有高压燃油压力传感器。此传感器时刻向发动机控制单元发送一个当前的压力信号。这样，发动机控制单元就在高压油泵的每次泵油过程中，提前或错后地控制着燃油压力调节阀，使高压油泵的泵油量发生变化，从而使燃油分配管中的油压始终处于发动机控制单元要求的压力。如果因为高压油泵等出现故障而使高压油路中油压大于 140bar（有些车型更高或更低些），燃油分配管上的限压阀开启而泄压，以防压力过高。

发动机电子控制单元 ECU 主要采集电子节气门位置信号、发动机转速等发动机运行工况数据，计算出每缸喷油时机和喷油量，按照预定程序控制高压喷油器，将燃油喷入汽缸从而实现最高燃烧效率。

发动机不同的运行工况所采用的燃烧方式也不同。

①低转速低负荷时：分层燃烧，空燃比为 25～50:1。由于发动机负荷小，所需动力较小，以超稀薄燃烧状态进行。

②低转速中负荷时:弱分层燃烧,空燃比为 20~30:1。当发动机负荷增加,混合气需稍浓以维持正常的动力输出,部分燃油在进气行程先喷入汽缸中,先行充分混合,并于压缩行程末期再做第二次喷射,达到分层化与稀薄混合气之结果,以进行弱分层燃烧。

③中转速中负荷时:稀薄范围均匀燃烧,空燃比为 15~23:1。为保持一定的转矩值,此时混合气需较浓,在进气行程初期喷入接近理论空燃比的燃油,经进气行程及压缩行程的均匀混合,进行稀薄范围的均匀燃烧。

④高转速高负荷时:较浓范围均匀燃烧,空燃比为 15~23:1。此时,发动机必须发挥最大转矩值,故在进气行程喷入较多燃油,使空燃比维持在理论空燃比附近,进行较浓范围的均匀燃烧。

3. 发动机缸内直喷技术的优点

(1)由于汽油直接喷射,使缸内充量得到冷却,可以使用较大的压缩比,怠速及部分负荷燃油消耗率可以降低。

(2)与缸外喷射系统汽油机相比,由于高压喷射提高了燃油雾化质量和降低了泵吸损失,功率可以增加。

(3)缸内汽油直接喷射发动机可大幅降低 CO_2、CO、HC 及 NO_x 的排放。缸内直接喷射发动机比一般喷射发动机能够更省油及输出功率高。低负荷时,由于实现分层燃烧,整个燃烧室内成为 40:1 的超稀薄空燃比仍能稳定燃烧,达到省油效果。

(4)低负荷时,由于空燃比超稀薄化,故进排气的泵损失少,即气体交换损失少;且因燃料吸温冷却效果,冷却损失少。

(5)怠速转速可设定在较低值,例如,三菱汽车的 GDI 发动机怠速为 600r/min。进气行程就开始喷油,燃料汽化的吸温冷却效果,使空气密度增加,可提高容积效率,故比一般喷射发动机的输出功率高。

(6)直接喷入汽缸中燃油的汽化作用,降低空气温度,发动机不易爆震,故压缩比可提高,所以汽油缸内直喷发动机的压缩比可达 12:1。

任务工作单

学习情境四:发动机冒黑烟故障检修 工作任务二:供油压力过低故障检修	班级		
	姓名	学号	
	日期	评分	

一、工作单内容
掌握汽油机燃油供给装置的结构组成、原理及检修方法。
二、准备工作
说明:每位学生应在工作任务实施前独立完成准备工作。
1. 了解燃油系统供油压力检测方法。
2. 掌握燃油系统组件的拆装方法。
三、任务实施
了解燃油供给装置的检修方法。
1. 燃油系统的结构组成

2.燃油供给系统各组成部分的工作原理
_____
_____
_____
_____

3.燃油供给系统各组成部分的拆装流程
_____
_____
_____
_____

4.燃油系统的供油压力检测
_____
_____
_____
_____

四、工作小结

通过此工作任务的实施,各小组集中完成下述工作。

1.掌握汽油机燃油供给系统的供油过程。

2.掌握汽油机燃油系统的检查与调试方法。

3.对本次工作任务,你还有哪些好的意见和建议?

学习情境五　柴油机起动困难故障检修

情境概述

本情境主要讲授柴油发动机供油系统的组成、基本工作原理、供油系统部件的拆装与维修技能。根据岗位职业能力的要求,本情境共安排两个真实的工作任务。

一、职业能力分析

通过本情境的学习,期望达到下列目标。

1. 专业能力

(1) 了解柴油发动机供油系统的组成及各组成的结构。

(2) 能正确拆装柴油发动机供油系统各组成部件。

(3) 能正确检修柴油发动机供油系统各组成部件。

2. 社会能力

(1) 通过分组活动,培养团队协作能力。

(2) 通过规范文明操作,培养良好的职业道德和安全环保意识。

(3) 通过小组讨论、上台演讲评述,培养与客户的沟通能力。

3. 方法能力

(1) 通过查阅资料、文献,培养个人自学能力和获取信息能力。

(2) 通过情境化的工作任务活动,掌握解决实际问题的能力。

(3) 填写任务工作单,制订工作计划,培养工作能力。

(4) 能独立使用各种媒体完成学习任务。

二、学习情境描述

一解放牌柴油机汽车,每天早上起动时,需用手油泵泵油后才能起动。根据故障现象判断,属低压油路进空气故障。用手油泵排除空气,起动发动机,工作正常。

为了能够对柴油机进行检修、排除故障,需要掌握柴油机供油系统的各部件构造、工作原理,以及柴油机供油系统部件的拆装工序和检修的方法。

三、教学环境要求

本情境要求,在理实一体化专业教室和专业实训室完成。要求配备一台柴油发动机、拆装工具四套。同时,提供相关的发动机技术手册、使用说明书;可以用于资料查询的电脑、任务工作单、多媒体教学设备、课件和视频教学资料等。

学生分成四个小组,各组独立完成相关的工作任务,并在教学完成后提交任务工作单。

工作任务一　排出柴油供油管路中空气

任务概述

1. 应知应会

通过本工作任务的学习与具体实施,学生应学会下列知识:

(1)掌握柴油机燃油供给系的功用、基本组成;

(2)了解柴油机的燃烧过程;

(3)了解柴油机燃烧室的类型、特点及应用。

应该掌握下列技能:

(1)能辨认出柴油机燃油供给系的部件名称及安装位置;

(2)能对柴油机燃油供给系进行拆装。

2. 学习要求

(1)在每个工作任务的学习过程中,完成相关任务工作单的填写,并通过课程网络及时提交给相关教师。

(2)学习过程中,按要求填写检修工作单。本情境学习结束后,按要求填写学生考核记录表,进行自我评价后交小组长,小组长评价后连同检修工作单统一交教师。

(3)每个情境学习到评价环节时,个人进行任务完成情况的评估。教师对小组抽查,被抽查的个人上台进行讲评。

相关知识

一、柴油机燃油供给系的功用

柴油机燃油供给系的功用是储存、滤清、输送柴油,并按柴油机各种不同工况要求,定时、定量、定压地将燃油喷入汽缸燃烧室,使其与空气迅速良好地混合和燃烧。燃油供给系是柴油机一个非常重要的系统,其工作的好坏直接影响柴油机的动力性、经济性、使用可靠性、噪声和排放烟度等问题。

二、对柴油机燃油供给系的主要要求

(1)根据柴油机的不同转速和不同负荷,供给相应的燃油量。当工况不变时,每循环所供给的燃油量不变;当工况改变时,系统应能相应地改变供油量。多缸柴油机每缸所获得的燃油量应相等,以避免个别汽缸负荷过大。

(2)燃油要在规定时刻喷入汽缸内,即定时喷油。必要时应加装附属设备或零件,使该喷油定时随转速和负荷自动变化。喷油过早或过迟都将导致功率不足、排气温度增高、燃油消耗率增大等后果。

(3)喷入汽缸的燃油应呈良好的雾化状,并满足规定的喷雾形状和角度,以高压喷入。在喷油结束时,应断油迅速干脆,不应产生"二次喷射"等现象。

(4)根据不同柴油机的需要,提供与之相适应的供油规律和供油持续时间,即保证燃烧过程最经济、功率最大、运转平稳,同时对柴油机零部件寿命和运行安全有利。

(5)柴油机运转时,可根据负荷变化自动调节供油量大小,以保证柴油机在最低空车转速下不熄火,在允许最高空转下运转稳定而不飞车。该功用是由柴油机的调速器完成的。

三、柴油机燃油供给系的组成

一般柴油机燃油供给系的组成,如图5-1所示。由柴油箱、柴油粗滤器、输油泵、柴油细滤器、喷油泵、喷油器、油管等部件组成。

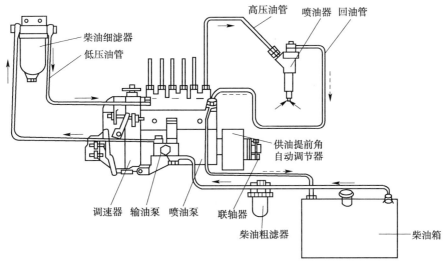

图5-1 柴油机燃油供给系组成

发动机工作时,输油泵从油箱中将柴油吸出,经柴油粗滤器滤清之后,将柴油机压力提高到0.15~0.30MPa,再经过柴油细滤器滤出杂质后输送至喷油泵,喷油泵将柴油压力进一步提高至10MPa以上,通过高压油管输给喷油器,喷油器再将柴油以雾状喷入燃烧室,并与空气迅速混合后自行着火燃烧。输油泵供给的多余柴油已经喷油器顶部回油孔流出,经回油管流回柴油箱。

除上述燃油供给装置外,柴油机燃油供给系还包括空气供给装置、废气排出装置。空气供给装置由空气滤清器、进气管和进气道组成,有的柴油机还装设有增压器及中冷器;废气排出装置由排气道、排气管和排气消声器组成。

四、柴油机的燃烧过程和燃烧室

1. 柴油机的燃烧过程

柴油机的柴油与空气在缸内混合,因此需要有较大的供油提前角(一般为22°~26°,如图5-2所示)。

供油提前角:泵油始点 O 至活塞上止点所对应的曲轴转角。若供油提前角过大,则着火准备期过长,会引起爆震;着火时间提前,会引起活塞敲缸,使得发动机工作粗暴、噪声增加。若供油提前角过小,则着火发生在活塞下行时,发动机动力下降。

喷油提前角:喷油始点 A 至活塞上止点所对应的曲轴转角。

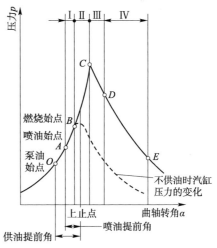

图5-2 汽缸压力与曲轴转角的关系

喷油延迟期:是喷油泵供油 O 到喷油器喷油 A 的间隔时间。高压油管越长,喷油延迟期越长;高压油腔的膨胀量越大,喷油延迟期越长。因此,应尽量缩短喷油延迟期。

燃烧延迟期(A—B):是因为喷油后,混合气形成需要一定的时间才能着火,由此,形成了燃烧延迟期。燃烧延迟期越长,累积的燃油越多,着火时的压力增加越快,使柴油机工作粗暴,发动机的噪声加大。

燃烧延迟期:取决于以下 3 点。

(1)燃油的十六烷值。

(2)混合气形成的过程(喷油压力、喷油器形式、压缩比和燃油喷射的方式等)。

(3)发动机的温度等。

2. 柴油机燃烧室

燃烧室是柴油机燃油的燃烧场所。它对燃烧有重要影响,其结构多种多样,基本分为直喷式燃烧室和分隔式燃烧室两大类。

1)直喷式燃烧室

直喷式燃烧室的特点是只有一个燃烧室,位于活塞顶面和汽缸盖底平面之间,燃料直接喷入该燃烧室中与空气进行混合燃烧。

图 5-3a)所示为 ω 形燃烧室,其凹坑较浅,底部较平,空气压缩涡流小,主要靠喷油器高压喷油到燃烧室空间与空气混合,属于空间雾化混合为主的方式。ω 形燃烧室的优点是结构简单、紧凑,由于空间小、传热少,动力性、经济性与起动性都较好。因此在一些中小型高速柴油机上得到了广泛应用,如解放 CA6110 系列、CA6DE 系列和 CA6DF 系列及上海柴油机厂生产的 6135Q 型柴油机等,均使用这类型燃烧室。其主要缺点是对喷油系统要求高,需要较高的喷油压力,喷油器的喷孔也要求小而多,工作起来也比较粗暴。

图 5-3b)所示为球形燃烧室,其凹坑呈球状,较深,同时产生较强的空气涡流,喷油器顺气流喷射,在强涡流气流的带动下,燃油被涂布到球形燃烧室壁面上,形成一层油膜,属于油膜蒸发为主的混合方式。由于空气的强烈涡流,空气利用率较高;燃料燃烧是逐层蒸发燃烧,所以工作起来比较柔和。它对燃油系统要求不高,可以使用单喷孔喷油器,喷油压力也较低。但它的起动性能不好,因为起动时机体温度低,油膜较难蒸发燃烧,低速性能也不好。目前,球形燃烧室使用比较少,仅有国产 90 系列和 6120Q 型柴油机使用。

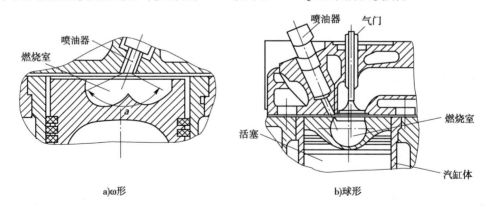

图 5-3 直喷式燃烧室

2)分隔式燃烧室

分隔式燃烧室的结构特点是燃烧室被分隔为主、副两个燃烧室,二者用一个或数个通道相通。副燃烧室在汽缸盖内,容积占总压缩容积的 50%～80%,主燃烧室在缸盖底平面与活塞顶面之间。燃料先喷入汽缸盖中的副燃烧室进行预燃烧,再经过通道喷到活塞顶上的主燃烧室进一步燃烧。

分隔式燃烧室根据结构原理的不同可以分为涡流室式和预燃室式两种,如图 5-4 所示。

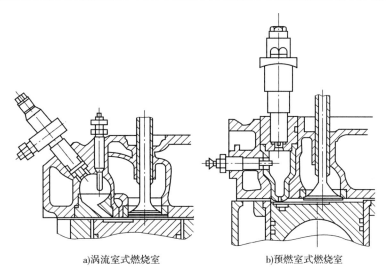

图 5-4 分隔式燃烧室

(1)涡流室式燃烧室(图 5-4a),其副燃烧室的形状有球形(图 5-5a)、吊钟形(图 5-5b)和组合形(图 5-5c);主燃烧室的活塞顶也有不同凹坑,如双涡流凹坑(图 5-6a)、铲形凹坑(图 5-6b)等。

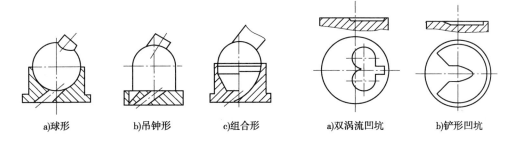

图 5-5 涡流室式燃烧室的副燃烧室　　　图 5-6 涡流室式燃烧室的主燃烧室

涡流室式燃烧室的工作特点是,在压缩行程中,汽缸中的空气被活塞挤压,经过通道涡流室形成有序的强烈涡流。接近压缩上止点时,喷油器开始顺气流喷油,在强涡流气流动下,燃油被涂布到燃烧室壁面上,形成油膜。同时,有少部分油雾分散在燃烧室空间,着火形成火源,并点燃从壁面蒸发出来的可燃混合气,迅速燃烧,高温、高压气体经通道喷入主燃烧室,形成二次涡流,与主燃烧室内的空气进一步混合燃烧。

由于采取强烈有序的气体二次涡流,空气利用率高,对喷雾质量要求不高,可采用单喷孔喷油器,喷油压力较低,喷油器故障少,调整方便,工作比较柔和。缺点是副燃烧室相对散热面积大,又直接与冷却液接触,加上主、副燃烧室之间的通道节流,使热利用率降低,经济性较差,起动也较困难。

为了改善起动性能,有的增加了副喷孔(起动喷孔),使得在起动时,由于空气涡流不强,从喷油器喷出的燃油可通过副喷孔,直接喷入活塞顶的主燃烧室温度较高处,燃料容易着火燃烧。

(2)预燃室式燃烧室(图5-6b),其副燃烧室与主燃烧室的通道截面较小,而且方向与喷油方向相对。其工作特点是,压缩时,空气经通道被压向副燃烧室,形成强烈的紊流,燃料逆气流方向喷射,与空气相撞混合,并着火预燃烧,所以副燃烧室也称预燃室。随后不完全燃烧的混合气经通道到主燃烧室,与主燃烧室内的空气进一步混合燃烧。这种燃烧室的工作比涡流室式燃烧室更柔和,而且可以燃用多种燃料,但它的节流损失比涡流室式更大,所以经济性能较差。

任务实施

一、项目实施环境

(1)汽车发动机实训室。
(2)6BT5.9柴油机(A型喷油泵)、工作台。
(3)常用工具、维修手册、工作台。

二、实施步骤

柴油机燃油供给系的拆装:柴油机燃油供给系的拆装以6BT5.9柴油机A型喷油泵为例进行。

1. 柴油机燃油系的拆卸

(1)拆卸前,先对发动机外表做全面清洗,清洗时需防止清洗液进入燃油系统。
(2)关闭柴油箱出油阀开关并放净燃油系管道中的余油以及喷油泵内的润滑油。
(3)拆除节气门操纵机构,拆下高压油管,进、回油管,润滑油管和喷油泵托架。
(4)拆除油水分离器、柴油滤清器。
(5)拆卸输油泵进、出油管接头和输油泵的固定螺栓,取下输油泵总成。
(6)拆卸喷油泵。打开齿轮室盖上的孔盖,拧下喷油泵凸轮轴上的传动齿轮(正时齿轮)紧固螺母。用专用工具从喷油泵凸轮轴上拔下传动齿轮,另用专用工具拆下喷油泵前端凸缘上的4个固定螺母,将A型喷油泵取下。从发动机上拆卸喷油泵总成时,应注意装配记号。拆卸前,在将喷油泵操纵臂向断油方向推到底的同时,按曲轴旋转方向转动曲轴至喷油泵转动凸缘上的标记与喷油泵外壳上的标记对正后,再拆卸喷油泵。拆卸喷油泵期间不得转动曲轴,否则在装复时,应在重新对准第1缸喷油时的活塞位置和喷油正时记号后,方可装复喷油泵。
(7)拆卸喷油器压紧螺母和进油口接头,取出喷油器总成。
(8)拆卸增压器进油软管、回油管及增压器与中冷器的连接管道,分别拆卸增压器和中冷器的固定螺栓,取下增压器和中冷器总成。

对拆卸的总成或部件进行外部清洗后,应检查其工作性能,必要时按要求进行拆检、维修和调试。

2. 柴油机燃油系的安装

柴油机燃油系装配前,应彻底清洗燃油供给系的部件、总成。在确定其性能良好、工作可靠后,按一定的程序进行装配。

(1)确定并固定发动机第1缸处于压缩上止点位置,发动机正时齿轮室侧面的尼龙正时销正好插入正时齿轮上的小孔内。

(2)确定喷油泵的正时锁止位置,此时正时器盖帽不能松动,否则应重新调整喷油器正时,并用4~7N·m的拧紧力矩紧固正时器盖帽。

(3)检查喷油泵前端轴承盖上的O形圈应完好无损且安装正确。

(4)清洁是保持喷油泵正常工作的重要措施。在安装喷油泵前,泵的凸轮轴前端锥面和正时齿轮的锥孔必须清洗干净,防止转动过程中打滑。如果喷油泵带键,还应检查键在泵轴上的松紧度。

如是新的喷油泵,还必须做好以下准备工作:

(1)擦净外表面的防锈油脂。

(2)放净调速器内腔、喷油泵内腔的防锈油,换上规定牌号的润滑油。

(3)燃油通道里,也以规定牌号换入清洁柴油。更换方式:柴油接入喷油泵管路,用手不断转动喷油泵或将喷油泵装上试验台运转,直至出油阀接头喷油为止。

(4)将喷油泵的凸轮轴插入正时齿轮中,并将齿轮室后端的4个安装螺柱插入泵前端凸缘的4个长孔中,装上并拧紧固定泵的4个M15固定螺母,拧紧力矩为43N·m。

(5)装上固定传动齿轮的螺母和弹簧垫圈,先拧紧螺母,力矩为12N·m(注意这不是传动齿轮固定螺母的最终拧紧力矩,过大的力矩将损坏A型泵的正时销)。

(6)松开泵的正时器的盖帽,拔出正时销,将正时销掉头,大头朝外装回座内,拧紧正时器盖帽,拧紧力矩为25N·m。注意正时销孔内有一个密封铜垫,不得脱落,密封铜垫应在正时销之前装入座孔内。

(7)退出1缸上止点正时定位销,拧紧泵的传动齿轮固定螺母,力矩为92N·m。

(8)供油提前角自动调节装置和喷油泵的连接。转动喷油泵凸轮轴,对准供油提前角自动调节装置壳体上的刻线与喷油泵泵体上的箭头,安装联轴器。若此时联轴器的装配角度不正,可松开前接盘与连接盘之间的固定螺母,适当转过一定角度,调好后锁紧。

(9)检查发动机的静态供油提前角,应为180°~220°。

(10)装上进、回油管接头(拧紧力矩为15N·m)、高压油管(拧紧力矩为24N·m)、润滑油管(拧紧力矩为15N·m)和燃油泵托架。

(11)装复柴油滤清器、油水分离器、节气门操纵系统等其他部件。

3. 柴油机燃油系的检查与调试

柴油机燃油供系所有零部件装配齐全后,必须进行检查和调试。

1)排放燃油管路中的空气

(1)低压油路排气。首先注入足量的柴油并打开出油阀开关,松开柴油滤清器放气螺栓,柱塞泵应松开喷油泵放气螺钉或回油管接头,用输油泵的泵油手柄泵油。同时,观察放气螺钉处的出油情况,直到从放气螺钉处流出来的柴油不含气泡,在溢油状态下拧紧放气螺钉。

(2)高压油路排气。拧松喷油器端的高压油管接头,用起动机带动发动机旋转,直到油管接头处不再有气泡产生,在溢油状态下拧紧油管接头。依次排出各缸高压油路中的空气。排气后,发动机应运转稳定。

2)供油提前角的就机调整

(1)将柴油机第1缸调整至压缩行程上止点位置(TDC)。

(2)将调整手柄处于最大供油位置。

(3)松开喷油泵紧固螺钉,使喷油泵处于可摆动状态。

(4)根据喷油泵与柴油机的连接方式进行供油提前角的调整,调整范围应符合柴油机的要求。松开喷油泵固定螺母(或螺栓),若向凸轮轴旋转的相反方向旋转泵体,供油提前角增加;反之,则供油提前角减小。调整时,严禁通过改变正时螺钉的高低位置或增减垫片来满足提前角要求,防止各缸凸轮工作段不一致,从而偏离凸轮轴最佳工作区域,影响发动机工作。

(5)调整完毕后紧固喷油泵总成固定螺栓。

 任务工作单

学习情境五:柴油机起动困难故障检修 工作任务一:排出柴油供油管路中空气	班级			
	姓名		学号	
	日期		评分	

一、工作单内容
　　掌握柴油机燃油供给装置的结构组成、原理及拆装方法。
二、准备工作
　　说明:每位学生应在工作任务实施前独立完成准备工作。
1. 了解柴油机燃油供给系的功用、基本组成。
2. 掌握柴油机的工作原理。
三、任务实施
　　了解混合气的形成过程及不同工况下混合气浓度的大小。
1. 柴油机燃油系统的结构组成、功用
_____
_____

2. 柴油机的燃烧过程
_____
_____

3. 柴油机燃烧室的类型及工作特点
_____
_____

4. 柴油机燃油供给系的拆装
_____
_____

5. 柴油机燃油供给系的检查与调试
　　供油管路中空气的排放:_____
_____

　　供油提前角的调整:_____
_____

四、工作小结
　　通过此工作任务的实施,各小组集中完成下述工作。
1. 掌握柴油机燃油供给系统的供油过程。

2. 掌握柴油机燃油系统的检查与调试方法。

3. 对本次工作任务,你还有哪些好的意见和建议?

工作任务二　柴油机喷油器不喷油故障检修

任务概述

1. 应知应会

通过本工作任务的学习与具体实施,学生应学会下列知识:

(1)掌握柴油机燃料供给系各总成的功用、结构组成。

(2)了解输油泵、调速器的工作原理。

(3)掌握喷油泵的工作原理。

应该掌握下列技能:

(1)能进行柴油机燃料供给系各个总成的拆装。

(2)能进行喷油器、喷油泵的检修。

2. 学习要求

(1)在每个工作任务的学习过程中,完成相关任务工作单的填写,并通过课程网络及时提交给相关教师。

(2)学习过程中,按要求填写检修工作单。本情境学习结束后,按要求填写学生考核记录表,进行自我评价后交小组长,小组长评价后连同检修工作单统一交教师。

(3)每个情境学习到评价环节时,个人进行任务完成情况的评估。教师对小组抽查,被抽查的个人上台进行讲评。

相关知识

一、输油泵

1. 输油泵的作用

把柴油从油箱泵压到一定的压力之后,输送至滤清器,经过滤清后输入喷油泵。

2. 输油泵的结构与工作情况

输油泵由柱塞、弹簧、挺杆、进油单向阀、出油单向阀、滤网、滚轮等组成,输油泵是安装在喷油泵侧的单动泵,与喷油泵总成用螺栓连接,由喷油泵的偏心凸轮带动,输油泵结构如图 5-7 所示,分解图如图 5-8 所示。输油泵工作时,凸轮的凸起部分下转时,柱塞因复位弹簧的作用向下运动。这时,柱塞上部空间增大,压力降低,产生一定的抽吸力,出油阀被吸紧闭,进油阀被吸开,柴油经进油阀吸入上腔;同时,柱塞下腔的燃油受压进入出油道而输出。当凸轮的凸起部分向上,将柱塞推动向上运动时,进入上腔的燃油受压,关闭了进油阀,顶开了出油阀,燃油被推挤出,并经过通道进入输油泵的下腔。如此周而复始,使燃油不断地被吸进、输出。当出油压力过高时,油的压力由通道传来,使柱塞推向下腔与弹簧的压力相平衡,即柱塞不

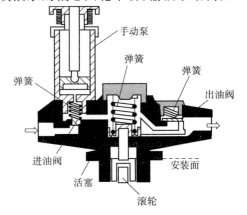

图 5-7　输油泵结构

129

再移动,这时挺杆与挺柱形成空转,供油停止。柱塞式输油泵就是依靠这样的柱塞下腔与复位弹簧之间的压力平衡,自动调节压力而少供油或不供油的。挺杆与铜套间有数个小孔,多余的油便从此孔经溢油孔而至进油道,以免余油挤向凸轮箱。

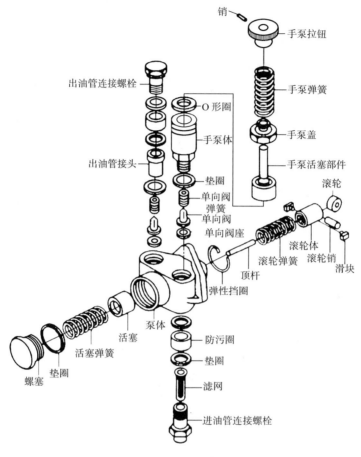

图 5-8　输油泵解体图

在输油泵上装有手动油泵,可以用它做上下运动来泵油,使柴油机起动时喷油泵充满燃油,也可在维护燃油系统时排出燃油系统内的空气。

二、柴油滤清器

1. 柴油滤清器功用

柴油在进入喷油泵之前,必须仔细地清除其中的尘土、水分或其他杂质。否则,会加剧燃油系统的精密偶件的磨损,导致各缸供油不均、功率下降、油耗增加等问题。

2. 柴油滤清器类型

柴油滤清器分为粗滤器和细滤器。粗滤器一般安装在输油泵之前,细滤器安装在之后,或两者都安装在输油泵之前。粗滤器主要用于清除柴油中较大的杂质,滤芯有金属带缝隙式、片式、网式、纸质式等几种。纸质式滤芯滤清效果好、成本低,得到广泛应用。细滤器主要用于最后清除柴油中的微小杂质,保证柴油在进入喷油泵之前的洁净,以避免柴油中的杂质导致喷油泵和喷油器出现过度磨损和损坏。细滤器的滤芯有毛毡式、金属网式、纸质式等。

3. 柴油滤清器构造

常用的柴油滤清器,如图 5-9 所示。其结构原理与纸质滤芯可拆式机油粗滤器基本相同,区别主要是在柴油滤清器盖上设有放气螺钉和限压阀,放气螺钉用于排出低压油路内的空气。柴油经过滤清器时,水分沉淀在壳体内,杂质被滤芯滤除。当滤清器内压力超过溢流阀开启压力(0.1~0.15MPa)时,溢流阀开启,使多余的柴油流回油箱。

许多进口柴油机采用带油水分离的柴油滤清器,并在油水分离器内安装水位报警传感器。浮子随着积水的增多而上浮,当水位达到一定高度时,液面传感器将电路接通,仪表板上的报警灯发亮,提示驾驶员及时放水。油水分离器的下方有放水螺钉。更换此种滤清器时要注意,滤清器中的水位报警开关与壳体为螺纹连接,可以重复使用,但应更换密封圈,否则容易造成渗漏。更换滤清器后应进行放气,发动机起动后仍需进一步检查和排除渗漏。

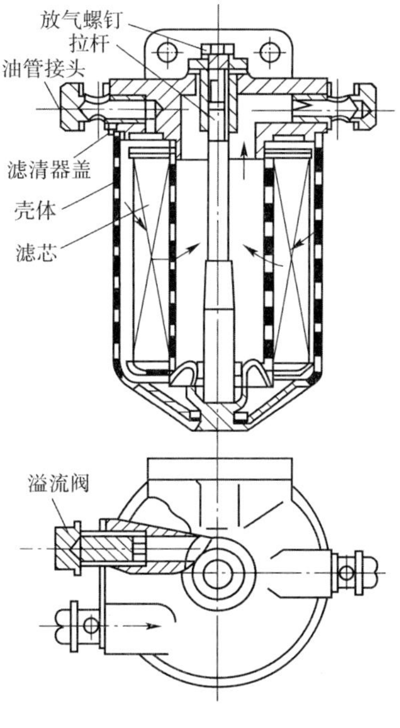

图 5-9　柴油滤清器

三、喷油器

1. 喷油器的作用及类型

喷油器的作用是将燃油雾化成细小的微粒,均匀地喷入汽缸内与空气混合并燃烧。根据柴油机混合气与燃烧的要求,喷油器应具有一定且较高的喷射压力、喷射距离和适宜的喷射锥角,并保证在规定的停止喷油时刻,能够迅速地切断燃油的供应和不发生燃油的滴漏。

喷油器可分为开式喷油器和闭式喷油器两类。

2. 喷油器的结构

开式喷油器的内腔直接与燃烧室相连通,结构简单,加工方便。喷油时只需要高压油管中的压力略高于燃烧室内的压力,燃油就能喷入汽缸。但这种喷油器在发动机低速转动时,不能很好地把燃油雾化,而且不能迅速断油和容易出现滴漏现象。因此,开式喷油器一般较少采用。

目前,柴油机多采用闭式喷油器,根据混合气的形成和燃烧要求,闭式喷油器有不同的结构。常用的有孔式和轴针式,如图 5-10 所示。

1) 孔式喷油器

孔式喷油器一般用于直接喷射式发动机。喷油孔的数目一般为 1~8 个,由于孔数多,它能喷出几个锥角不大、射程较远的喷雾。它由喷油器体、针阀体、针阀座、喷油器锥体、调压弹簧、调压螺钉等组成。

喷油泵将高压燃油送至喷油器,经滤芯沿油道向下进入针阀体而至油压室内。油压作用于针阀的斜面上,当油压作用力达到能克服调压弹簧的弹力时,针阀被推压上升,将喷孔开启,柴油此时以极高的速度经过单孔或多孔喷入燃烧室。喷油器形状,如图 5-10 所示。调压螺钉是用来调整喷油开启压力大小的。喷油工作中有少量的柴油从针阀体的缝隙中流出,经挺杆周围从上端的回油管流回油箱。孔式喷油器可以分为短型和长型两种,如图 5-11 所示,短型孔式喷油器(图 5-11a)针阀较短,受热较大,多用在热负荷不高的柴油机中。长型孔式喷油器(图 5-11b)的针阀导向圆柱面远离燃烧室,减少了针阀受热变形卡死在针阀体中的情况,用于热负荷较高的柴油机中。

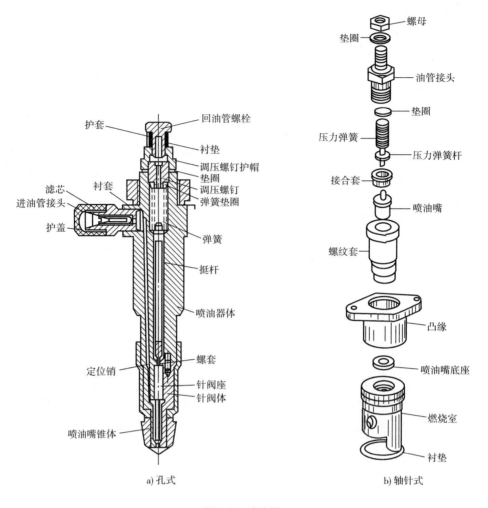

图 5-10 喷油器

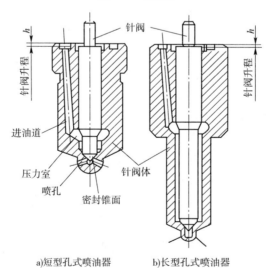

图 5-11 孔式喷油器

2)轴针式喷油器

轴针式喷油器的结构和工作原理与孔式喷油器基本相同。其结构特点是针阀在下端的喷嘴底座面以下,延伸出一个轴针,其形状可以是倒锥形或圆柱形,如图5-12所示。轴针伸出喷孔外面,使喷孔呈圆环状的狭缝。这样,喷油时喷雾将以空心状的锥形或圆柱形喷入汽缸燃烧室。喷孔通过断面与喷雾锥角的大小取决于轴针的升程和形状,因此对轴针形状的加工制造精度要求很高。

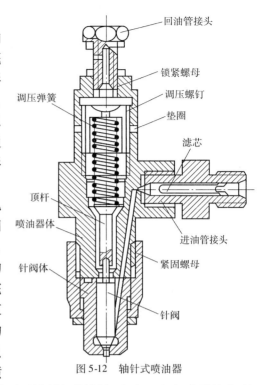

图5-12 轴针式喷油器

轴针式喷油器一般只有一个喷孔,喷孔的孔径一般为1~3mm,喷孔与轴针之间有微小的间隙,其大小为0.02~0.06mm。当针阀刚升起时,由于轴针仍在喷孔中,喷出油量较小,随着轴针的逐渐升起,喷出的燃油量也逐渐增加,直到轴针完全离开喷孔时,喷油量达到最大。当喷油快结束时,情况正相反。这样,在燃烧后期喷入燃烧室的油量可以少些,从而使发动机工作比较平稳、热负荷减小。圆锥形轴针的喷油器在开始喷油时的喷油量比圆柱形轴针的喷油量显著减少,并且不同角度的圆锥形轴针还可以改变喷雾锥角的大小,以满足不同的燃烧室形状,使之与燃烧室相匹配,达到油气良好混合的要求。因此,它适用于对喷雾要求不高的涡流室式燃烧室、预燃室式燃烧室以及U形燃烧室。轴针式喷油器喷孔直径较大,孔内有轴针上下运动,喷孔不易积炭,并且可以自行清除积炭。

四、喷油泵

1. 喷油泵的作用

喷油泵总成又称高压油泵总成。它是柴油机燃油系中最重要的一个总成。其功用是提高柴油压力,根据发动机的不同工况,按规定的时间,将一定量的燃油以一定的压力输送到喷油器。

2. 喷油泵的要求

每只汽缸都应该有一套喷油泵,几个相同的喷油泵装置在共同的铝合金泵体上就构成了喷油泵总成。多缸柴油机的喷油泵总成还应保证:各缸的供油次序应符合选定的发动机发火次序。各缸供油量应均匀,不均匀度在标定供油量时应不大于3%~4%。各缸供油提前角要相同,相差不大于0.5°曲轴转角。各缸喷射延续时间要相等。

3. 喷油泵的分类

喷油泵的结构类型较多,目前柴油机上常用的有柱塞式喷油泵、喷油泵—喷油器和转子分配式喷油泵等三类。

(1)柱塞式喷油泵是利用柱塞的往复运动来泵油的,这种喷油泵结构紧凑、性能良好、工作可靠,在大多数拖拉机、汽车的柴油机上应用。

(2)转子分配式喷油泵是依靠转子的转动实现压油及分配,它具有体积小、重量轻、零件少、成本低等优点。但其最大的供油量和供油压力均比柱塞式喷油泵小,比较适合用在中小型功率的多缸柴油机上。

(3)喷油泵—喷油器的结构特点是将喷油泵和喷油器结合成一个整体,直接安装在汽缸盖上,消除了高压油管所引起的压力波动现象,可以更加精确地控制喷油规律。应用于PT燃油供给系统的喷油泵属于此类。

多缸柴油机柱塞式喷油泵,通常是与汽缸数相同的单体分泵以及传动机构和油量调节机构组装成一整体,共用一根控制凸轮轴。喷油泵装置于发动机的一侧,由曲轴通过正时齿轮而驱动。

下面以柱塞式喷油泵为例,介绍喷油泵的结构原理及检修。

4. 柱塞式喷油泵

1)喷油泵分泵结构

喷油泵的作用是将燃油压缩使压力升高后输送至喷油器。其组成是由柱塞、柱塞套、出油阀、出油阀座、柱塞弹簧、出油阀弹簧等组成。图5-13所示为柱塞式喷油泵结构。

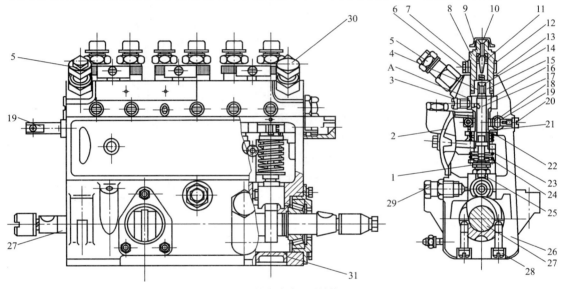

图5-13 柱塞式喷油泵结构图

1-螺塞;2-衬垫;3-凸轮轴轴承端盖;4-凸轮轴;5-滚轮体;6-齿杆端罩;7-供油齿杆;8-齿圈;9、12-油管接头座;10-泵体;11-油尺;13-放气螺钉;14-齿杆限位螺钉;15-出油阀弹簧;16-减容体;17-出油阀衬垫;18-出油阀;19-密封垫;20-挡油螺钉;21-柱塞偶件;22-柱塞套定位螺钉;23-侧盖;24、26-柱塞弹簧座;25-柱塞弹簧;27-凸轮轴;28-紧固螺钉;29-润滑油进油空心螺栓;30-柴油进油空心螺栓;31-堵盖;A-低压油腔

喷油泵分泵最上面有连接至喷油器的高压油管的螺套,螺母下用弹簧压着一个出油阀,螺套与出油阀座之间设有垫圈。柱塞套内装有柱塞。柱塞因弹簧及垫片的作用,向下压紧在调整螺钉上面,调整螺钉则旋转在挺柱上,并用锁紧螺母紧固。因此挺柱下面的凸轮转动时经过滚轮、挺柱、调整螺钉而推动柱塞上下运动。向上的动作是由凸轮完成的,向下则是靠弹簧的弹力。另外,通过控制齿条,柱塞还能靠旋转齿盘和调节齿轮的作用而旋转。柱塞套上设有进油孔和出油孔,柱塞上设有控制油量的斜油槽与直槽。

2)柱塞和柱塞套

柱塞和柱塞套由轴承钢制成,构造精密、研磨配合,不能单独调换,一般是成套供应,称为柱塞偶件或柱塞副。柱塞套上有制成一个孔供进油和回油之用,也有制成两个孔供油和回油之用的。柱塞上的斜油槽是向右倾斜向下的,也有向左倾斜向下的,而它们的作用是完全一样,一般称为槽形柱塞。它的上部具有直切槽才调整油量的螺旋斜槽。

图5-14所示为柱塞偶件(柱塞副)工作原理图。

(1)进油过程(图5-14a):柱塞在最低位置,柴油从柱塞套的油孔进入,并通过柱塞的直槽充满柱塞的凹穴部分。

(2)压油过程(图5-14b):柱塞继续上行,柱塞顶端关闭油孔,柱塞套内部密封的容积逐渐缩小,油压增高。

(3)供油过程(图5-14c):出油阀受油压压力而被顶开,柴油被压送至喷油器。

(4)回油过程(图5-14d):柱塞上升到一定位置时,左边的油孔已露出在柱塞斜槽的边缘下面,柱塞套内压力迅速降低,供油停止,余油经直槽由回油孔流回。

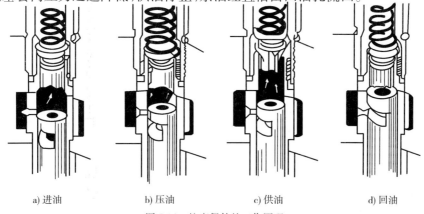

a) 进油　　　b) 压油　　　c) 供油　　　d) 回油

图5-14　柱塞偶件的工作原理

图5-15所示为柱塞偶件有效行程示意图。

柱塞上行时,其中只有一段行程喷油,即从柱塞顶面遮挡住柱塞套油孔开始至斜槽边缘将油孔露出为止,此行程称为柱塞的"有效行程",其供油量的大小由此有效行程决定,所以供油量的大小,可通过转动柱塞以使柱塞和柱塞套之间的相对位置的改变,即改变柱塞的有效行程来调节。

当柱塞上的直槽与油孔对准,柱塞上行时不供油(图5-15a),发动机停止工作,燃油供给量等于零。当柱塞向左转一个角度,有效行程缩短,柱塞上行时(图5-15b),油孔开放时间较早,喷油量便减少,以适应怠速及小负荷时的工作情况。当柱塞向右转一个角度,有效行程增大,喷油量增加(图5-15c),以适应全负荷时的工作状况。

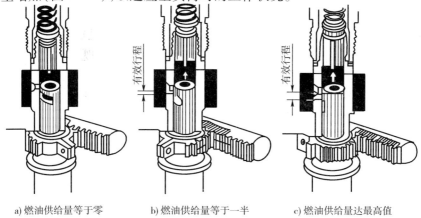

a) 燃油供给量等于零　　　b) 燃油供给量等于一半　　　c) 燃油供给量达最高值

图5-15　柱塞偶件有效行程简图

3)出油阀和阀座

出油阀和阀座也是喷油泵分泵的精密偶件,阀和阀座的配合间隙约为0.10mm,其密封锥面经配对研磨,不能互换,属精密偶件。它位于柱塞的上部,由弹簧压紧在阀座上。

如图5-16所示,出油阀上部呈圆锥面,与阀座锥面相配合,锥面下有小的圆柱面,称为减压环带,下部是十字形断面的导向部分。

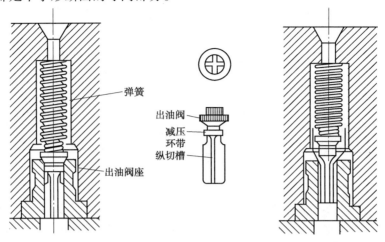

图5-16 出油阀的结构

出油阀的作用:一是利用圆锥面和阀座配合,在喷油泵停止供油时,将高压油管与泵腔隔绝,防止管内燃油倒流入泵腔;二是利用减压环带在喷油泵停止供油时,使高压油管中的油压迅速降低,避免喷油器产生滴漏或二次喷射现象。

柱塞上升压油时,因为有减压环带的存在,燃油只有在出油阀上升到减压环带完全离开阀座的导向孔时,才能由柱塞泵腔进入高压油管。当柱塞有效行程结束时,泵腔油压迅速下降,出油阀下落,减压环带一经进入座孔,高压油管与柱塞泵腔即被隔断,此后直到出油阀落座。这样,在高压油管中就增加了一部分容积,以使油管中的油压迅速下降,喷油器就可以立即停止喷油。如果缺乏减压环带,则在出油阀锥面落座时,高压油管中因油管的收缩和燃油的膨胀,存在瞬时的高压,将使喷油器发生滴漏现象。

五、调速器

1. 调速器的作用

调速器是一种自动调节喷油泵供油量的装置,它能根据柴油机负荷的变化,自动地做相应的调节,使柴油机能以较稳定的转速进行运转,从而保证柴油机既不会产生超速也不会在怠速时造成熄火。

在柴油机上,机械离心式调速器应用较广泛,包括两速调速器和全速调速器,它们的调速范围不一样。下面以两速调速器介绍调速器的结构与工作原理。

2. 两速调速器

两速调速器作用稳定发动机怠速和防止发动机超速,所有中间转速范围内则由驾驶员控制。

两速调速器结构和工作原理如图5-17所示,调速器用螺钉与喷油泵连接。两个飞铁装在喷油泵凸轮轴上,当飞铁向外张开时,飞铁臂上的滚轮推动滑套沿轴向移动。导动杠杆的上端铰接于调速器壳上,下端紧靠在滑套上,其中下部则与浮动杠杆铰接。浮动杠杆上部通过连杆与供油调节齿杆相连,起动弹簧装在浮动杠杆顶部。浮动杠杆的上端有一销轴,插在支持杠杆的下端的凹槽内。控制杠杆的一臂与支持杠杆相连,另一臂则由驾驶员通过加速踏板与杆系来操纵。速度调定杠杆、拉力杠杆和导动杠杆的上端均支承于调速器壳上的轴销上。用速度调整螺栓顶住速度调定杠杆,使装在拉力杠杆与速度调定杠杆之间的调速弹簧保持拉伸状态。因此在所有中间转速范围内,拉力杠杆始终紧靠在齿杆行程调整螺栓的头部。在拉力杠杆的中下部位置上有一轴销,它插在支持杠杆上端的凹槽内。怠速弹簧在拉力杠杆的下部,用于控制怠速。

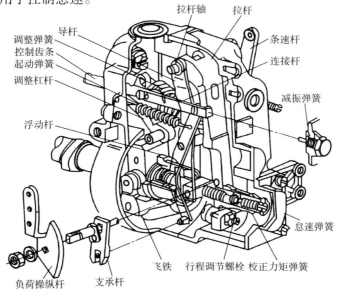

图 5-17 两速调速器结构

1) 起动和怠速

如图 5-18 所示,起动时,轻踏加速踏板,负荷控制杆逆转,控制浮动杆带动供油拉杆向加油方向移动。起动后,放松加速踏板,负荷控制杆回到怠速位置。飞块离心力推动拨叉后移,与怠速弹簧平衡。此时,浮动杆支点位移,供油拉杆向减少供油方向移动至平衡位置。怠速转速高,则飞铁离心力压缩怠速弹簧使供油拉杆向减油方向移动,怠速转速低时则相反。

2) 正常控制

如图 5-19 所示,加速踏板位置在怠速和高速之间,飞铁离心力已完全克服怠速弹簧但尚不能压动高速弹簧。供油拉杆完全由加速踏板控制。加速踏板开度大,则浮动杆逆转,供油拉杆向加油方向移动;反之,则减少。

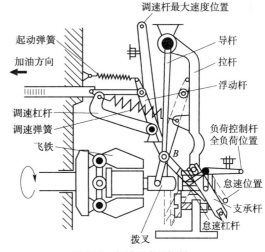

图 5-18 起动和怠速控制

3) 额定转速的控制

如图 5-20 所示,当柴油机转速刚达额定转速时,飞铁的离心力就可以克服高速弹簧的拉力。

3. 联轴器

联轴器又称联轴节。柴油机的工作过程要求燃油在一定的时间喷入汽缸,这样对燃料的蒸发最有利。因为喷油提前角过大,会使燃油喷射时间过早,而此时汽缸内温度压力比较低,燃油不易蒸发,并且油气混合不充分,会使着燃烧过程的滞燃时期增加,使急燃时期工作压力升高速率过大,发动机工作粗暴。如果喷油提前角过小,燃油喷入时间太迟,会使柴油机燃烧过程后移,导致柴油机后燃增加,排气温度和排放的污染物增加,使柴油机燃烧恶化、经济性下降以及柴油机排气冒黑烟、热效率大大下降。所以柴油机要求燃油在上止点前一定时间喷入汽缸,也就是要求一定的喷油提前角。

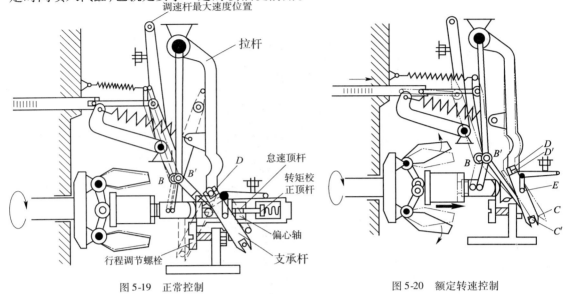

图 5-19　正常控制　　　　　　　　图 5-20　额定转速控制

联轴器是由装置在喷油泵凸轮轴上的接头和传动圆盘组成的,是喷油泵总成与控制喷油规律的凸轮轴的连接部件,如图 5-21 所示。传动圆盘用螺栓与传动联轴器相接。螺栓穿过传动联轴器的弧形孔,中间传动圆盘与传动圆盘相接。长螺栓将传动联轴器楔紧在驱动轴上。当两个螺栓旋松时,传动联轴器可沿弧形孔相对传动圆盘和接头转过一个角度,从而可改变喷油泵驱动凸轮与曲轴之间的相位关系,以改变和调整各缸的喷油时间,获得最佳的喷油提前角。一般联轴器可以调整的角度约为 30°。

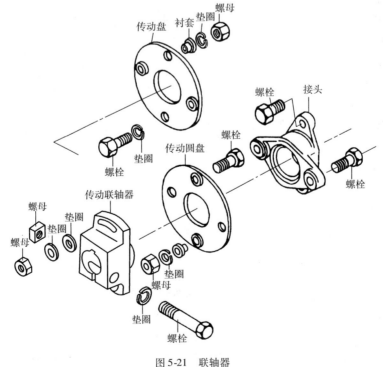

图 5-21　联轴器

4. 自动定时器

最佳喷油提前角是随发动机的转速和负荷而变化的,为了提高发动机的经济性和功率,一般柴油机装置设有自动定时器,以根据转速的变化自动调整喷油提前角,其调节范围一般为 $0°\sim5°30'$。

自动定时器,如图 5-22 所示。自动定时器由两块飞锤、两个弹簧、飞锤支架座、定时器凸缘、壳盖等组成。自动定时器利用旋转时飞锤所产生的离心力,根据发动机转速来自动提前喷油定时。当发动机转速变化时,飞锤离心力使定时器凸缘与飞锤支架座在弹簧作用下稍做移动,从而微调了喷油提前角,以适应由转速的变化而自动改变其喷油提前角,实现对喷油提前角的微量调节。

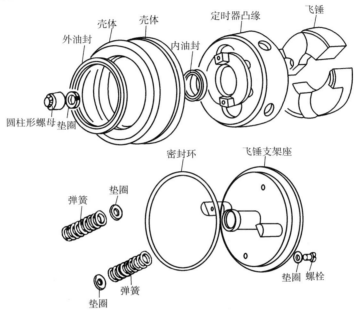

图 5-22 自动定时器

一、项目实施环境

(1)汽车发动机实训室。
(2)柴油机总成、输油泵总成、喷油器、喷油泵总成(A 型)、调速器。
(3)常用工具、喷油器性能试验、喷油泵拆装专用工具、维修手册、工作台。

二、实施步骤

1. 输油泵检修及试验

1)输油泵的检修

输油泵解体后,检查进出油阀和阀座的磨损情况,如有破裂或严重磨损时,应予以更换。如磨损轻微可研磨修复。输油泵活塞与壳体由于磨损出现配合松旷和运动不平稳时,应更换新泵。输油泵装复后,要进行性能试验。

(1)密封性试验。试验时,拧紧手油泵手柄,堵住出油口,将输油泵浸没在清洁的柴油中,从进油口通入147~196kPa的压缩空气,若输油泵密封性能良好,在推杆与泵体的间隙中,只会有微小的气泡冒出。如气泡的直径超过1mm,表示漏气量将超过30mL/min,说明输油泵的密封性能过差,应更换新泵。

(2) 吸油能力的试验。以内径 ϕ8mm、长 2m 的软管为吸油管,在水平高度低于输油泵1mm 的油箱中,用输油泵供油,能在 30 个活塞行程内出油为合格。

(3) 输油量的检验。将输油泵装回喷油泵,输油泵的出口接油管。油管出口插入容量为 500mL 的量杯中,量杯的位置必须高于输油泵 0.3m。当喷油泵转速为 1000r/min,测量 15s 内流入量杯内的燃油量,并与技术条件规定的流量相比较,判断出油量是否合格。

(4) 输油压力的检验。在输油泵出油口接上压力表,在规定的转速条件下,检验输油泵的输油压力是否符合原厂规定。

2) 输油泵密封性试验

拧紧手泵拉柄,堵住输油泵出油口,然后将输油泵浸在清洁的柴油中,从进油口输入200~300kPa 的压缩空气,输油泵各连接处应无气泡冒出。

3) 排出低压油路空气

经过维修或长时间停止工作的柴油机燃料供给系统,一般内部都会混入空气。在起动前,应先将燃油滤清器和喷油泵的放气螺钉拧松,再将手压泵出油口拉钮拧出,上下反复拉动手压泵活塞,可见柴油从放气螺塞中流出,直至流出的柴油中无气泡为止,然后拧紧放气螺钉,拧紧手压泵拉钮,再起动柴油机。

2. 柴油滤清器拆装

1) 滤清器拆卸

(1) 对于不可拆式滤清器,只能整体更换。

(2) 对于可拆式滤清器,先拧下滤清器下端的排污螺塞,放出污垢,然后对滤清器外壳进行清洁。拧出滤清器的拉杆螺栓,取出壳体、弹簧、托盘、各密封圈和滤芯等,然后进行清洗。纸质滤芯更换新品,金属陶瓷滤芯可用丙酮或溶解性更强的溶剂清洗。

2) 滤清器的装复

按与拆卸相反的顺序装配滤清器。但在装配过程中应注意:

(1) 不可拆式滤清器安装时,应先在 O 形圈处涂上一层机油,然后用手将滤清器拧紧在支座上,最后用专用工具套在有特殊台阶的拆装位置上拧紧少许即可。

(2) 可拆式滤清器在装复滤芯时,应注意沉淀杯与外壳位置要正确,必要时还要在二者的接合处涂上密封剂。

3. 喷油器的检修

1) 喷油器的解体

喷油器的针阀偶件为精密配合零件,在使用中不允许互换。解体前,应确认缸序标记,按缸序拆卸喷油器,并保证能正确装回原对应汽缸,切记避免位置错装。

2) 喷油泵的清洗

解体后,应在清洁的柴油中清洗喷油泵针阀偶件。清洗时,可用木条清除针阀前端轴针上的积炭;对阀座外部的积炭,用钢丝刷清除;应避免将手上的汗渍遗留在精密表面,以免引起偶件的锈蚀。

3) 喷油器外观检验

(1) 针阀和阀座的配合表面不得有烧伤或腐蚀等现象。

(2)针阀的轴针不得有变形或其他损伤。

4)喷油器滑动性试验

针阀偶件的配合,可按图5-23所示的方法检验。将针阀体倾斜45°~60°,针阀拉出1/3行程;当放开后,针阀应能靠其自重平稳地滑入针阀座之中;重复进行上述动作,每次转动针阀,以在不同位置检验。如针阀在某位置不能平稳下滑,说明针阀座变形或表面损伤,若下落速度太快,说明其配合间隙因磨损而过大。出现以上两种现象,应更换针阀偶件。

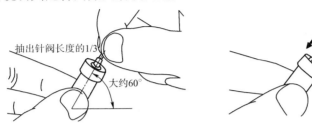

图5-23 针阀的检修

5)喷油器性能的检验及调整

喷油器是柴油燃料供给系中的易损件,一般每隔10万~12万km或发动机产生动力不足、冒烟、怠速不稳等现象时,必须检查、校验喷油器的性能。

(1)喷油器性能的检验。喷油器性能的检验主要包括喷油器开始喷射压力的检查与调整,喷雾质量、密封性能的检查等。喷油器的试验应在专用的试验器上进行,如图5-24所示。试验器由手油泵、油箱和压力表等组成。油箱的柴油经过滤清流入手油泵的油腔中,压动手油泵泵油时,高压油经油阀流入压力表和喷油器,使喷油器喷油。喷油压力及其变化情况可以从压力表上读出。

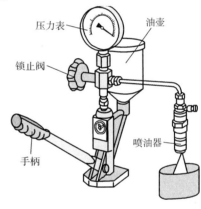

图5-24 喷油器性能试验

(2)喷油压力的检查与调整。将喷油器安装在测试器上,压动手柄排净系统内的空气,再快速压动手柄几次,清除喷油器内的积炭。然后慢慢压动手柄,同时观察压力表,当喷油器喷射时,压力表指针会摆动,指针刚摆动时的压力值即为喷油压力,此值应符合标准。若油压太低,则拧入喷油器油压调节螺钉;反之,则退出油压调节螺钉。调整完后,须将锁止螺母锁紧后重试。有些喷油器无调节螺钉(如依维柯SOFIM8140·27发动机),则应分解喷油器,更换调整垫片。

(3)密封性能的检查:将压力保持在高于喷油压力1~2MPa的状态下,保持10s,喷油嘴处不应有油滴流出。

(4)喷雾质量的检查:喷出的油束应细小均匀,不偏斜;各孔各自形成一个雾化良好的燃油雾束;喷射时可听到断续、清脆的声音。

(5)喷油干脆程度的检查:喷油一次后看压力表指示压力下降是否超过10%~15%,若压力下降过多,则说明喷雾质量差。

4. 喷油泵拆装及检修

1)喷油泵的拆装

喷油泵的拆装顺序随结构的不同而异,下面以A型柱塞式喷油泵为例介绍。

(1)喷油泵的拆卸。首先将喷油泵操纵臂向断油方向推到底,然后按曲轴旋转方向转动曲轴，直到喷油泵传动凸缘上的标记与喷油泵外壳上的标记正对后才可拆卸喷油泵。从拆卸到装回喷油泵这一期间，不能转动曲轴，否则在装复喷油泵时，要重新找准该缸喷油时的活塞位置才能装复喷油泵。

喷油泵解体前最好做一次试验，分析确定是局部解体还是全部解体，随后放尽燃油和润滑油，并彻底清洗喷油泵外表和分解用的工作台。

如图5-25所示，解体时应注意装配记号或者重新做记号，并按拆卸顺序用专用工具进行。分解中拆下的零件应依次放置整齐，对于不能互换的配件必须按原来的组合成对放置，绝对不允许错乱，然后将零件浸放在清洁的柴油中。

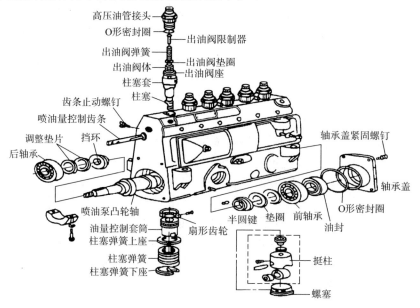

图5-25 A型柱塞式喷油泵分解图

①在A型喷油泵的泵体侧面有一块检查窗盖板，拆下检查窗盖板后可以接近各泵油柱塞及柱塞套筒，以方便拆装及调整，拆下输油泵等附件。

②拆分泵时，要先放松调节齿圈，拆下高压油管接头，使用图5-26所示的专用工具依次取出限制器、出油阀弹簧和出油阀偶件，然后用硬钢丝做成的钩子将柱塞和柱塞套一起从泵体上方的座孔内取出，如图5-27所示。

③转动凸轮轴，使某缸的滚轮挺柱转到下止点，然后用螺钉旋具撬起柱塞弹簧或插入一个专用的插片，如图5-28所示，使之与弹簧座脱离后就可以用尖嘴钳从侧面取下弹簧下座。根据需要还可以用专用工具取出柱塞弹簧上座、油量控制套筒、滚轮体部件、凸轮轴支撑轴瓦、前盖板以及凸轮轴等。

(2)喷油泵的装复。装复时，按与拆卸相反的顺序进行。但在装配过程中应注意：

①装配前，应先将各零件清洗干净并用压缩空气吹干。装配时，在零件表面涂上清洁的柴油。

②安装凸轮轴前，应确认发动机的工作顺序和喷油泵凸轮轴的旋转方向。装配后，应转动灵活，并按规定调好轴向间隙。

③把柱塞套上的定位螺钉对正后才能用螺栓拧紧，防止使用过长的螺钉装配。

④装供油拉杆时，要注意安装的刻线位置，或按照拆卸时做的记号装配。

⑤各主要螺栓、螺母的拧紧力矩应符合原厂规定。往发动机上安装时,要注意使 0 记号与指针对齐。

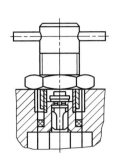
图 5-26　专用工具图

图 5-27　取出柱塞偶件图

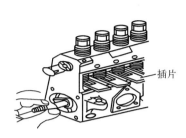
图 5-28　螺钉旋具撬起柱塞偶件

2）柱塞式喷油泵的检修

(1) 外观检查。

①若泵体、凸轮轴出现裂纹,凸轮表面磨损、剥落,支承轴颈磨损与轴承松旷,驱动输油泵偏心轮磨损,均应换用新件。同时,还应检查凸轮轴两端螺纹是否损伤,键槽是否损坏,轴承表面是否剥落、损坏或烧伤。

②柱塞和出油阀弹簧不得有弹力下降、歪斜、折断或裂纹,密封网损坏(呈乳白色的纵向伤痕)、调节齿圈磨损等,若出现上述情况应换用新件。

(2) 供油齿杆及调节齿圈的检修。将供油齿杆放在平板上,用厚薄规检验其直线度,误差应不大于 0.05mm,否则应冷压校正。齿杆与调节齿圈的啮合间隙应不大于 0.20mm,否则应更换齿杆或齿圈。

(3) 柱塞副的检修。柱塞副的外观检验:柱塞副外观检视,发现有以下情况时应更换。

①柱塞表面有明显的磨损痕迹。

②柱塞弯曲或头部变形。

③柱塞或柱塞套有裂纹。

④柱塞头部斜槽、直槽以及环槽边缘有剥落或锈蚀等现象。

⑤柱塞套的内圆表面有锈蚀或显著的刻痕。

⑥齿杆式油量调节机构的柱塞副,其柱塞下端凸耳与旋转套筒配合间隙超过 0.15mm (标准为 0.02~0.10mm)。

柱塞的滑动性能试验:先用洁净的柴油仔细清洗柱塞副,并涂上干净的柴油后进行试验,如图 5-29 所示。将柱塞套倾斜 45°~60°,拉出柱塞全行程的 1/3 左右。放手后,柱塞应在自重作用下平滑缓慢地进入套筒内。然后转动柱塞,在其他位置重复上述试验,柱塞均能平稳地滑入套筒内。

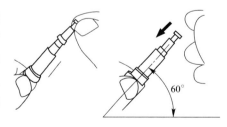
图 5-29　柱塞的滑动性试验

如下滑时在某个位置有阻滞现象,可用抛光剂涂在柱塞表面上,插入柱塞套内研配,若柱塞顶部边缘部分有毛刺而产生阻滞时,可用细质油石磨去毛刺,然后清洗干净,涂上抛光剂与柱塞套互研至无阻滞时为止。如果下滑很快,说明磨损过甚,必须成对更换。

(4)柱塞的密封性检验。

①将各分泵机构中的出油阀拆除,放出泵内的空气,将喷油器试验器的高压油管接入出油阀接头上。

②移动供油量调节机构的齿条或拉杆,使喷油泵处在最大供油位置。转动喷油泵凸轮轴,使被测柱塞移动到行程的中间部位,柱塞顶面应完全盖住进油孔和回油孔。

③将喷油器试验器的压力调至20MPa后停止泵油,测定压力下降至10MPa的时间应不小于下式计算的结果:

$$时间 = 48 - 4 \times 柱塞直径$$

例如,某一泵的柱塞为9mm,则上述试验所测得的时间不得少于$48 - 4 \times 9 = 12s$。同一喷油泵的所有柱塞副的密封性误差应在5%的范围内。无试验设备时,也可用手指盖住柱塞套的顶部和进、出油口,使柱塞处于最大供油位置,另一只手将柱塞由最上方位置向下拉。此时,应感到有明显的吸力;放松柱塞后,柱塞应能迅速回到原位。否则,应更换新柱塞副。

(5)出油阀的检修。

出油阀偶件的外观检验:发现有下列情况之一者应更换:

①出油阀的减压环带有严重的磨损痕迹。

②锥面磨损过多,并有金属剥落痕迹和划痕。

③出油阀体和阀座端面及锥面有裂纹。

④阀体或阀座锥面锈蚀。

出油阀滑动性试验:将出油阀及阀座在柴油中浸泡后,拿住阀座,并在垂直位置向上抽出阀体约1/3,松开时阀体应能在自重下落座。以在几个不同位置上试验都能符合上述要求为良好。

出油阀密封性试验:如图5-30所示,将出油阀从出油阀座拉出约5mm(减压环带与出油阀座平齐);堵住出油阀座的下孔然后用力压出油阀入阀座。压时费力,存在较大阻力,松开时出油阀能自动弹出为正常,否则为不密封。或先堵住出油阀座下孔,拉出出油阀约5mm(减压环带与出油阀平齐),然后放松出油阀,出油阀能自动吸回为正常。这种试验法多用于检查出油阀偶件的磨损程度,因为出油阀的减压环带很窄,稍有磨损就能对密封性产生很大的影响。

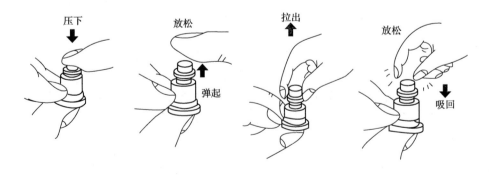

图5-30 出油阀密封性试验

3)调速器检修

调速器检修,见表5-1。

调速器检修　　　　　　　　　　　　　表5-1

检测方法	两速调速器	全速调速器
表面直观检查	检查调速弹簧,应无断裂、变形和弹性减弱等现象;用手扭动飞锤,飞锤不得有晃动感觉;各连接部位要转动灵活	检查调速弹簧,应无断裂、变形和弹性减弱等现象,飞锤伸展自如
间隙检查	调速器总成对凸轮轴保持0.05~0.10mm的轴向间隙	调速器与滑套保持一定的配合间隙,调速器轴端面与喷油泵安装面之间的间隙保持约3mm
其他方法检查	将弹簧座装于重锤座上,并用专用工具压紧,检查重锤的急速行程。不符合要求时,可通过改变下弹簧座下面的调整垫片厚度,使两侧重锤的行程相等	①"飞车"转速试验:检查发动机额定转速时的供油量后,逐步提高油泵转速,使之达到最高限止(断油)转速,其单缸供油量应符合规定 ②急速试验:使喷油泵以250~300r/min的转速运转,其单缸供油量应符合规定

任务工作单

学习情境五:柴油机起动困难故障检修 工作任务二:柴油机喷油器不喷油故障检修	班级		
	姓名		学号
	日期		评分

一、工作单内容
掌握柴油机喷油器不喷油故障检修。

二、准备工作
说明:每位学生应在工作任务实施前独立完成准备工作。
1. 了解柴油机燃油供给系各总成的功用、结构。
2. 了解柴油机燃油供给系各总成的工作情况。
3. 掌握柴油机燃油供给系各总成的拆装流程。

三、任务实施
了解混合气的形成过程及不同工况下混合气浓度的大小。
1. 柴油机燃油系统各总成的结构组成、功用

2. 输油泵的检修及试验

3. 柴油滤清器的拆装与调整

4. 喷油泵的检修及性能调整

四、工作小结
通过此工作任务的实施,各小组集中完成下述工作。
1. 掌握柴油机燃油供给系统各组件的工作过程。
2. 掌握柴油机燃油系统各组件的检查与调试方法。
3. 掌握柴油机燃油系统故障排除方法。

学习情境六　发动机水温过高故障检修

情境概述

本情境主要讲授发动机冷却系统的作用、分类、组成、基本工作原理以及维修技能。根据岗位职业能力的要求,本情境安排一个真实的工作任务。

一、职业能力分析

通过本情境的学习,期望达到下列目标。

1. 专业能力

(1)了解发动机冷却系统的作用、组成以及各组成的结构。
(2)能正确拆装发动机冷却系统各组成部件。
(3)能正确检修发动机冷却系统各组成部件。

2. 社会能力

(1)通过分组活动,培养团队协作能力。
(2)通过规范文明操作,培养良好的职业道德和安全环保意识。
(3)通过小组讨论、上台演讲评述,培养与客户的沟通能力。

3. 方法能力

(1)通过查阅资料、文献,培养个人自学能力和获取信息能力。
(2)通过情境化的工作任务活动,掌握解决实际问题的能力。
(3)填写任务工作单,制订工作计划,培养工作能力。
(4)能独立使用各种媒体完成学习任务。

二、学习情境描述

一台丰田卡罗拉轿车发动机,运行一段时间后水温表指示水温过高,电动冷却风扇转动。分析故障原因可能是,节温器不能正常工作,导致冷却水不能循环所致。

为了能够排除故障,我们需要掌握发动机冷却系统的构造与工作原理,以及其拆装工序和检修的方法。

三、教学环境要求

本情境要求,在理实一体化专业教室和专业实训室完成。要求配备一辆轿车、各种拆装工具四套。同时,提供相关发动机的技术手册、使用说明书;可以用于资料查询的电脑、任务工作单、多媒体教学设备、课件和视频教学资料等。

学生分成四个小组,各组独立完成相关的工作任务,并在教学完成后提交任务工作单。

工作任务　节温器故障检修

1. 应知应会

通过本工作任务的学习与具体实施,学生应学会下列知识:

(1)掌握冷却系统的功用、基本组成及其工作原理;

(2)掌握冷却系主要零部件的检测与维护方法。

应该掌握下列技能:

(1)能熟练对冷却系的主要零件进行拆卸、检验、装配和调整;

(2)能进行冷却系的维护;

(3)能解决冷却系一般故障。

2. 学习要求

(1)在每个工作任务的学习过程中,完成相关任务工作单的填写,并通过课程网络及时提交给相关教师。任务工作单提交方法详见课程网站。

(2)在每个情境实施阶段的中期或后期,按要求填写检修工作单。本情境学习结束后,按要求填写学生考核记录表,进行自我评价后交小组长,小组长评价后连同检修工作单统一交教师。

(3)每个情境学习到评价环节时,个人进行任务完成情况的评估。教师对小组抽查,被抽查的个人上台进行讲评。

一、冷却系统的功能

混合气在汽缸中燃烧后所产生的大量热能,约有70%不能转为发动机的机械能,且燃烧温度可达2600℃,这些热量约有一半随着废气排出发动机外,另一半则直接加在发动机机件上。但发动机必须保持一定的工作温度(80~90℃),各机件才能维持正常的膨胀及间隙,燃料及润滑系统也才能正常作用,因此必须装设冷却系统,使发动机迅速达到工作温度,并一直保持此工作温度。冷却不良会导致发动机过热,各部机件过度膨胀而加速磨损,甚至咬死;但过度冷却时,会造成燃油消耗及发动机功率输出降低。

二、冷却液循环及主要部件的构造

冷却水在冷却系中的循环路径,如图6-1所示。冷却水在水泵中增压后,经铸在机体上的分水道流入发动机的机体水套。冷却水从水套壁周围流过并从水套壁吸热而升温;然后向上流入汽缸盖水套,从汽缸盖水套壁吸热之后经节温器及散热器进水软管流入散热器;在散热器中,冷却水向流过散热器周围的空气散热而降温;最后冷却水经散热器出水软管返回水泵,如此往复循环。在汽车行驶时或冷却风扇工作时,空气从散热器周围高速流过,以增强对冷却水的冷却。不论是直接铸在机体上的分水道,还是铜制或不锈钢制的分水管,都沿纵向开有出水孔,并与机体水套相通,离水泵越远,出水孔越大,其数目通常与汽缸数相同。

分水道或分水管的作用是使多缸发动机各汽缸的冷却强度均匀一致。

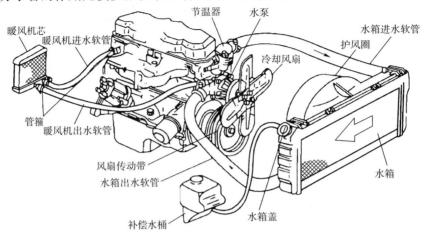

图 6-1　发动机强制循环水冷系示意图

1. 水泵

水泵由泵体、泵轴、叶片、轴承、水封以及皮带轮等组成,如图 6-2 所示。水泵皮带轮由发电机皮带驱动,现代车用发动机由正时皮带驱动,其转速为曲轴转速的 1.2~1.6 倍。

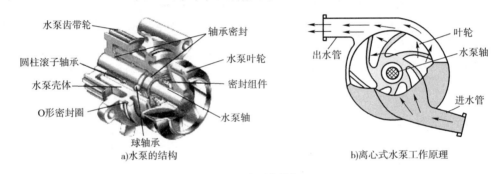

a) 水泵的结构　　　b) 离心式水泵工作原理

图 6-2　水泵的结构

工作原理如图 6-2b)所示,当叶轮旋转时,水泵中的水被叶轮带动一起旋转,并在离心力作用下向叶轮边缘甩出,经与叶轮呈切线方向的出水管压送到发动机的水套内。与此同时,叶轮中心处造成一定的负压而将水从进水管吸入,如此连续作用,使冷却液在水路中不断地循环。

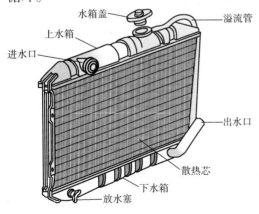

图 6-3　水箱的组成

2. 散热器及散热器盖

1) 散热器

散热器通常被称为水箱(以下简称水箱)。水箱一般都装在汽车前方,以利于冷却液的散热,材质常用铜或铝制成。

水箱由上水箱、下水箱、散热芯、水箱盖、进水口、出水口以及放水塞等组成,如图 6-3 所示。压力过高的冷却水从溢流管直接排泄掉,被早期冷却系统所采用。

水箱依水流方向可分为以下两种。

(1) 纵流式:热冷却水由上水箱进入,冷却过的冷却水由下水箱流出,再由水泵打入水套中。因能配合水温与相对密度的变化,冷却效果好,早期发动机使用较多,如图6-4所示。

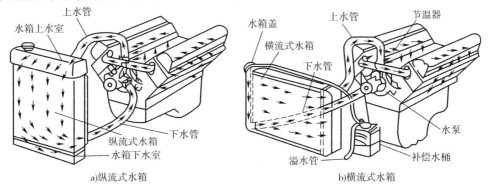

a)纵流式水箱　　　　　　　　　　b)横流式水箱

图6-4　水箱的类型

（2）横流式:储水箱在散热芯子的两端,冷却水以横方向左右流动,如图6-5所示。水箱横方向尺寸可加长,以降低高度,有利于发动机舱盖前方高度的缩减,减少风阻系数,现代车用发动机常采用此种形式。

2）散热器盖

散热器盖通常称为水箱盖（以下简称水箱盖）。现代汽油发动机所使用的水箱盖均为压力式,以提高冷却液的沸点,使冷却液不易沸腾,同时可以加大水箱冷却水与空气的温度差,提高冷却效率,并且可以减少冷却水的流失。

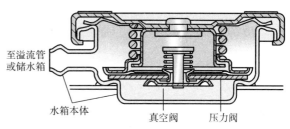

图6-5　水箱盖结构

冷却系统中液体的温度升高时,液体发生膨胀,导致压力增加。一般压力式水箱盖水箱内压力可达105～115kPa,可使冷却液的沸点提高到110～125℃。

水箱盖的结构及作用:压力式水箱盖,由压力阀、压力弹簧、真空阀、真空弹簧等组成,如图6-5所示。

当水箱内部压力大于规定值时,压力阀打开,高压气体及冷却液由溢流管流出,或进入储水箱,以防水箱或水管破裂,如图6-6所示。

当发动机熄火、冷却水温度降低、体积收缩后,水箱内的压力会低于大气压力,此时真空阀打开,使空气或储水箱中的冷却水流回水箱内,以防止水箱或水管塌陷,并保持冷却水量,如图6-7所示。

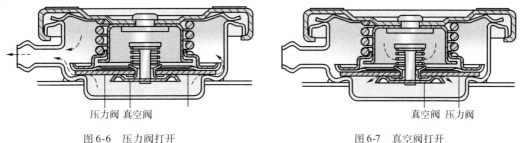

图6-6　压力阀打开　　　　　　　　　图6-7　真空阀打开

3. 膨胀水箱

加注防锈、防冻液的汽车发动机常采用膨胀水箱（图6-8）。发动机工作使冷却水温度升高并膨胀,使水箱内压力上升。当压力达到规定值以上时,让一部分冷却水流回膨胀水箱以保持水箱内压力。停车时,冷却水温度降低,水箱内压力下降,膨胀水箱内的冷却水受大气压的作用流回水箱。

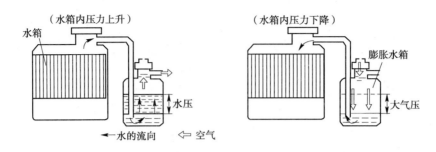

图 6-8 膨胀水箱

4. 节温器

节温器的作用是根据发动机的温度自动控制冷却液的循环路线。目前,大多数发动机采用蜡式节温器,安装于缸盖出水口处,控制冷却水通往散热器的流量。

压力式冷却系统均使用蜡式节温器,由支架、轴杆、蜡室、弹簧及阀等组成,如图 6-9a)所示,为标准型的节温器。其上有一排气孔,在加注冷却水时,可让水套内的空气由此排出。

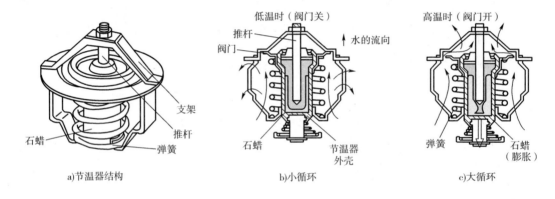

图 6-9 蜡式节温器结构及原理

节温器推杆的一端固定于支架的中心处,另一端插入胶管的中心孔中。胶管与节温器外壳之间形成的腔体内装有精制石蜡。

常温时,即当发动机的冷却水温度低于 343K(70℃)时,石蜡呈固态,阀门压在阀座上,这时阀门关闭了通往散热器的水路,来自发动机缸盖出水口的冷却水经水泵又流回汽缸体水套中。由于冷却水不经散热器散热,可使发动机温度迅速提高,这种循环方式称为小循环,如图 6-10 所示。

当发动机水温升高时,即当发动机冷却水温度高于 353K(80℃)时,石蜡逐渐变成液态,体积随之增大,迫使橡胶管收缩,从而对推杆上端头产生向上的推力。由于推杆上端固定,故推杆对橡胶管、感应体产生向下的反推力,阀门开启。当发动机水温达到规定温度以上时,阀门全开,节温器将直接通往水泵的小循环通路关闭,从缸盖水套流出的冷却液全部进入散热器进行散热。散热后的冷却液在水泵的抽吸下,又回到缸体水套进行循环。由于经过散热器散热,可使发动机冷却水的温度迅速下降,避免发动机过热,这种循环方式称为大循环,如图 6-11 所示。

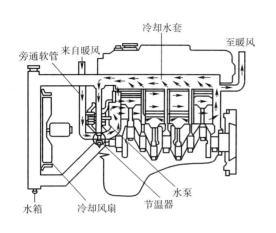
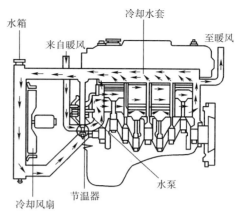

图6-10 发动机小循环路线图　　　　图6-11 发动机大循环路线图

当发动机冷却水温度在343~353K(70~80℃)之间时,节温器阀门半开半闭,使得大小两种循环都存在,这时发动机冷却水一部分经散热器进行散热后流回水泵进行大循环,另一部分经旁通管直接进入水泵进行小循环,这种情况成为混合循环。

5. 风扇

风扇是提高流经水箱的空气流量和流速,以提高冷却强度,一般安装在水箱和发动机之间,由发动机皮带轮驱动。

风扇的扇风量与风扇的直径、转速、叶片形状、叶片安装角度以及叶片数目有关。

目前,汽车上采用的多为电动冷却风扇,电动风扇由风扇电动机、风扇以及风扇架等组成,如图6-12所示。

风扇控制系统电路如图6-13所示,发动机控制ECU控制风扇继电器线圈的搭铁回路,当发动机温度低于98℃时,ECU断开风扇继电器搭铁回路,冷却风扇不工作;当发动机温度高于103℃时,ECU接通风扇继电器回路,冷却风扇工作。如果选择空调,ECU接到空调开关信号,不管发动机温度高低,ECU都将接通风扇继电器搭铁回路,使散热器风扇工作。

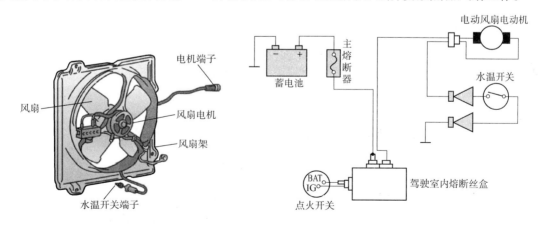

图6-12 电动风扇的组成　　　　图6-13 电动风扇电路

电动风扇的优点为,发动机温度低时,风扇不转动,缩短发动机温热的时间,运转噪声小,且不必消耗发动机动力。

电控风扇与机械风扇都是由电动机驱动,不同的是在电控风扇系统中,由ECU根据冷却水温度和空调开关信号,通过风扇继电器来控制风扇电动机电路的通断,以实现对风扇工作状态的控制。

当通过水箱的冷却水温度达92℃时,水温开关接通,继电器内线圈通电,使继电器内触点闭合,大电流送给风扇电动机,风扇开始转动,使空气经水箱冷却;当通过水箱的冷却水温度降低到87℃左右时,水温开关切断电路,风扇停止转动。

6. 风扇离合器

纵置发动机的冷却风扇由发动机曲轴皮带轮驱动,只要发动机运转,风扇就一直运转。为减少发动机功率的损失、减小风扇的噪声、改善低温起动性能、节约燃料以及降低排放,在纵置发动机上普遍采用了风扇离合器,它可以通过发动机温度来控制风扇的转速,自动调节冷却强度。风扇离合器主要有硅油式、电磁式等多种。

硅油风扇离合器(图6-14)安装在风扇皮带轮和风扇叶片之间,它是利用硅油黏性将皮带轮的动力传给风扇叶片。硅油风扇离合器前端盖上有一双金属片卷簧,能根据温度变化产生扭转,通过传动销转动离合器内部的阀片,控制硅油的流动以改变离合器的接合力。当发动机温度较低时,双金属片卷簧使风扇离合器处于半分离状态,这时风扇随同离合器壳体一起在主动轴上空转打滑,转速很低。当发动机升温后,双金属片卷簧会使离合器的接合力随温度的升高而逐渐加大、风扇叶片的打滑程度逐渐减小、转速得到提高,以适应发动机

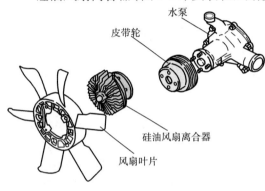

图6-14　硅油风扇离合器

增强冷却的需要。

任务实施

一、实施环境

(1)汽车整车实训室。

(2)桑塔纳2000汽车、举升机、工作台。

(3)常用工具、温度计、万用表、加热容器、维修手册、工作台。

二、项目实施步骤

1. 发动机水箱的拆装、清洗、检查及修理

1)拆卸

(1)排放冷却水。

(2)松开冷却水管上的夹箍,拔下水箱的冷却水软管。

(3)拔下位于冷却风扇罩壳上的热敏开关插头。为防止损坏冷凝器及制冷剂管路,不要压迫、扭曲及弯曲制冷剂管路。

(4)将双冷却风扇连同罩壳一起拆下。

(5)拆下水箱。

2)清洗

水箱在使用过程中,会因腐蚀和积垢等原因影响冷却效果。清洗水箱、去除水垢,是恢复水箱散热能力的有效方法。清洗水垢一般采用化学法,利用酸或碱类物质与水垢发生化学反应,生成可溶于水的物质,而将水垢清洗除去。

清洗时,一般采用循环法,即先用酸性溶液洗涤,再用碱性溶液冲洗中和,清洗时除垢剂以一定的压力(一般为10kPa),在汽缸体水套或水箱内循环。一般经 3~5min 后即可清洗完毕。

若水箱内积垢严重时,应拆去上、下水室(或左、右水室),用通条疏通。

3)检查

密封性检查。发动机停止运转时,在水箱注入口装上水箱压力检测器,如图6-15 所示。在水箱内充入 0.1MPa 以上压力的压缩空气,观察压力检测器的压力下降值,若 2min 内压力下降超过 0.015MPa,则水箱以及冷却水道等有泄漏。

水箱盖可用专用的压力检测器检查其工作性能,如图6-16 所示。压力阀的开启压力应在 0.073~0.103MPa 的范围内,真空阀的开启压力应在 0.0098~0.0118MPa。

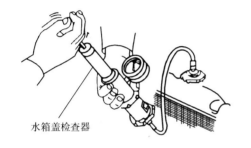
图 6-15　水箱以及冷却水道检测

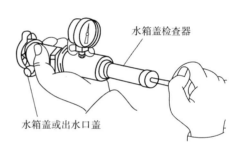
图 6-16　水箱盖检测

4)维修

(1)焊漏。在用焊锡焊漏时,最好使用小型号的乙炔焊炬加热,并尽可能使水箱焊漏后,保留较多的散热面积。焊漏后切断的冷却管的数量不得超过管数总量的10%,切断散热片的面积不得大于迎风总面积的10%。

(2)疏整散热片。修理竣工后,进行密封性试验。

5)安装

按与拆卸的相反顺序安装水箱即可。

2. 冷却水的检查、添加或更换

1)检查冷却水

(1)检查冷却水的液面位置。检查补偿水箱里的液面,冷却水的液面位置应在低(LOW)和满(FULL)两条标记线之间。

如果液面位置低,则应检查是否有渗漏,并添加冷却水至"FULL"线位置。

(2)检查冷却水质量。在水箱盖或水箱注水口的周围应没有任何锈迹或积垢。如果过脏,则应更换冷却水。

2)更换发动机冷却水

(1)拧下水箱盖。

(2)从水箱和发动机的泄放开关排出冷却水,如丰田车系在水箱的下方有个防水口(图6-17),而大众车系需将水箱的回水管拆卸下来。

(3)关闭泄放开关。

(4)向系统内注入冷却水,如图6-18所示。

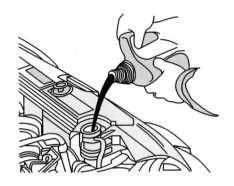

图6-17 冷却系回水管位置(丰田车系)　　图6-18 向冷却系里注入冷却水

(5)装上水箱盖。

(6)起动发动机,检查是否有渗漏现象,让发动机的温度达到正常工作温度,可检查水箱回水管温度是否升高。

(7)再检查冷却水液面位置,如有必要再次加注冷却水(打开水箱盖的时候注意安全)。

3. 节温器的检查和更换

1)节温器拆卸(图6-19)

(1)先放出部分冷却水。

(2)拆开汽缸盖端的水箱进水管。

(3)拆开节温器盖,取下节温器。

2)节温器的检查

(1)将拆下的节温器放入透明玻璃容器中加热,并用温度计测量水温,如图6-20所示。注意温度计应与节温器的蜡室等高。

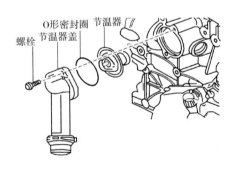
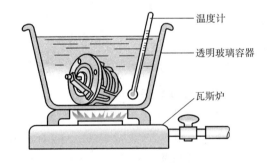

图6-19 节温器的拆卸　　图6-20 节温器的检查

(2)检查阀的初开温度、全开温度及其开启量。不符合规定时,节温器应换新的。

3)节温器的安装

(1)装回节温器时,垫片必须换新的。节温器上的排气孔或钩阀必须向上装,在加注冷却水时,空气才能排出;若安装方向错误,会造成排气不良,从而影响散热效果,如图6-21、图6-22所示。

(2)装上节温器盖及水箱进水管后,记住补充冷却水。

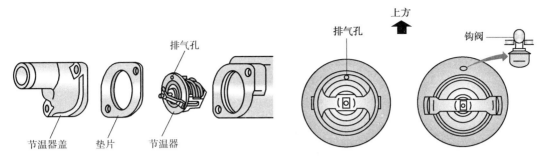

图 6-21 节温器的安装　　　　　　　　图 6-22 节温器安装方向

4. 水泵的检查和更换

1）发动机水泵的拆装

(1) 排放干净发动机冷却液。

(2) 拆卸驱动水泵的齿带。

(3) 拆卸散热器风扇电动机。

(4) 拆下同步带的上、中防护罩。

(5) 将曲轴调整到第 1 缸上止点位置。

(6) 拆下凸轮轴的同步带,但不必拆下曲轮齿带轮。保持同步带在曲轴同步带轮上的位置。

(7) 拧下螺栓,拆下同步带后防护罩。

(8) 小心地将水泵拉出,如图 6-23 所示。

2）水泵检验

检查泵体平面及叶轮等有无锈蚀,旋转水泵轴,检查轴承状况,并检查轴的端隙是否过大,如图 6-24 所示。

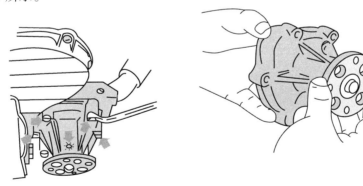

图 6-23 拆卸水泵　　　　　　　图 6-24 检查轴承状况

5. 电动风扇的检查

1）水温开关检修

(1) 水温开关不拆卸的检查方法。拆开水温开关接头,将两端子跨接,如果电动风扇转动,表示水温开关损坏,如图 6-25 所示。

(2) 水温开关拆卸的检查方法。拆下的水温开关放入容器内加热,两端子与欧姆表连接,并用温度计测量水温,如图 6-26 所示。

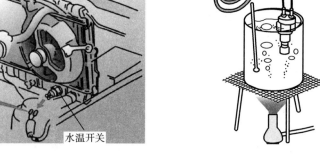

图 6-25　水温开关检查　　　　　图 6-26　水温开关检查

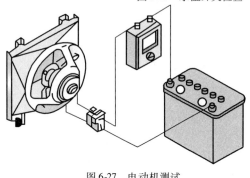

图 6-27　电动机测试

以 A12 发动机水温开关为例,水温低于 90℃时,开关应不导通;水温高于 90℃时,开关应导通才属正常。

2)电动机检修

(1)在电动机与蓄电池间串联安培表,如图 6-27 所示。

(2)一般电流值在 6~8A 之间,若超过 10A 以上或不转动,则电动机必须换新的。

任务工作单

学习情境六:发动机水温过高故障检修 工作任务:节温器故障检修	班级			
	姓名		学号	
	日期		评分	
一、工作单内容 了解冷却系统的组成、工作原理及主要部件的检修方法。 二、准备工作 说明:每位学生应在工作任务实施前独立完成准备工作。 1.了解冷却系统的组成、作用和工作原理。 2.了解冷却系统主要零部件的检修方法。 三、任务实施 了解冷却系统的组成、原理,掌握冷却系组件的检修流程。 1.冷却系统的组成、作用 2.冷却系统的工作原理 				

3. 发动机水箱的拆装、清洗、检查及修理
_____
_____

4. 冷却水的检查、添加或更换
_____
_____

5. 节温器的检查和更换
_____
_____

6. 水泵的检查和更换
_____
_____

7. 电动风扇的检查
_____
_____

四、工作小结

通过此工作任务的实施,各小组集中完成下述工作。

1. 掌握冷却系统的总体结构组成。

2. 掌握冷却系统各组件的检修流程。

3. 对本次工作任务,你还有哪些好的意见和建议?

学习情境七　机油压力过低故障检修

情境概述

本情境主要讲授发动机润滑系统的作用、分类、组成、基本工作原理以及维修技能。根据岗位职业能力的要求,本情境安排一个真实的工作任务。

一、职业能力分析

通过本情境的学习,期望达到下列目标。

1. 专业能力

(1) 了解润滑系统的组成及各组成的结构。
(2) 能正确拆装润滑系统各组成部件。
(3) 能正确检修润滑系统各组成部件。

2. 社会能力

(1) 通过分组活动,培养团队协作能力。
(2) 通过规范文明操作,培养良好的职业道德和安全环保意识。
(3) 通过小组讨论、上台演讲评述,培养与客户的沟通能力。

3. 方法能力

(1) 通过查阅资料、文献,培养个人自学能力和获取信息能力。
(2) 通过情境化的工作任务活动,掌握解决实际问题的能力。
(3) 填写任务工作单,制订工作计划,培养工作方法能力。
(4) 能独立使用各种媒体完成学习任务。

二、学习情境描述

一辆现代轿车,行驶 12 万 km,驾驶员反映发动机机油灯亮,经检测发现机油压力偏低,为了能够排除故障,需要掌握润滑系统的构造、拆装工序和检修方法。

三、教学环境要求

本情境要求,在理实一体化专业教室和专业实训室完成。要求配备一辆轿车、各种拆装工具四套。同时,提供相关发动机的技术手册、使用说明书;可以用于资料查询的电脑、任务工作单、多媒体教学设备、课件和视频教学资料等。

学生分成四个小组,各组独立完成相关的工作任务,并在教学完成后提交任务工作单。

工作任务　机油泵堵塞故障检修

1. 应知应会

通过本工作任务的学习与具体实施,学生应学会下列知识:

(1)熟悉润滑系统的功用、基本组成及其工作原理。

(2)掌握润滑系主要零部件的检测与维护方法。

应该掌握下列技能:

(1)能熟练对润滑系的主要零件进行拆卸、检验、装配和调整。

(2)能对润滑系进行一、二级维护作业。

(3)能解决润滑系一般故障。

2. 学习要求

(1)在每个工作任务的学习过程中,完成相关任务工作单的填写,并通过课程网络及时提交给相关教师。任务工作单提交方法详见课程网站。

(2)在每个情境实施阶段的中期或后期,按要求填写检修工作单。本情境学习结束后,按要求填写学生考核记录表,进行自我评价后上交小组长,小组长评价后连同检修工作单统一交教师。

(3)每个情境学习到评价环节时,个人进行任务完成情况的评估。教师对小组抽查,被抽查的个人上台进行讲评。

一、概述

1. 润滑系的功用

润滑系统的功用是在发动机工作时,连续不断地把数量足够、温度适当的洁净机油输送到全部运动件的摩擦表面,并在摩擦表面之间形成油膜,实现液体摩擦,从而减小摩擦阻力、降低功率消耗、减轻机件磨损,以达到提高发动机工作可靠性和耐久性的目的。

(1)润滑作用:润滑运动零件表面,减小摩擦阻力和磨损,减小发动机的功率消耗。

(2)清洗作用:机油在润滑系内不断循环,清洗摩擦表面,带走磨屑和其他异物。

(3)冷却作用:机油在润滑系内循环还可带走摩擦产生的热量,起冷却作用。

(4)密封作用:在运动零件之间形成油膜,提高它们的密封性,有利于防止漏气。

(5)防锈蚀作用:在零件表面形成油膜,对零件表面起保护作用,防止腐蚀生锈。

(6)液压作用:润滑油还可用作液压油,起液压作用,如液压挺柱。

(7)减振缓冲作用:在运动零件表面形成油膜,吸收冲击并减少振动,起减振缓冲作用。

2. 润滑方式

由于发动机传动件的工作条件不尽相同,因此,对负荷及相对运动速度不同的传动件采用不同的润滑方式。

(1)压力润滑:压力润滑是以一定的压力把润滑油供入摩擦表面的润滑方式。这种方式主要用于主轴承、连杆轴承以及凸轮轴承等负荷较大的摩擦表面的润滑。

(2)飞溅润滑:利用发动机工作时运动件溅泼起来的油滴或油雾润滑摩擦表面的润滑方式,称飞溅润滑。该方式主要用来润滑负荷较轻的汽缸壁面和配气机构的凸轮、挺柱、气门杆以及摇臂等零件的工作表面。

(3)润滑脂润滑:通过润滑脂嘴定期加注润滑脂来润滑零件的工作表面,如水泵及发电机轴承等。

3. 润滑系统的组成

润滑系统的组成如图 7-1 所示,为了保证发动机的正常润滑,该系统包括如下装置:

(1)油底壳:用来储存润滑油,位于发动机的底部,同时还起到为润滑油散热的作用。

(2)机油粗滤器:位于进油口的金属网,用来清除较大颗粒的杂质。

(3)机油泵:将油底壳中的机油泵到发动机各个需要润滑的部位。

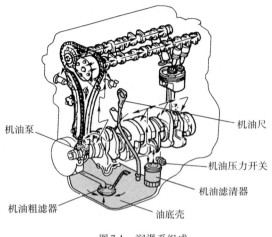

图 7-1 润滑系组成

(4)机油压力开关:监控发动机机油压力是否正常,向报警灯发送信号。

(5)机油滤清器:过滤一些细小粉尘和金属粉粒。

(6)机油尺:用来检查机油液位和油质。

二、润滑系主要机件构造与工作原理

1. 机油泵

发动机上采用的机油泵分成齿轮式和转子式两种。

1)齿轮式机油泵

齿轮式机油泵由主动轴、主动齿轮、从动轴、从动齿轮、壳体等组成,两个齿数相同的齿轮相互啮合,装在壳体内,齿轮与壳体的径向和端面间隙很小。主动轴与主动齿轮键连接,从动齿轮空套在从动轴上。

机油泵的工作原理,如图 7-2b)所示。工作时,主动齿轮带动从动齿轮反向旋转。两齿轮旋转时,充满在齿轮齿槽间的机油沿油泵壳壁由进油腔带到出油腔,在进油腔一侧由于齿轮脱开啮合以及机油被不断带出而产生真空,使油底壳内的机油在大气压力作用下经集滤器进入进油腔,而在出油腔一侧由于齿轮进入啮合和机油被不断带入而产生挤压作用,机油以一定压力被泵出。

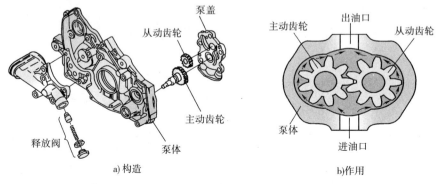

图 7-2 齿轮式机油泵的结构及作用

齿轮式机油泵结构简单、机械加工方便、工作可靠、使用寿命长、应用较广泛。

各种形式的机油泵内,都设有泄压阀,当发动机转速高时,油压将泄压阀推开,部分机油回到机油泵的进油端,以免出油端油压太高,如图7-3所示。调节后的油压为196～392kPa,故泄压阀也称为机油压力调节阀。

2)转子式机油泵

转子式机油泵由壳体、内转子、外转子和泵盖等组成,如图7-4所示。内转子用键或销子固定在转子轴上,由曲轴齿轮直接或间接驱动,内转子和外转子中心的偏心距为 e ,内转子带动外转子一起沿同一方向转动。内转子有4个凸齿、外转子有5个凹齿,这样内、外转子同向不同步的旋转。

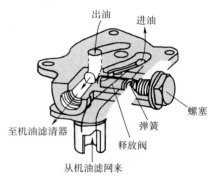

图7-3 机油泄压阀结构

机油泵的工作原理,如图7-4b)所示。转子齿形齿廓设计成使转子转到任何角度时,内、外转子每个齿的齿形廓线上总能互相成点接触。这样,内、外转子间形成4个工作腔,随着转子的转动,这4个工作腔的容积是不断变化的。在进油道的一侧空腔,由于转子脱开啮合,容积逐渐增大,产生真空,机油被吸入,转子继续旋转,机油被带到出油道的一侧,这时,转子正好进入啮合,使这一空腔容积减小、油压升高,机油从齿间挤出并经出油道压送出去。这样,随着转子的不断旋转,机油就不断地被吸入和压出。

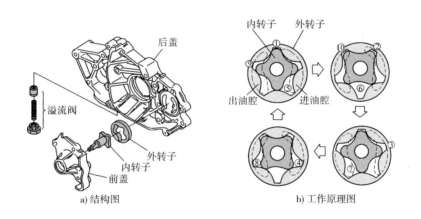

图7-4 转子式机油泵

①～⑩:内、外转子之间的间隙由小→大→小,完成进油到出油的过程

卡罗拉车型(1.6L)发动机和桑塔纳2000GSi车型发动机的机油泵均采用转子式。

2. 滤清器

1)机油粗滤器

汽车发动机使用的粗滤器有浮式粗滤器和固定式粗滤器两种。

浮式集滤器(图7-5)工作时漂浮于机油液面上,以保证机油泵总是吸入最上层较清洁的机油,但液面上的泡沫易被吸入,造成机油压力降低、润滑可靠性差。

固定式集滤器(图7-6)装在液面下,吸入的机油清洁度比浮式集滤器稍差,但可防止泡沫吸入,润滑可靠、结构简单、使用广泛。

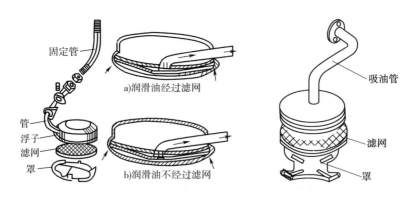

图 7-5 浮式机油粗滤器　　　　图 7-6 固定式机油粗滤器

2）机油滤清器

机油滤清器的结构，由外壳、滤芯、旁通阀及单向阀等组成，如图 7-7 所示。现在车上主要使用纸质滤芯。

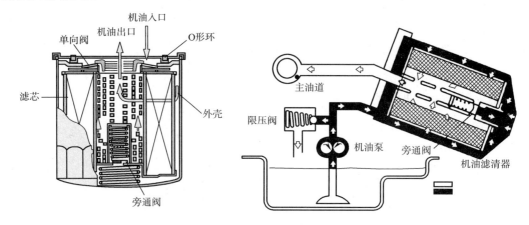

图 7-7 机油滤清器的结构及作用

机油从滤芯的外围进入，经滤芯过滤后，从滤清器的中央送出，如图 7-7 的实线所示；当滤芯堵塞时，油压将旁通阀推开，机油经旁通阀直接送出，如图 7-7 的虚线所示。当发动机熄火时，单向阀关闭，避免机油逆流，以防止主油道油压迅速降低，而且可避免滤芯外围的污泥流回机油泵。现在车上主要使用纸质滤芯。

3. 油尺和机油压力警告灯

（1）机油尺的结构，如图 7-8 所示。油底壳内机油量应保持在机油尺的上限与下限之间；通常，添加机油时，均加至机油尺的上限，以防因漏油或机油进入燃烧室，导致机油面迅速降低至下限以下。

（2）机油压力警告灯设在驾驶室仪表板上，点火开关在"ON"位置时，警告灯亮；发动机发动后数秒内，警告灯熄灭，表示油压正常。

4. 机油散热器

在增压发动机等高性能大功率的强化发动机上，由于热负荷大，必须装设机油散热器。机油散热器布置在润滑油路中，其工作原理与冷却系中

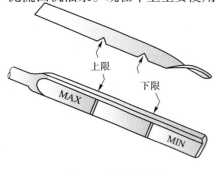

图 7-8 机油尺的结构

的水箱相同。发动机机油散热器分为风冷式和水冷式两类。

风冷式机油散热器很像一个小型散热器,利用汽车行驶时的迎面风对机油进行散热。这种机油散热器散热能力大,多用于赛车及热负荷大的增压发动机汽车上。东风 EQ6100-1 型发动机的机油散热器是管片式结构,如图 7-9 所示。和一般的水箱类似,装在发动机水箱的前面,利用风扇风力使机油冷却。

风冷式机油散热器在发动机起动后需要很长的暖机时间才能使机油达到正常的工作温度,所以普通轿车上很少采用。

水冷式机油散热器外形尺寸小、布置方便,且不会使机油散热过度,机油温度稳定,因而在轿车上应用较广。水冷式机油散热器多数安装在机油滤清器的上方,如图 7-10 所示,通过冷却系统中流过的冷却水进行冷却。水冷式机油散热器不需要太大的散热面积,体积较小。在起动暖车期间油温较低时,可从冷却水吸热迅速提高机油温度。

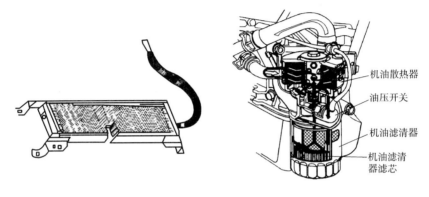

图 7-9 风冷式机油散热器　　图 7-10 水冷式机油散热器

三、发动机机油

国际上对于发动机机油的分类采用的是美国汽车工程师协会(SAE)的机油黏度分类法和美国石油协会(API)的质量等级标准分类。

美国石油学会(API)将机油分为汽油发动机用机油和柴油发动机用机油这两类,同时我国也是采用 API 的标准将机油分为汽油发动机用机油和柴油发动机用机油两类。美国石油协会是按机油质量等级将机油划分为不同的级别,该标准以字母"S"代表汽油机机油,然后对不同等级的机油按英文字母顺序分别排在字母"S"之后,其质量级别的高低按英文字母的顺序排列,字母越往后,其级别越高。以字母"C"代表柴油机车用机油,其质量级别的高低按英文字母的顺序排列,字母越往后,其级别也越高。

汽油机机油 API 级别为:SA、SB、SC、SD、SE、SF、SG、SH、SJ、SL、SM、SN。SA、SB、SC、SD 四个级别已被淘汰。现在最低级别是 SG 级,而最高级已经达到 SN 级。

柴油机机油 API 级别为:CA、CB、CC、CD、CE、CF、CG、CH、CI。

美国汽车工程师协会(SAE)按机油黏度等级将机油分类,第一类为单级黏度型,又分为高温环境用型和低温环境用型。高温环境用型机油标号有:SAE30、SAE40、SAE50,SAE 后标注的数字表示在 100℃下机油的黏度,数字越大表明机油黏度越大。由于这种机油的黏度相对较大,所以比较适合夏季高温下使用,气温越高的地方应选择标号数字较大的产品。低温环境用型机油标号有:SAE0W、SAE15W、SAE20W,SAE 后的 W 表示冬季,而数字也表示黏度,数字越小表示黏度越小。由于此类型的机油用于冬季低温、黏度低,所以对于温度越低的地区应选用数字越小标号的机油。机油黏度越低,机油就越容易被泵送,可以更快捷的到达润滑部位,发动机的起动转速越大。第二类为多级黏度全天候用型,机油标号有:SAE5W-30、SAE15W-40、SAE20W-50。这种标号横杠前半部分表示该标号机油所符合的冬季低温黏度性能,横杠后半部分表示符合的夏季高温黏度性能。W前的数字越小,表示润滑油在低温时的流动性越好,汽车起动越容易。而W后边的数字越大,则表明该机油在高温环境的黏稠性越好,生成的油膜强度更强,这种机油基本可以四季通用。

机油级别牌号标识一般标注在瓶身上,例如道达尔 QUARTZ 系列机油瓶身上的标识 API SM/CF,"S"与"C"同时出现,表示该机油满足 API 汽油机机油 SM 的质量标准与柴油柴油机机油 CF 的质量标准,且优先适用于汽油发动机。

另外,市场上的发动机机油分为矿物机油和合成机油,两者区别在于基础油不同。矿物油的基础油是从原油中提炼的,合成油的基础油则是通过化学合成的,与矿物油相比,合成油的抗高温氧化、抗黏度变化、抗磨损能力更强。合成油的黏度变化受气温影响很小,所以既能在低温环境中流动顺畅,也能在高温环境中,保持适当的黏度,减少发动机磨损。另外,合成油提炼纯度高,在发动机持续高温运作下,不易氧化分解产生油泥和积炭,其劣化速度比矿物油慢,使用时效也更长,但合成油价格比矿物油贵。

此外,选择机油黏度还须考虑车的新旧程度,新车的发动机部件间隙很小,所以应选择黏度较小的机油,而发动机磨损严重的车辆应选择黏度较大的机油。

由于发动机结构和使用条件不同,为了保证低温时起动顺利和高温的润滑性能,各种汽车推荐的润滑油黏度有较大差别。对机油的基本知识有一定了解后,根据汽车厂商要求的最低用油级别和黏度标准、结合车辆目前的状况、对照油品包装标识,参照表 7-1 和图 7-11 就能挑选到适合的机油。

部分推荐润滑油最低工作温度　　表 7-1

SAE 黏度级别	最低操作温度(℃)
5W/30	-32
10W/40	-23
20W/50	-12
10W	-23
20W	-12

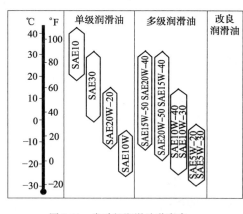

图 7-11　发动机润滑油黏度表

 任务实施

一、项目实施环境

(1)汽车发动机实训室。
(2)桑塔纳 2000 汽车、举升机、工作台。

(3)常用工具、机油滤清器扳手、维修手册、工作台。

二、项目实施步骤

润滑系统的常见故障是机油压力过高或过低、机油消耗过多和机油容易变质等。造成这些故障的原因有的是曲柄连杆机构与配气机构的机械故障引起的,有的是润滑系统本身故障引起的。

润滑系统本身的故障主要有:机油的油量和黏度不正常、安全阀和旁通阀损坏、机油滤清器失效、机油泵损坏、机油压力表或传感器失效、油路堵塞或漏油等。

1. 机油的检查与更换

1)机油的检查

(1)车辆应停放在平坦的地面上。

(2)关闭发动机,等待几分钟以便机油回流到储液盘。如果未这样做,机油尺不能显示实际油位。

(3)拉出机油尺,用纸巾或布擦干净后将其插回。再次拉出并保持尖头朝下。检查油位。

2)机油更换

(1)发动机先发动至工作温度后熄火。

(2)打开加机油盖及放油螺栓,如图 7-12 所示。打开加机油盖,可加快机油的泄放速度。将车辆举升。打开放油螺栓,备好机油回收桶。机油温度很高,小心烫伤。手部尽量不要接触到使用过的机油。机油颜色或黏度若有异样,应找出原因。例如乳白色机油,表示冷却水进入机油中。

(3)机油泄放干净后,装回放油螺栓及垫片。注意放油螺栓垫片每次都必须换新的。用擦拭纸擦净放油螺栓及油底壳。放油螺栓以规定力矩锁紧。

(4)从机油加注口处加入规定等级和规定量的机油(一般要求车辆每行驶 5000km 更换一次机油)。加注完后盖上机油盖。

(5)起动发动机,并再此举升车辆以检查放油螺栓处有无泄漏。

(6)放下车辆,熄灭发动机,检查机油尺,液面不足应补充。补充机油至"H"线,如图 7-13 所示。

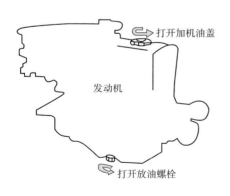

图 7-12 打开加机油盖及放油螺栓

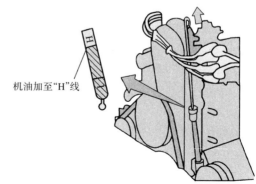

图 7-13 检查机油量

2. 机油滤清器的更换

1)机油滤清器的拆卸

(1)使用机油滤清器扳手拆下机油滤清器,如图 7-14 所示。

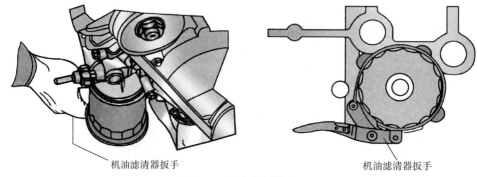

图 7-14　机油滤清器拆卸

(2)将接合面的油污擦拭干净。检视螺纹及接合面表面。

2)机油滤清器安装

(1)检查和清洁机油滤清器安装表面。

(2)新机油滤清器上的 O 形橡胶环涂抹少量机油,如图 7-15 所示。橡胶环上涂机油做润滑用。一般原厂机油滤清器橡胶环上均已事先涂好油脂。

(3)轻缓地拧动机油滤清器使其就位,然后上紧,直到垫片接触底座。

(4)使用专用维修工具再次上紧 3/4 圈(适用于丰田车系)。

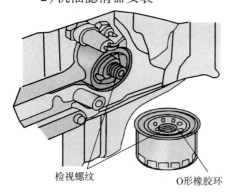

图 7-15　O 形橡胶环涂抹少量机油

3. 机油泵的检查

1)机油泵机件的外观检查

(1)检查机油泵件是否有裂纹、变形、漏油、机械损伤、严量腐蚀等现象。如有,应更换机油泵体。

(2)检查内外齿轮的轮齿是否有裂纹、齿面剥落掉块、严重磨损或机械损伤等现象。如有,应予以更换。

(3)检查机油泵的油封唇部是否有缺陷或其他损伤,必要时,应予更换。

2)机油泵减压阀的检查

(1)检查减压阀调整的卸荷压力,是否能稳定、可靠地满足机油泵的减压要求,如功能不能保证,则应更换减压阀的有关零件。

(2)检查减压阀的柱塞滑动面是否有擦伤、咬死等现象,如有,应予更换。

(3)检查减压阀的弹簧是否有弯曲、疲劳、失效等现象,如有,应予更换。

3)机油泵配合间隙的检查

(1)用直尺和厚薄规检查齿轮端面到泵盖端面的距离,即检验端面间隙,如图 7-16a)所示,一般为 0.05~0.15mm。

(2)用直尺和厚薄规检查泵盖端面的平面度,平面度误差大于 0.05mm 应修磨平面。

(3)用厚薄规测量主、从动齿轮的啮合间隙,如图 7-16b)所示,同时在相邻 120°的三点上进行测量,间隙值一般为 0.05~0.20mm,三点齿隙相差不应超过 0.1mm。

(4)用厚薄规检查齿顶与泵体之间的间隙,如图 7-16c)、d)所示,间隙值一般为 0.05~0.15mm。

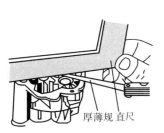   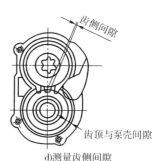

a)测量泵盖与齿轮端面间隙　　b)测量主、从动齿轮啮合间隙　c)测量齿顶与泵壳间隙　　d)测量齿侧间隙

图 7-16　齿轮式机油泵的检测

转子式机油泵应检查端面间隙、啮合间隙和外转子与泵壳之间的间隙,其检测方法同上,如图 7-17 所示。

机油泵磨损后,各部间隙大于使用限度时,应更换零件或更换总成。机油泵检修后,可将机油泵放入清洁的机油中,用手转动机油泵轴,应有机油从出油孔中排出,如用拇指堵住出油孔,继续转动机油泵时,应感到有压力。

4)机油泵排油压力的检查

（1）机油泵排油压力的标准规定:当发动

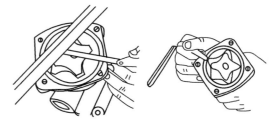

图 7-17　转子式机油泵检测

机转速为 3000r/min 时,标准值为 0.3~0.45MPa。

（2）机油泵排油压力检查方法。检查前的准备:检查油底壳中的润滑油液位是否符合要求,必要时予以添加。检查润滑油的质量是否合格,如润滑油已变色或变质,则应更换润滑油。检查润滑油路、机油泵是否有漏油,如有则应予排除。准备一个专用油压表。

检查方法:起动发动机,将发动机预热到正常工作温度,然后熄火停机。拆开油压开关(传感器)的插接件。从汽缸体上拆下油压开关。将专用油压表装到开关的螺纹孔上。再起动发动机,并将发动机转速稳定在 3000r/min,观察专用油压表上的油压是否在规定值的范围内,并作好记录。油压测定后,将发动机熄火,并拆下专用油压表。将油压表开关的螺纹上缠上聚四氟乙烯密封胶带,安装在汽缸体的螺纹内孔内,然后拧紧,其拧紧力矩为 12~15N·m。最后,起动发动机,检查油压开关处是否漏油。如有,应予排除。

检查后的处理,检查测定的油压值,在标准规定的范围内,说明机油泵的工作是正常的。若测定的油压值过高,则应调整减压阀,将油压调整到标准规定的范围内;若测定的油压值过低,则检查机油泵和油管是否有泄漏、堵塞等情况,查出原因后,予以排除。

4. 机油滤清器的检修

机油滤清器应按原厂的规定定期清洗或更换滤芯,以保证润滑油的清洁,减少发动机的磨损。

1)集滤器的维护

其损坏形式有油管和滤网堵塞,应用柴油或煤油清洗后用压缩空气吹干。

2)全流式机油滤清器的维护

全流式机油滤清器应根据汽车生产厂家的要求定期更换,其更换周期一般为汽车每行驶 5000~12000km。可分解式机油滤清器在维护时应拆洗壳体,更换滤芯,检查各密封环,若有老化、损坏应予更换。整体式机油滤清器应更换整个滤清器。安装滤清器或滤芯时,应先将滤清器或滤芯内充满机油。

3)离心式细滤器的检修

在发动机的机油压力高于0.15MPa时,运转10s以上(油压较低时机油不会进入细滤器),然后立即熄火。在熄火后的2~3min内,若在发动机旁听不到细滤器转子转动的"嗡、嗡"声,则说明细滤器不工作。若机油压力正常,细滤器的进油单向阀也未堵塞,则为细滤器故障,应拆检清洗细滤器。拧开压紧螺母,取下外罩,将转子转到喷嘴对准挡油板的缺口时,取出转子。清除转子内壁上的污物,清洗转子并疏通喷嘴,经调整或换件后再组装。

5. 发动机润滑油道的清理

发动机大修时,必须彻底清除润滑油道里的油泥、磨屑、杂质与润滑油胶质等,包括曲轴上的油道均应清洗干净,以使洁净的润滑油不受污物污损,畅通地流向各运动副的工作表面。清理油道时,可用专用容器盛上10%的苛性钠溶液,将油道各堵头拆除,浸泡在溶液中,加热到100℃,一般0.5h便可清除干净,再用压力油冲洗,最后用压缩空气吹净吹干。

也可用手工方法清洗,选用煤油或金属清洗剂,用直径$\phi 4mm$左右长约700mm的铁丝,一端围成圆圈状作手柄,另一端锤扁,加工成一长的孔,在长孔内穿上布条捅入油道内,来回抽动摩擦油道,反复清洗并更换布条,直到布条上无明显污物为止。再用压力油冲洗干净,最后用压缩空气吹通,观察有无污物吹出,必要时须重新擦洗。

任务工作单

学习情境七:机油压力过低故障检修 工作任务一:机油泵堵塞故障检修	班级			
	姓名		学号	
	日期		评分	

一、工作单内容
了解润滑系统的组成、工作原理及主要部件的检修方法。

二、准备工作
说明:每位学生应在工作任务实施前独立完成准备工作。
1. 了解润滑系统的组成、作用和工作原理。
2. 了解润滑系统主要零部件的检修方法。
3. 了解润滑系统常见故障的排除方法。

三、任务实施
了解润滑系统的组成、原理,掌握润滑系统组件的检修流程。

1. 润滑系统的组成、作用

_____
_____
_____

2. 润滑系统的工作原理

_____
_____

3.机油的检查与更换

4.机油滤清器的更换

5.机油泵的检查

6.机油滤清器的检修

7.发动机润滑油道的清理

8.润滑系统常见故障的诊断与排除

四、工作小结
通过此工作任务的实施,各小组集中完成下述工作。
1.掌握润滑系统各组件的检修流程。

2.润滑系统常见故障的产生原因。

3.对本次工作任务,你还有哪些好的意见和建议?

学习情境八　发动机怠速不稳故障检修

情境概述

本情境主要讲授发动机进排气系统的作用、分类、组成、基本工作原理以及维修技能。根据岗位职业能力的要求，本情境共安排两个真实的工作任务。

一、职业能力分析

通过本情境的学习，期望达到下列目标。

1. 专业能力

(1) 了解发动机进排气系统的组成及各组成的结构。
(2) 能正确对进排气系统各组成部件进行维护。
(3) 能正确拆装、检修进排气系统各组成部件。

2. 社会能力

(1) 通过分组活动，培养团队协作能力。
(2) 通过规范文明操作，培养良好的职业道德和安全环保意识。
(3) 通过小组讨论、上台演讲评述，培养与客户的沟通能力。

3. 方法能力

(1) 通过查阅资料、文献，培养个人自学能力和获取信息能力。
(2) 通过情境化的工作任务活动，掌握解决实际问题的能力。
(3) 填写任务工作单，制订工作计划，培养工作方法能力。
(4) 能独立使用各种媒体完成学习任务。

二、学习情境描述

一辆车在4S店进行维护，车主告诉接车员说该车这段时间开起来怠速不稳，经常熄火，加速有些不顺畅，排气管的噪声很大，尾气有一股臭皮蛋的味道，但是又说不出具体的问题，并主动提出要清理进气管路、清洗节气门。

三、教学环境要求

本情境要求，在理实一体化专业教室和专业实训室完成。要求配备一辆轿车、各种拆装工具四套。同时，提供相关发动机的技术手册、使用说明书；可以用于资料查询的电脑、任务工作单、多媒体教学设备、课件和视频教学资料等。

学生分成四个小组，各组独立完成相关的工作任务，并在教学完成后提交任务工作单。

工作任务一　节气门体清洗

任务概述

1. 应知应会

通过本工作任务的学习与具体实施,学生应学会下列知识:

(1)熟悉进气系统的基本组成与工作原理;

(2)掌握进气系统的检测与维护方法。

应该掌握下列技能:

(1)能认识进气系统的各组成部件;

(2)能分析进气系统的气流通路;

(3)能对进气系统进行基本维护修理作业;

(4)能正确地对进气系统进行拆装。

2. 学习要求

(1)在每个工作任务的学习过程中,完成相关任务工作单的填写,并通过课程网络及时提交给相关教师。任务工作单提交方法详见课程网站。

(2)在每个情境实施阶段的中期或后期,按要求填写检修工作单。本情境学习结束后,按要求填写学生考核记录表,进行自我评价后交小组长,小组长评价后连同检修工作单统一交教师。

(3)每个情境学习到评价环节时,个人进行任务完成情况的评估。教师对小组抽查,被抽查的个人上台进行讲评。

相关知识

发动机是汽车的心脏,而进气系统则是发动机的动脉,进气系统的合理性直接影响发动机的性能、寿命,从而影响整车的性能、寿命及环保性。进气系统的功能是为发动机提供清洁、干燥、充足的空气,系统中主要组件空滤器、管路及其设计安装将直接影响发动机功能的发挥、工作的稳定性、可靠性、使用寿命。排气系统是指收集并且排放废气的系统,包括排气歧管、排气管、灭音管、尾管以及共振器。主要功能是把发动机在燃烧过程中产生的废气从多个汽缸内收集、净化(经三元催化器)、消声,然后引到车后排放。

一、空气滤清器

空气滤清器的作用是滤除空气中的灰尘和杂质,以减少汽缸、活塞、活塞环等有关零件的磨损,延长发动机的使用寿命。图8-1为桑塔纳2000GSi型轿车的空气滤清器。其主要结构包括滤芯和壳体(空气滤清器上部、空气滤清器下部)及附属装置(夹箍、连接管道)等。

空气滤清器的种类较多,在汽车上常用主要有以下几种类型。

1. 纸质干式空气滤清器

纸质干式空气滤清器具有重量轻、结构简单、滤清效率高、造价低以及维护方便等优点,因此被广泛用于各类汽车发动机上,其结构如图8-2a)所示。由经过树脂处理的微孔滤纸制成的滤芯安装在滤清器外壳中。滤芯的上、下表面是密封面,当拧紧碟形螺母把滤清器盖紧固在滤清器上时,滤芯下密封面和滤芯上密封面分别与滤清器盖及滤清器外壳底部的配合

面贴紧密合。滤纸打褶,以增加滤芯的过滤面积和减小滤芯阻力。滤芯外面是多孔金属网,用来保护滤芯在运输和保管过程中不使滤纸破损。在滤芯的上、下端浇上耐热塑料溶胶,以固定滤纸、金属网和密封面间的相对位置,并保持其间的密封。在发动机工作时,空气从滤芯的四周穿过滤纸进入滤芯中心,随后流入进气管。杂质被滤芯阻留在滤芯外面。

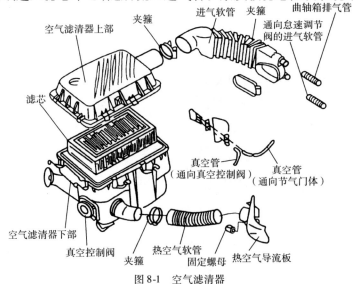

图 8-1　空气滤清器

纸质干式空气滤清器的滤芯(图 8-2b)一般使用树脂处理的纸质滤芯,其过滤效果与滤纸的筛孔大小有关,0.001mm 的筛孔可将大多数灰尘隔离,其滤清率可达 99.5% 以上。纸质滤芯的寿命取决于纸面大小(通常成波折状以提高过滤面积)及空气本身的清洁度。一般连续使用 8000～50000km 必须更换滤芯。

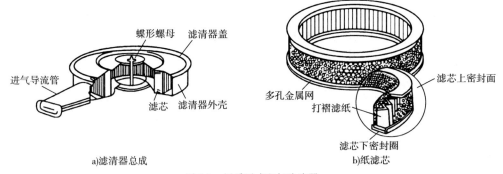

图 8-2　纸质干式空气滤清器

2. 油浴式空气滤清器

油浴式空气滤清器的优点是滤芯清洗后可以重复使用,多用于在多尘条件下工作的发动机上,如越野车发动机。图 8-3 所示为油浴式空气滤清器的结构图,它包括空气滤清器外壳、滤芯、密封圈和滤清器盖等。外壳底部是储油池,其中盛有一定数量的机油。当发动机工作时,环境空气经外壳与滤清器盖之间

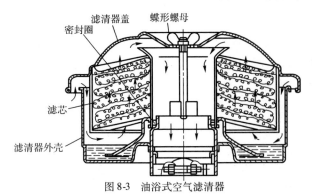

图 8-3　油浴式空气滤清器

的狭缝进入滤清器,并沿着滤芯与外壳之间的环形通道向下流到滤芯底部,再折向上通过滤芯后进入进气管。当气流转弯时,空气中粗大的杂质甩入机油中被机油黏附,细小杂质被滤芯滤除。黏附在滤芯上的杂质被气流溅起的机油所冲洗,并随机油一起流回储油池。其滤芯多用金属网卷成筒型或将金属丝填塞在有孔眼的滤芯外壳中制成。空气中的杂质可被滤除95%~97%。

3. 离心式及复合式空气滤清器

离心式空气滤清器多用于大型货车上。在许多自卸车或矿山用汽车上还使用离心式与纸滤芯相结合的双级复合式空气滤清器,如图8-4所示。双级复合式空气滤清器的上体是纸滤芯空气滤清器,下体是离心式空气滤清器。空气从滤清器下体的进气口首先进入旋流管,并在旋流管内螺旋导向面的引导下产生高速旋转运动。在离心力的作用下,空气中的大部分灰尘被甩向旋流管壁并落入积灰盘中,空气则从旋流管顶部进入纸滤芯空气滤清器。空气中残存的细微杂质被纸滤芯滤除。

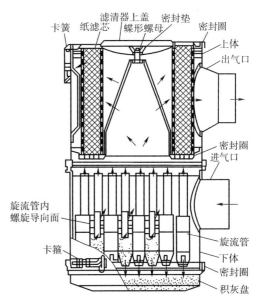

图8-4 双级复合式空气滤清器

二、进、排气歧管

进气歧管的作用是将可燃混合气较均匀地分送到各个汽缸;而排气歧管的作用则是汇集各缸的废气经排气消声器排出。

货车和客车的进、排气歧管大部分采用铸铁制成,也有少量采用铝合金制造的;现代轿车的进、排气歧管大部分采用铝合金制造,也有少量采用铸铁和硬质塑料制造的。汽油机的进、排气歧管通常安装在同一侧,主要是便于利用排气歧管的热量对进气歧管加热,两者可以铸成一体,也可分别铸造后用螺栓连接在一起,且在结合面处装上石棉衬垫以防止漏气。

分体式进、排气歧管可以分为上下式和左右式两种。上下式即进、排气歧管位于同一侧的上、下位置;左右式即进、排气歧管位于两侧的左、右位置,如图8-5所示。

三、进气预热装置

1. 进气预热装置的作用及进气预热方式

汽车在寒冷的冬季条件下使用时,由于气温低,发动机在进气行程时,可燃混合气中的燃油不容易进入汽缸,许多汽油微粒黏附在进气歧管内;活塞在压缩终了时,空气(或可燃混合气)的温度较低,发动机着火困难;加之低温时润滑油黏度大,起动阻力大。种种原因造成发动机低温起动困难。为保证汽车在低温条件下迅速起动,许多汽车发动机采用进气预热装置。

常用的进气预热方式主要有以下三种:

(1)利用陶瓷加热器,如图8-6所示。在进气支管内装有陶瓷热敏电阻加热器,在发动机冷起动前,打开陶瓷加热器电源,加热器通电加热,当温度升高后,加热器电阻加大,当温度升高到180℃时,其电阻变得无穷大,切断电流,停止加热。

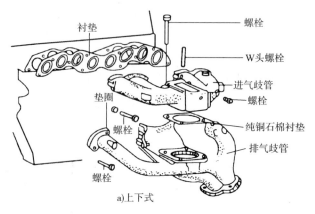

a)上下式

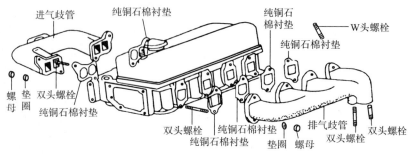

b)左右式

图 8-5 进、排气歧管

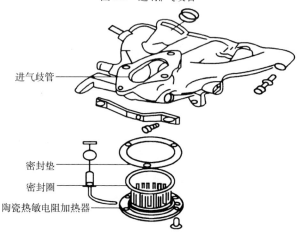

图 8-6 陶瓷热敏电阻加热

（2）利用高温排气加热，如图 8-7 所示，使发动机排气流过进气管底部对进气加热。在排气支管内装有混合气预热阀，根据季节的不同，调节控制阀的开度，从而改变对进气歧管的加热程度。带恒温进气装置的空气滤清器也是这类机构。

也有的发动机将进气歧管与排气歧管合装成一体，直接利用排气歧管中的热量加热进气歧管。这种方式加热快，可缩短冷机运转时间。缺点是热机时，还在加热，减少了进入汽缸的空气量，使发动机的功率下降。

（3）利用循环冷却液加热，如图 8-8 所示。这种进气歧管内设有水套，并与冷却系统连通，让冷却水在进气歧管水套内循环。这种形式比废气加热时间长，但热机时，发动机的性能好。

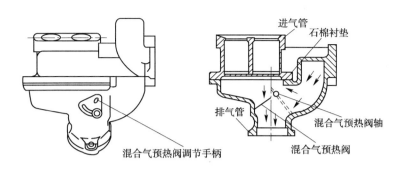

图 8-7　利用高温排气加热

为了在低温起动后,进入汽缸的混合气能充分预热,桑塔纳轿车采用了恒温式空气滤清器。当空气滤清器中温度低于60℃,从排气歧管处来的热空气进入滤清器。当空气滤清器中温度高于70℃,再进热空气就会影响发动机充气系数,这时就停止进热空气,而从进气软管中进冷空气。

2. 恒温空气滤清器的工作原理(图 8-9)

(1)冷车发动机起动后,进气歧管的负压作用到真空泵,在真空作用下,真空泵膜片拉杆使进气转换阀打开热空气通路,从而使从排气歧管处搜集的热空气进入到空气的滤清器中。

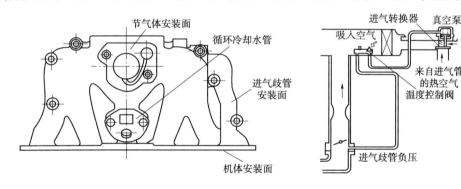

图 8-8　利用循环冷却液加热　　　　图 8-9　恒温空气滤清器原理

(2)当进气温度超过70℃,装在空气滤清器中的温度控制阀中的双金属片因温度升高切断了进气歧管与真空泵的通道,从而使进气转换阀关闭了热空气通道,于是冷空气从进气软管中进入空气滤清器中。

四、进气增压

所谓增压就是将空气预先压缩后再供入汽缸,以期提高空气密度、增加进气量的一项技术。由于进气量增加,可相应地增加循环供油量,从而可以增加发动机的功率。同时,增压还可以改善燃油经济性。实践证明,在小型汽车发动机上采用涡轮或机械增压,当汽车以正常的车速行驶时,可以得到驾驶员所期望的良好的加速性。

发动机进气增压的类型有不同分类方法,按实现增压所提供的能量可分为:机械增压、气波增压、废气涡轮增压和复合增压四种基本类型。机械增压是利用内燃机的一部分机械功驱动压气机。气波增压是根据压力波的气动原理,利用废气能量直接压缩空气,由内燃机 V 带驱动的增压器转子控制并维持气波增压过程,它与内燃机的传动比是不变的。废气涡轮增压是利用内燃机的一部分排气能量驱动增压器,废气涡轮增压器与内燃机只有流体联系。

1. 机械增压

机械增压是一种通过发动机直接驱动压气机,以提高发动机进气压力的增压方式,机械增压器由发动机曲轴经齿轮传动驱动,如图 8-10 所示,机械增压的特点是能有效地提高发动机功率,与涡轮增压相比,其低速增压效果更好。另外,机械增压器与发动机容易匹配,结构也比较紧凑。但是,由于驱动增压器需消耗发动机的功率,机械增压压力越高,压气机消耗功率越大。轿车用的机械增压内燃机,驱动压气机消耗功率 8~15kW,为保证内燃机机械效率,增压压力不能过高。

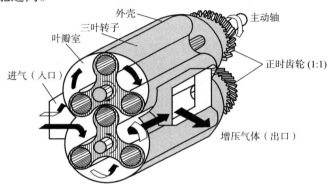

图 8-10 机械增压示意图

根据压气机的工作原理,机械驱动式增压器可分为机械离心式、罗茨式、滑(叶)片式、螺旋式和转子活塞式等形式的增压器。

2. 涡轮增压

废气涡轮增压是车用发动机广泛采用的主要增压方式。它是将发动机排出废气的部分能量转化为机械能,从而带动同轴的压气机叶轮旋转,压气机将压缩后的空气充入汽缸,实现增压(图 8-11)。增压气涡轮壳的进气口与发动机排气管相连接,增压器压气机壳的出气口与柴油机进气管相连接。发动机排出的具有 500~750℃高温和一定压力的废气,经涡轮壳进入喷嘴环。由于喷嘴环的通道面积由大到小,使废气的压力和温度下降,而流速却迅速提高。利用这个高速的废气气流,按一定的方向冲击涡轮,使涡轮高速旋转。废气的压力和温度越高,涡轮转得越快。而与涡轮同轴的压气机叶轮以相同的速度旋转,将经过空气滤清器过滤的空气,吸入压气机。高速旋转的压气机叶轮把空气甩向叶轮的边缘,速度增加后进入扩压器。扩压器的形状是进口小出口大。因此,经扩压器的气流速度下降而压力升高,再通过截面由小到大的环形压气机壳,使气流压力进一步提高后,经进气管进入汽缸,从而起到了增压的作用。

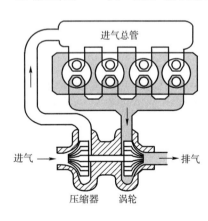

图 8-11 涡轮增压器

废气涡轮就是一个小型的燃气轮机,涡轮增压器与发动机之间只有气管相连实现气体动能的传递,而无任何机械连接。这种增压方式能有效地利用排出废气的能量,经济性比机械增压和非增压发动机都好,并可大幅度地降低有害气体的排放和噪声水平。但缺点是由于涡轮机是流体机械,而发动机是动力机械,因此增压发动机低速时的转矩增加不多,而且在发动机工况发生变化时,瞬态响应特性较差,致使汽车加速性,特别是低速加速性较差。

3. 气波增压

气波增压器是一种利用空气动力学原理制成的增压装置,压力波使排气和进气直接进行能量传递,以提高进气压力,增大进气的密度。当压缩波在管道内传播时,在管道的开口端反射为膨胀波,而在管道的封闭端则反射为压缩波;反之,当膨胀波在管道内传播时,在管道的开口端反射为压缩波,而在封闭端则反射为膨胀波。气波增压器内设有一个特殊形状的转子,发动机排出的废气在转子中直接与进气接触,利用排气压力波使进气受压缩,提高进气密度。气波增压器结构简单、加工方便、工作温度低,不需要耐热材料,也无须冷却。

气波增压器中有一个特殊形状的转子,由发动机曲轴带轮经传动带驱动,如图8-12所示。在转子中发动机排出的废气直接与空气接触,利用空气压力波使空气受到压缩,以提高进气压力。气波增压器结构简单、加工方便、工作温度不高,不需要耐热材料,也无需冷却。

与涡轮增压相比,其低速转矩特性好,但是体积大、噪声高,安装位置受到一定的限制。目前,这种增压器还只能在低速范围内使用。由于柴油机的最高转速比较低,因此多用于柴油机上。

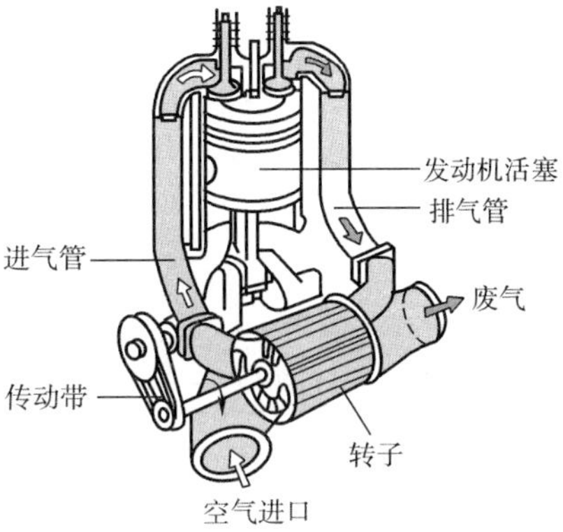

图8-12 气波增压

4. 复合增压

复合增压系统是指采用机械式和废气涡轮式增压装置的联合增压。这种系统进一步满足了发动机各工况的需求,提高了发动机性能。按其设置配合的不同主要有串联式、并联式、混合式和德国大众的TSI(Twin charged Stratified Injection)发动机增压系统等。

TSI发动机增压系统是德国大众将其2001年推出的燃油分层直喷燃烧技术FSI(Fuel Stratified Injection)与混合式复合增压技术融合在一起,实现了高效、节能、减排的目的(图8-13)。TSI汽油机的增压系统为可变串联式复合增压系统,第一级采用罗茨机械增压器,第二级采用废气涡轮增压器,进气转换阀与第一级罗茨机械增压器并联。发动机曲轴经电磁离合器、楔形传动带驱动罗茨机械增压器。一汽大众发动机(大连)公司也采用该技术生产涡轮增压直喷汽油机。

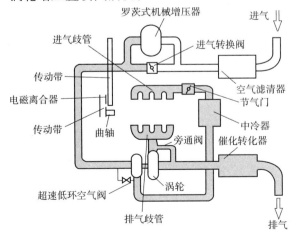

图8-13 TSI发动机增压系统

发动机低速小负荷工作时,进气转换阀关闭,电磁离合器接合,楔形传动带驱动罗茨机械增压器增压的空气经废气涡轮增压器压气机压入汽缸。此时尽管涡轮转速较低,但由于罗茨机械增压器的增压作用,避免了普通单一废气涡轮增压器低速时的"迟滞"现象,提高了发动机低速时的进气压力和转矩特性;发动机中速中负荷工作时,废气涡轮增压器的增压作用增强,为了避免负荷过大,需调低罗茨机械增压器的增压比,通过ECU控制进气转换阀部分开启,使机械增压的高压空气部分回流到罗茨机械增压器的入口端,从而降低了通往废气涡轮增压器的输入压力,更好地适应发动机工况;随着发动机转速和负荷的增大,废气涡轮增压器的增压比增大到不需要机械增压器参与增压时,进气转换阀开启,电磁离合器分离,罗茨机械增压器停止工作,由废气涡轮增压器单独增压。

为避免发动机高速运转突然关闭节气门而导致压气机背压过高,电控超速循环空气阀打开,把增压空气引回压气机进气端,从而使涡轮增压器转速逐渐降低。

任务实施

图8-14 空气滤清器的拆卸

一、空气滤清器的维护

1. 清洁空气滤清器

(1)拧下空气滤清器盖上部的固定螺栓或卡箍。
(2)拆下滤清器盖夹子。
(3)用抹布擦干净空气滤清器盖内部。
(4)清理空气滤清器外部,扳开上盖的锁扣,取下上盖,如图8-14所示。
(5)取出空气滤清器芯,并更换新件。如果滤清器更换不久,即比较干净时,则可以使用轻拍法清洁空气格,如图8-15所示;若灰尘较多,则需要使用压缩空气气枪吹去里面的尘土。吹气时,一定要注意,从滤芯的里面向外面吹,以保证灰土全部吹出,如图8-16所示。

图8-15 轻拍法清洁空气格　　　　　图8-16 吹洗法清洁空气格

合成纤维布式空气滤芯,用半干性油浸过,灰尘会黏附在滤芯上,故不可以压缩空气吹净,必须换新的。

2. 检查清扫后的滤芯

将照明灯点亮后放入滤芯里面,从外部观察有无损伤、小孔或变薄的部分,若发现滤芯很脏、有破损,则需要更换。各车型规定的更换滤芯里程数不同,请按照厂家规定执行。

3. 安装空气滤清器

按与拆卸相反顺序安装空气滤清器,并检查其密封是否良好。安装时,要注意装有排尘阀端子的箭头方向,口一定要朝后或朝下。进气管道在安装时,要保证其密封,特别要注意进气接头护套处的密封。

二、节气门体的检查与维护

1. 节气门体的拆卸和安装

发动机工作一段时间后,节气门处会聚积灰尘杂质,使进气量减少,发动机 ECU 就会控制节气门开度增大,以增加进气量。当节气门脏污严重时,节气门开度就会超出设定的范围,并且出现发动机工作不良的故障,导致发动机出现怠速不稳,特别是在打开空调、前照灯时更加明显,严重时行驶过程中可能会出现熄火现象。因此,维护时应对节气门进行检查,一般汽车每行驶3万~4万km应清洗一次节气门或怠速控制阀。

1) 节气门体的拆卸(图8-17)

(1) 将发动机暖机后熄火,拆下后进气管。

(2) 拆开怠速控制阀和节气门位置 TPS 传感器电器接头。

(3) 拆下节气门体和垫片。

(4) 从节气门体上拆下怠速控制阀和 TPS 传感器。

2) 节气门体的安装(图8-18)

节气门体的安装步骤按与拆卸相反顺序进行,应注意以下几点:

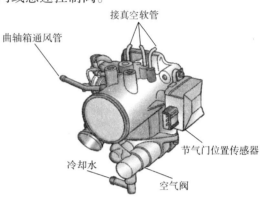

图8-17 拆掉节气门周围的连接附件

(1) 安装前,一定要清除掉所有表面上黏结的旧垫片残留物。清除时要小心,不要损坏铝制件加工表面,不要使用电动工具来清洁铝制件加工表面。

(2) 如果有必要更换节气门体,要确保压印在新节气门体上的编号与换下的节气门上的编号一致。

(3) 以18N·m的力矩拧紧节气门体与进气增压室的连接螺栓。

2. 气门体的清洗(图8-19)

清洗节气门体具体应掌握以下要点:

(1) 节气门应该拆下清洗,才能彻底清洗干净。节气门阀片圆弧边缘、节气门轴以及节气门体内壁是重点清洗部位。

(2) 清洗节气门时,一般使用罐装压力清洗液。清洗液具有腐蚀性,应事先拆下节气门密封圈。注意不要使清洗液通过节气门轴进入节气门位置传感器和节气门电动机,否则会造成部件的损坏。

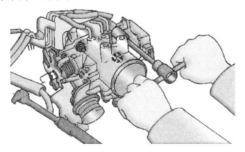

图8-18 安装节气门体

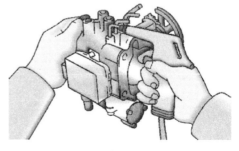

图8-19 清洗并清洁节气门体

(3) 拆卸和安装节气门体时,要注意保护易损的塑料部件,如空气滤清器与节气门体之间的塑料连接管及节气门体的冷却水管,否则会引起冷却液的泄漏。不要漏装或损坏密封垫,否则会使进气系统漏气,导致怠速不稳。

(4)清洗节气门时,需要反复开启节气门,不要打开节气门后猛地松开使节气门关闭,这样容易损坏节气门位置传感器和节气门阀片。

(5)安装节气门拉线后,应检查调整拉线的松紧度,确保节气门拉线运动的灵活性,并应有一定的自由度,但自由度不应过大,否则会使加速出现过慢的现象。

(6)安装节气门体后必须要做自适应设定。因为节气门体清洗后,怠速时节气门的开度就会减小,为了使发动机ECU可以适应这种变化,就需要使用专用诊断仪进行自适应设定。

三、进气歧管的检查与维护

1. 进气歧管外观检查

(1)检视进排气歧管有无裂纹、变形,紧固固定螺栓、螺母。

(2)检查消声器及进气歧管密封圈有无裂纹、漏气,吊板有无裂纹,并紧固各部螺栓。

2. 进气系统积炭的检查

在汽车维修中,对于进气管积炭的诊断是很简单的,只要把节气门拆下就可以很清楚地看到积炭的程度了。但是对于气门积炭的诊断一向是个难题,一般来说有三种诊断方法。

(1)解体法。也就是把发动机拆开,检查是否有积炭产生。这样很直观,但是耗时耗力,而且不管什么部件每拆装一次都会或多或少地影响其性能,减短其使用寿命。

(2)内窥镜检查。把火花塞或喷油嘴拆下,用内窥镜来观察气门积炭的程度。这种方法很方便,但是内窥镜的成本非同小可,而且在维修中的用处不是很广,因此不是所有的维修企业都配备了该设备。

(3)观察反馈电压变化。用诊断电脑来读取氧传感器反馈电压的变化,以此间接检测积炭的存在。一般来说,正常的氧传感器反馈电压都是在0.3~0.7V之间波动,而且应该在8s之内有8次极大值和极小值的交替变化。一旦气门产生了积炭,氧传感器的反馈电压波动会变大,如由原来的0.3~0.7V变成0.1~0.9V。而且这个电压的中心值会变大,同时变化的频率会减缓。用诊断电脑读取氧传感器反馈电压变化的方法省时省力,可是如果车本身的控制系统有故障,就不能很准确地作为判断依据,还会误导没有经验人员的故障诊断思路。再有就是这种方法只能针对闭环电喷汽车使用,因为只有闭环控制的系统才配备氧传感器。

3. 进气系统积炭的清除方法

积炭的清除方法主要有以下两种:

(1)免拆清洗法。也就是用燃油系统清洗保护剂来清洗发动机。燃油添加清洗剂在发动机工作时,被燃油泵随同燃油一起吸入供油管路内。随着燃油的流动,它不仅能清洗掉油箱内、汽油泵滤网上的胶质和喷油嘴上的胶质与积炭,还可以在发动机正常工作时,自动清洗掉气门上和发动机汽缸内的积炭,使发动机"返老还童",重新焕发出澎湃动力。由于从油箱、燃油泵滤网以及燃油管道内清洁下来的胶质会沉积在汽油滤清器内,所以免拆清洗后,必须及时更换燃油滤清器。

由于清洗剂中的化学清洗成分对橡胶供油管路有一定腐蚀作用,使用该方法时,一定要注意使用周期与间隔时间,不然会加快燃油橡胶供油管路的老化和腐蚀。

(2)解体清洗法。免拆清洗简单省力,只需按正确的方法使用即可。但对于积炭严重的发动机,这种方法就显得力不从心,无法达到完全清洗洁净的目的。免拆清洗后,若发动机工作性能仍旧恶劣,而问题就是气门和缸内积炭太多时,那就不得不采用拆解发动机的方法来解决了。

气门积炭的清洗较为简单,在拆下进气歧管后,用手工或采用清洁药物浸泡即可清除。而进气歧管的清洗,在拆下节气门后,用手工或采用清洁药物浸泡即可清除。至于发动机缸内积炭的清洁,则必须"大动干戈",拆下汽缸盖、正时皮带等才可以清洗。

由于发动机拆卸重新装配后,其动力、密封性能会逊色于原厂装配,所以一般情况下,清洁发动汽缸内的积炭不宜经常进行。

任务工作单

学习情境八:发动机怠速不稳故障检修 工作任务一:节气门体清洗	班级			
	姓名		学号	
	日期		评分	
一、工作单内容 了解进气系统的组成、工作原理及主要部件的检修方法。 二、准备工作 说明:每位学生应在工作任务实施前独立完成准备工作。 1.了解进气系统的组成、作用和工作原理。 2.了解进气系统主要零部件的检修方法。 三、任务实施 了解进气系统的组成、原理,掌握进气系统的基本维护修理作业流程。 1.进气系统的组成、作用 _____ 2.进气系统的工作原理 _____ 3.空气滤清器的维护 _____ 4.节气门体的检查与维护 _____ 5.进气歧管的检查与维护 进气歧管外观检查:_____ _____ 进气系统积炭的检查及积炭的清除:_____ _____ 四、工作小结 通过此工作任务的实施,各小组集中完成下述工作。 1.掌握进气系统的总体结构组成。 2.掌握进气系统的基本维护修理作业流程。 3.对本次工作任务,你还有哪些好的建议和意见?				

工作任务二　排气管异响故障检修

任务概述

1. 应知应会

通过本工作任务的学习与具体实施,学生应学会下列知识:

(1)掌握排气系统基本结构组成。

(2)掌握排气净化的基本方法及排气净化装置的基本工作原理。

应该掌握下列技能:

(1)能认识排气净化系统的各组成部件。

(2)能对排气净化系统进行维护作业。

(3)能对排气系统的检测与维护方法。

2. 学习要求

(1)完成相关任务工作单的填写,并通过课程网络及时提交给相关教师。任务工作单提交方法详见课程网站。

(2)按要求填写检修工作单。本情境学习结束后,按要求填写学生考核记录表,进行自我评价后交小组长,小组长评价后连同检修工作单统一交教师。

(3)每个情境学习到评价环节时,个人进行任务完成情况的评估。教师对小组抽查,被抽查的个人上台进行讲评。

相关知识

一、排气消声器

排气消声器的作用是降低发动机排气噪声并消除废气中的火焰和火星。图 8-20 所示为排气管系与消声器的结构。

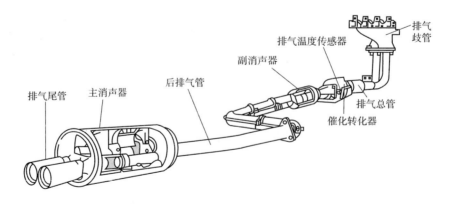

图 8-20　排气管系与消声器

消声器的基本原理是:消耗废气的能量、平衡气流的压力波动,有吸收式和反射式两种基本消声方式。在吸收式消声器上,通过废气在玻璃纤维、钢纤维和石棉等吸声材料上的摩擦而减少能量。反射式消声器则由多次反射、碰撞、膨胀及冷却而降低其压力,减轻了振动。

轿车用消声器采用不同的消声原理组合而成。如图 8-21 所示,它由前消声器、中消声器和后消声器以及连接管组成,并焊接成一个整体。

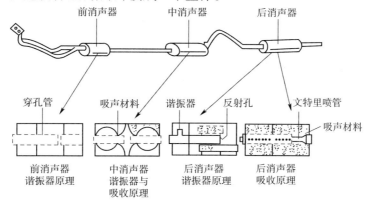

图 8-21　轿车用排气消声器及其消声原理

二、排气净化装置

以活塞式内燃机为动力的汽车是城市大气的主要污染源之一。汽车排放的污染物主要有一氧化碳(CO)、碳氢化合物(HC)、氮氧化合物(NO_x)和微粒。CO 是燃油不完全燃烧的产物,是一种无色、无味的气体。它与血液中血红素的亲和力是氧气的 300 倍,因此当人吸入 CO 后,会导致头晕、头痛等中毒症状。吸入含容积浓度为 0.3% 的 CO 气体时,可致人死亡。NO_x 主要是指 NO 和 NO_2,产生于燃烧室内高温富氧的环境中。空气中 NO_x 体积分数在 $8 \sim 20 \times 8^{-6}$ 时可刺激口腔及鼻黏膜、眼角膜等。当 NO_x 超过 500×8^{-16} 时,几分钟可使人出现肺气肿而死亡。因此,大部分汽车发动机都采用排气净化装置。

常用的排气净化装置主要有恒温进气系统、二次空气喷射系统、废气再循环系统、曲轴箱强制通风系统、汽油蒸气排放(EVAP)控制系统及催化转化器等。

1. 恒温进气系统

恒温进气系统也称进气温度自动调节系统。它是由空气加热装置(又称热炉)和安装在空气滤清器进气导流管上的控制装置构成的。恒温进气系统多用于化油器式或节气门体喷射式发动机上。当发动机冷起动之后,在怠速或小节气门开度下工作时,由于温度低,须供给发动机浓混合气以保持其稳定运转。但浓混合气燃烧不完全,排气中 CO 和 HC 较多。若供给稀混合气,虽然可以减少有害气体的排放,但在低温下发动机不能稳定运转。恒温进气系统的功用就是在发动机冷起动之后,向发动机供给热空气,这时即使供给的是稀混合气,热空气也能促使汽油充分汽化和燃烧,从而减少了 CO 和 HC 的排放,又改善了发动机低温运转性能。当发动机温度升高后,恒温进气系统向发动机供给未经加热的环境空气。

图 8-22 所示的是神龙富康 K2D 型发动机的恒温进气系统,它主要由双金属片温度传感器、真空阀、真空管、热空气进口、冷空气进口等组成。温度传感器感应进气温度,控制真空阀取自排气歧管上方的热空气或取自汽车前部的冷空气,真空管与化油器主腔节气门下方孔相通。

2. 二次空气喷射系统

1)二次空气喷射系统的作用

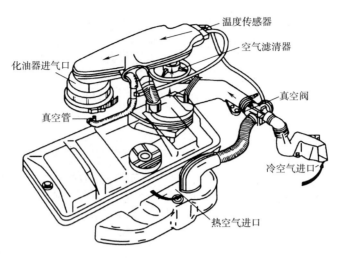

图 8-22 恒温进气系统

二次空气喷射系统的作用是利用空气泵将新鲜空气经空气喷管喷入排气道或催化转换器,使排气中的 CO 和 HC 进一步氧化或燃烧成为 CO_2 和 H_2O。

2) 二次空气喷射系统的工作原理

图 8-23 所示为二次空气喷射系统构成及原理图。当发动机起动之后,ECU 不使旁通线圈和分流线圈通电,于是这两个线圈同时把通向旁通阀和分流阀的真空隔断,这时空气泵送出的空气经旁通阀进入大气。这种状态称为起动工作状态,其持续时间的长短决定于发动机的温度。如果发动机温度很低,起动工作状态将持续较长时间。

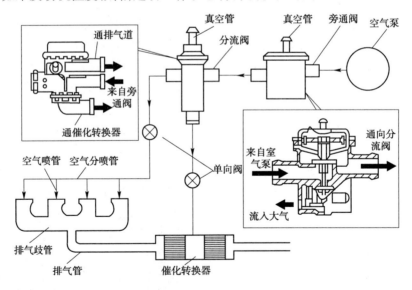

图 8-23 二次空气喷射系统

发动机在预热期间,ECU 同时使旁通线圈和分流线圈通电。这时,进气管真空度分别经旁通线圈和分流线圈传送到旁通阀和分流阀。空气泵送出的空气此时经旁通阀流入分流阀,再由分流阀流入空气分配管,最后由空气喷管喷入排气道。

当发动机在正常的冷却水温度下工作时,ECU 只使旁通线圈通电而不使分流线圈通电,通向分流阀的真空度被分流线圈隔断。这时,空气泵送出的空气经旁通阀进入分流阀,再经分流阀进入氧化催化转换器。

3. 废气再循环系统(EGR)

废气再循环是指把发动机排出的部分废气回送到进气歧管,并与新鲜混合气一起再次进入汽缸参加燃烧,由于废气中含有大量的CO_2,而CO_2不能燃烧却吸收大量的热,使汽缸中混合气的燃烧温度降低,从而减少了NO_x的生成量。废气再循环是净化排气中NO_x的主要方法。在新鲜的混合气中掺入废气之后,混合气的热值降低,致使发动机的有效功率下降。

为了做到既能减少NO_x的排放,又能保持发动机的动力性,必须根据发动机运转的工况对再循环的废气量加以控制。NO_x的生成量随发动机负荷的增大而增多。因此,再循环的废气量也应随负荷而增加。在暖机期间或怠速时,NO_x生成量不多,为了保持发动机运转的稳定性,不进行废气再循环。在全负荷或高转速下工作时,为了使发动机有足够的动力性,也不进行废气再循环。

废气再循环程度用EGR率来表示:

$$EGR 率 = [EGR 量/(进气量 + EGR 量)] \times 80\%$$

根据控制形式不一样,常用的废气再循环系统可以分为开环控制的废气再循环控制系统和闭环控制的废气再循环控制系统。

1)开环控制的废气再循环系统

开环控制的废气再循环系统的EGR率只受ECU预先设置好的程序控制,ECU不检测发动机各工况下的EGR率,无反馈信号。其结构如图8-24所示,主要由EGR阀和EGR电磁阀等组成。

其工作原理如下:EGR阀安装在废气再循环通道中,用以控制废气再循环量。EGR电磁阀安装在通向EGR真空通道中,ECU根据发动机冷却水温度、节气门开度、转速和起

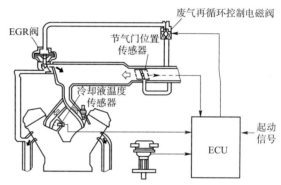

图8-24 开环控制的废气再循环系统

动等信号来控制电磁阀的通电或断电。ECU不给EGR电磁阀通电时,控制EGR阀的真空通道接通,EGR阀开启,进行废气再循环;ECU给EGR电磁阀通电时,控制EGR阀的真空通道被切断,EGR阀关闭,停止废气再循环。

2)闭环控制的废气再循环系统

闭环控制的废气再循环系统中,ECU以EGR率及EGR阀开度传感器作为反馈信号实现闭环控制,其控制精度更高。其机构如图8-25所示,与开环控制EGR相比,它在EGR阀的基础上设置了一个EGR阀开度传感器。

其工作原理如下:EGR率传感器安装在进气总管中的稳压箱上,新鲜空气经节气门进入稳压箱,参与再循环的废气经EGR电磁阀进入稳压箱,传感器检测稳压箱内气体中的氧浓度,并转换成电信号送给ECU,ECU根据此反馈信号修正EGR电磁阀的开度,使EGR率保持在最佳值。

4. 曲轴箱通风装置

发动机工作时,一部分可燃混合气和废气经活塞环泄漏到曲轴箱内。泄漏到曲轴箱内的汽油蒸气凝结后,将使润滑油变稀。同时,废气的高温和废气中的酸性物质及水蒸气将侵蚀零件,并使润滑油性能变坏。另外,由于混合气和废气进入曲轴箱,使曲轴箱内的压力增大、温度升高,易使机油从油封、衬垫等处向外渗漏。为此,一般汽车发动机都有曲轴箱通风

装置,以便及时将进入曲轴箱内的混合气和废气抽出,使新鲜气体进入曲轴箱,形成不间断的对流。曲轴箱通风方式一般有两种:一种是自然通风,另一种是强制通风。

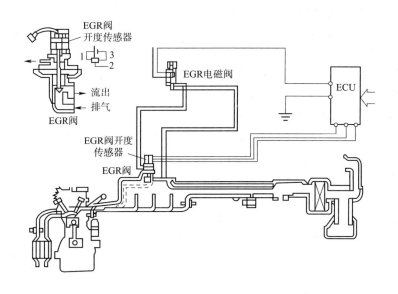

图 8-25 闭环控制的废气再循环系统

1) 自然通风

从曲轴箱抽出的气体直接导入大气的通风方式称为自然通风。柴油机多采用这种通风方式。在曲轴箱连通的气门室盖或润滑油加注口接出一根下垂的出气管,如图 8-26 所示。管口处切成斜口,切口的方向与汽车行驶的方向相反。利用汽车行驶和冷却风扇的气流,在出气口处形成一定的真空度,将气体从曲轴箱抽出。

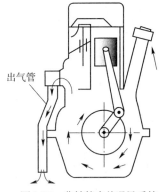

图 8-26 曲轴箱自然通风系统

2) 强制通风(PCV 系统)

曲轴箱强制通风装置,如图 8-27 所示。当发动机工作时,进气管真空度作用到 PCV 阀,此真空度还吸引新鲜空气经空气滤清器、滤网、空气软管进入汽缸盖罩内,再由汽缸盖和机体上的孔道进入曲轴箱。在曲轴箱内,新鲜空气与曲轴箱气体混合并经气—液分离器、PCV 阀和曲轴箱气体软管进入进气管,最后经进气门进入燃烧室烧掉。被气—液分离器分离出来的液体返回曲轴箱。

5. 汽油蒸气排放(EVAP)控制系统

1) EVAP 控制系统功能

收集汽油箱和浮子室内的汽油蒸气,并将汽油蒸气导入汽缸参加燃烧,从而防止汽油蒸气直接排出而防止造成污染。同时,根据发动机工况,控制导入汽缸参加燃烧的汽油蒸气量。

2) EVAP 控制系统的组成与工作原理

图 8-28 所示为 EVAP 控制系统结构及原理图。油箱的燃油蒸气通过单向阀进入活性炭罐上部,空气从炭罐下部进入清洁活性炭,在炭罐右上方有一定量排放小孔及受真空控制的排放控制阀,排放控制阀内部的真空度由炭罐控制电磁阀控制。

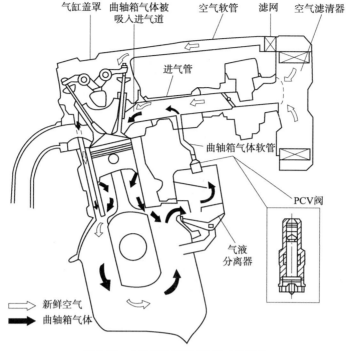

图 8-27 曲轴箱强制通风装置工作原理

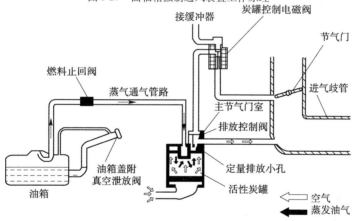

图 8-28 EVAP 控制系统

发动机工作时,ECU 根据发动机转速、温度、空气流量等信号,控制炭罐电磁阀的开闭来控制排放控制阀上部的真空度,从而控制排放控制阀的开度。当排放控制阀打开时,燃油蒸气通过排放控制阀被吸入进气歧管。

6. 催化转换器

在汽车上使用最广泛的催化转换器主要是三元催化转换器。在氧传感器功能良好的情况下,三元催化转换器可同时去除 90% 以上的三种主要污染物(HC、CO 和 NO_x),主要由金属外壳和涂有少量铂和铬(催化剂)的陶瓷栅组成,如图 8-29 所示。大多数转化器只有几克催化剂。

三元催化转换器的工作原理,如图 8-30 所示,当含有 CO 和 HC 的废气通过三元催化转换器时,催化剂便触发氧化(燃烧)过程,HC 和 CO 与转换器中的氧结合生成水蒸气和二氧化碳,氧化过程对 NO_x 排放没有影响。

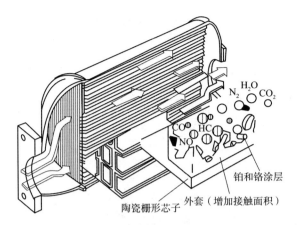

图 8-29 三元催化反应器结构

为了减少 NO_x 的含量,需要进行还原反应。还原反应是去掉物质中的氧原子。在三元催化转换器中,铑被用作催化剂,将 NO_x 分解为氮和氧,当温度为 250℃ 左右时,污染物便会发生有效的转化,如图 8-30 所示。

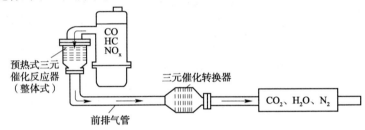

图 8-30 三元催化反应器工作原理

 任务实施

一、项目实施环境

(1)汽车整车实训室、配备举升机,整车一台。
(2)发动机维护常用工具一套。

二、项目实施步骤

1. 排气歧管和消声器的维护

检查排气歧管的衬垫是否完好,不得有漏气现象,排气消声器无裂痕和堵塞;检查排气管与消声器的连接部位是否脱焊等。

2. 三元催化转化装置的维护

主要是目视,主要检查外壳有无碰撞,有无因锈蚀造成的漏气,由于其工作温度在 400℃ 以上,还要检查与汽车底部的绝缘材料是否可靠;另外,堵塞严重造成排气不畅的应更换新件。

3. 催化转化器的检查

技术状况检查的内容有:有无异常声响(通常由排气管接头松动、催化转化器损坏、催化剂更换塞松动或丢失等原因造成);有无裂皮或外壳压扁之类的外观损坏;导通转化器的排气管有无孔眼或损坏;排气尾管有无催化剂颗粒排出(颗粒式催化转化器特有的现象,排出颗粒说明转化器内盛装颗粒的不锈钢组件碎裂)。催化转化器外观损坏或排气尾管排出颗粒,均需维修或更换。

4. 催化转化器的维修

典型的颗粒式催化转化器的维修方法如下:

在振动器和铁皮罐安装的同时,将吸气器或真空泵的电源开关接通,这样在催化转化器装料口螺塞卸除后可防止催化剂颗粒外漏。在振动器和铁皮罐安装就绪后,将真空泵关闭掉,振动器的气源接通,此时催化剂颗粒就开始进入铁皮罐内。大约8min就可以卸空转化器。填装新的催化剂颗粒时,先将铁皮罐内用过的颗粒倒出,然后装填新的催化剂颗粒。再将铁皮罐接到振动器上,接通气源和真空管路,于是催化剂颗粒从铁皮罐被吸入转化器内。在新的催化剂颗粒停止流入转化器后,卸除所接的空气软管和振动器,由于真空泵的作用,催化剂颗粒将不会外漏。催化转化器应装满,一直到与装料孔平齐为止,在螺塞的螺纹上涂上一层防粘剂,然后拧在装料孔上,将真空泵卸下。最后起动发动机,检查催化转化器的排料塞有无泄漏,并用红外线分析仪检查汽车的各项排放是否符合标准。

5. 曲轴箱强制通风装置

对曲轴箱通风装置必须进行定期维护检查,使它保持畅通完好。

(1)滤网的维修:在清洁的汽油中清洗后,用压缩空气吹干。滤网装入总成前,需在干净的机油中浸渍,以增强对灰尘的吸附和过滤作用。

(2)管路的维修:通风管路如有连接松动、堵塞或破裂漏气等,应及时修理或更换。

(3)PCV阀的维修:拆下PCV阀,检查是否灵活和密封,如有发卡、锈死或弹簧失去弹力等现象,应及时更换。

良好的曲轴箱通风装置在发动机正常工作时,曲轴箱内应有一定的真空度(78kPa),否则,应重新检修。

 任务工作单

学习情境八:发动机怠速不稳故障检修 工作任务二:排气管异响故障检修	班级			
	姓名		学号	
	日期		评分	
一、工作单内容 了解排气系统的组成、工作原理及主要部件的检修方法。 二、准备工作 说明:每位学生应在工作任务实施前独立完成准备工作。 1.了解排气系统的组成、作用和工作原理。 2.了解排气系统主要零部件的检修方法。 三、任务实施 了解排气系统的组成、原理,掌握排气系统的基本维护修理作业流程。 1.排气系统的组成、作用 _____ _____ 2.排气系统的工作原理 _____				

3. 排气歧管和消声器的维护
_____
_____

4. 三元催化转化装置的维护
_____
_____

5. 催化转化器的检查与维护
   (1) 技术状况检查：_____
_____
_____
_____

   (2) 催化转化器的维修：_____
_____
_____
_____

6. 曲轴箱强制通风装置的维护检查
   (1) 滤网的维修：_____
   (2) 管路的维修：_____
   (3) PVC 阀的维修：_____

四、工作小结
通过此工作任务的实施，各小组集中完成下述工作。
1. 掌握排气系统的总体结构组成。

2. 掌握排气系统的基本维护修理作业流程。

3. 对本次工作任务，你还有哪些好的意见和建议？

学习情境九　发动机拆装与竣工验收

情境概述

本情境主要讲授发动机的拆装与竣工验收维修技能。根据岗位职业能力的要求，本情境共安排三个真实的工作任务。

一、职业能力分析

通过本情境的学习，期望达到下列目标。

1. 专业能力

(1) 了解发动机拆装的基本要求。
(2) 掌握发动机拆装的基本步骤和工艺过程。
(3) 掌握发动机的竣工验收维修技能。
(4) 掌握常用工具的使用规范。

2. 社会能力

(1) 通过分组活动，培养团队协作能力。
(2) 通过规范文明操作，培养良好的职业道德和安全环保意识。
(3) 通过小组讨论、上台演讲评述，培养与客户的沟通能力。

3. 方法能力

(1) 通过查阅资料、文献，培养个人自学能力和获取信息能力。
(2) 通过情境化的工作任务活动，掌握解决实际问题的能力。
(3) 填写任务工作单，制订工作计划，培养工作能力。
(4) 能独立使用各种媒体完成学习任务。

二、学习情境描述

汽车的故障很多时候是由于发动机故障引起的，这就需要对发动机进行检修。检修时，要对发动机部件进行拆装，这就要求我们了解发动机的组成情况，以及各部分的主要作用，判断和分析故障存在的点，从而排除故障。

TOYOTA 汽车 8A 或 5A 型发动机，在拆卸和装配过程中有哪些技术要求？应注意哪些事项？拆装的顺序是什么？各零件间的相互关系如何调整？

三、教学环境要求

本情境要求，在理实一体化专业教室和专业实训室完成。要求配备四台轿车发动机、各种拆装工具四套。同时，提供相关发动机的技术手册、使用说明书；可以用于资料查询的电脑、任务工作单、多媒体教学设备、课件和视频教学资料等。

学生分成四个小组，各组独立完成相关的工作任务，并在教学完成后提交任务工作单。

工作任务一 发动机拆装

 任务概述

1. 应知应会

通过本工作任务的学习与具体实施,学生应学会下列知识:

(1)熟悉发动机拆装的基本要求。

(2)掌握发动机拆装的基本步骤和工艺过程。

应该掌握下列技能:

(1)能熟练进行发动机各部分总成装配和总装发动机。

(2)能熟练使用专用工具。

(3)能熟练掌握重要部位的螺栓拧紧力矩。

2. 学习要求

(1)在每个工作任务的学习过程中,完成相关任务工作单的填写,并通过课程网络及时提交给相关教师。任务工作单提交方法详见课程网站。

(2)在每个情境实施阶段的中期或后期,按要求填写检修工作单。本情境学习结束后,按要求填写学生考核记录表,进行自我评价后交小组长,小组长评价后连同检修工作单统一交教师。

(3)每个情境学习到评价环节时,个人进行任务完成情况的评估。教师对小组抽查,被抽查的个人上台进行讲评。

 相关知识

发动机总装是指将已经修理好的零件或更换的新件、组合件和辅助总成,按一定的工艺顺序和技术要求,装配成一台完整发动机的工艺过程。

发动机的总装质量,对发动机的修理质量有重要的影响。因此,在总装过程中,不仅是将零部件及总成装配成发动机,还需要对修复或更换的新件进行最后的质量检查。

总装后的发动机要按要求进行必要的调整,以达到良好的技术状况。

一、发动机总装前的准备

发动机的装配要求很高,在总装前要进行认真的准备,以提高装配效率、保证装配质量。总装前的准备要做到"好、净、齐、专"。

(1)"好"是指在总装前,要检查所有使用的零部件和总成,确定其质量完好、完全符合使用的技术要求。

(2)"净"是指在总装前,要将所有使用的零部件和总成,以及工具和工作台进行彻底的清洗,保证洁净,并吹干。

(3)"齐"是指在总装前,所需要的工具、设备,以及所有零部件和总成要齐备,特别是要准备齐全辅料,如密封胶、润滑油、各种垫、石棉绳等。

(4)"专"是指在总装前,要准备与车型对应的专用工具、专用检测仪器、仪表等,这个准备工作很重要,应避免在装配过程中,因专用工具和设备不全而影响装配进度和装配质量。

二、发动机总装的要求

发动机的总装是十分复杂的过程,一般分为两步,即总成装配和整机装配。将合格的一组零部件装配成总成的工艺过程叫总成装配,将各个总成和零部件组装成一台完整的发动机的工艺过程叫整机装配。

在装配过程中,由于发动机的结构形式很多,总装的程序并不完全一致,有些装配步骤可以交叉,但是必须遵循以下要求:

(1)满足总装的准备要求,做充分的准备。

(2)全部密封衬垫、开口销、保险垫片、金属锁片、垫圈等应更换新件。

(3)各不可互换的零部件,如汽缸体与飞轮壳、活塞连杆组的连杆和连杆盖、气门等应根据相对位置做好记号,原位装复,不得错乱。

(4)发动机上重要的螺栓、螺母,如连杆螺栓、主轴承螺栓、缸盖螺栓、飞轮螺栓等,必须按规定的力矩和顺序分次进行拧紧。如塑性螺栓的塑性域紧固法,如图9-1所示。在塑性域只有螺栓转动的变化,而力矩则保持不变。有些汽缸盖螺栓、连杆螺栓就是用塑性域紧固法分三步拧紧的。

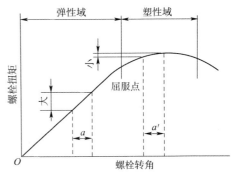

图9-1 螺栓的塑性域

① 第一步,用专用工具将所有螺栓按规定顺序、转矩紧固后,在所有螺栓头前端漆上记号,如图9-2所示。

② 第二步,将预紧的螺栓以规定顺序按图9-2a)方向拧紧90°。

③ 第三步,将所有螺栓按顺序再拧紧90°,如图9-2b)所示,螺栓头上的记号位于后端。此类螺栓如果破裂或变形,立即更换。

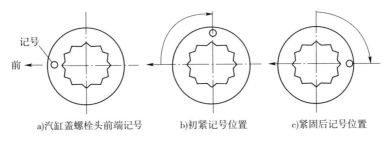

a)汽缸盖螺栓头前端记号　　b)初紧记号位置　　c)紧固后记号位置

图9-2 汽缸盖螺栓拧紧

(5)要注意螺栓的长度和螺纹的牙型。不要将长螺栓拧入短螺纹孔,也不要将短螺栓拧入长螺纹孔,否则会影响紧固效果,造成滑扣等;要注意螺栓的螺纹是粗牙还是细牙,不能装错。

(6)关键部位的重要间隙必须符合规定,如活塞与汽缸壁间隙、曲轴与轴承间隙、气门间隙、曲轴和凸轮轴的轴向间隙等。

(7)对装配过程中需要润滑的部位,要进行润滑,如汽缸、活塞环、活塞销、曲轴轴颈等部位,在装配前要进行润滑处理。

(8)装配过程中尽可能使用专用工具,要采用正确的操作方法,防止发生非正常的零部件损伤。

（9）过盈配合的零部件在装配时，要采用压力机压入的方式，尽量不要用锤子敲击，只能用锤子的时候，要用橡皮锤或铜锤，并用垫铁过渡，防止将零件砸伤。

（10）对于动平衡件，要保证平衡重原位装复，不能漏装。

一、项目实施环境

1. 发动机拆装实训室、丰田 5A 或 8A 发动机。
2. 发动机拆装全套工具、专用工具。

二、项目实施步骤

发动机拆装顺序与调整方法随结构的不同而有所变化，但基本顺序和方法工艺相同。下面以丰田 5A 或 8A 机型发动机为例，详细讲解该类型发动机的分解和装配的步骤和工艺。

1. 发动机拆卸

丰田 5A 或 8A 机型发动机的基本结构如图 9-3～图 9-5 所示。

发动机的拆卸一般是按照由简单到复杂的程序进行的，在拆卸过程中应本着先发动机外部后发动机内部、先发动机附件后发动机主件、先发动机总成后发动机零件的原则进行。

发动机的复装原则一般是按照与拆卸相反顺序进行：

（1）放出发动机冷却水和润滑油。

（2）拆下排气歧管，如图 9-6 所示。

（3）拆下出水口。

（4）拆下高压线和分电器等点火组件，如图 9-7 所示。

（5）拆下进气歧管撑条，拆下 2 个螺栓与进气歧管，如图 9-8 所示。

（6）拆下旁通软管与燃油返回软管。

（7）卸下交流发电机驱动皮带与水泵皮带轮，拆下发电机，如图 9-9 所示。

（8）拆下火花塞、通风阀、垫片。

（9）拆下气门室盖分总成，如图 9-10 所示。

（10）拆下正时链条或皮带罩和曲轴齿轮或皮带轮罩分总成，如图 9-11 所示。

（11）将 1 号汽缸设定在压缩上止点位置。

①转动曲轴皮带轮，将皮带轮槽口对准 1 号正时皮带罩上的正时标记"0"。

②检查曲轴正时皮带轮的"K"标记与轴承盖的正时标记对准。否则，转动曲轴一周，如图 9-12 所示。

（12）拆下凸轮轴皮带轮螺栓，拆下曲轴皮带轮。

（13）拆下正时皮带导轮。

（14）拧松惰轮安装螺栓，拆下张紧弹簧，如图 9-13 所示。

（15）拆下正时皮带。如果重复使用正时皮带，就要在皮带上画一个方向箭头（按发动机旋转的方向），并在皮带轮和皮带上作出定位标记，如图 9-14 所示。

（16）拆下 1 号正时皮带惰轮分总成，如图 9-15 所示。

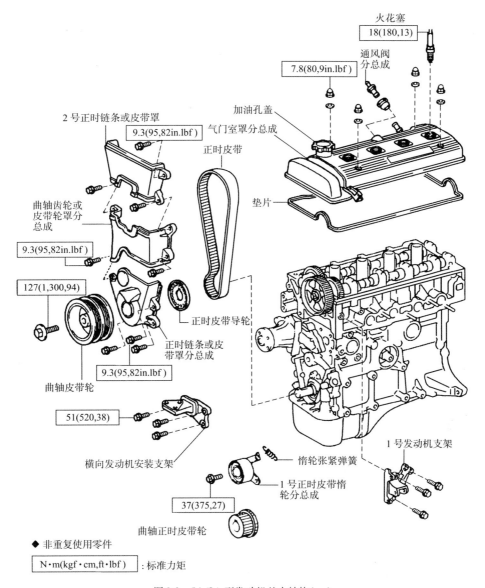

图 9-3 5A/8A 型发动机基本结构(一)

(17)拆下横置发动机 3 个螺栓和发动机右侧安装支架;拆下曲轴正时皮带轮,如图 9-16 所示。

(18)拆下 1 号发动机吊钩和发电机支架,如图 9-17 所示。

(19)拆下机油尺导管。

(20)拆下 2 个螺栓和进水管、垫片、水泵总成,如图 9-18 所示。

(21)用扳手夹持凸轮轴的六角头部分,拆下皮带轮螺栓和正时皮带轮,如图 9-19 所示。

(22)拆下凸轮轴。

由于凸轮轴的止推间隙很小,必须保持水平并垂直取出凸轮轴。如果凸轮轴不能保持水平,汽缸盖承受轴的推力可能开裂或损坏,造成凸轮轴变形或断裂。为避免如此,必须执行下述步骤。

①转动凸轮轴的六角部分,将副齿轮小孔转上来(它定位主齿轮和副齿轮)。此时,允许进气凸轮轴的 1、3 号汽缸凸轮的桃心同时顶到各自挺杆。

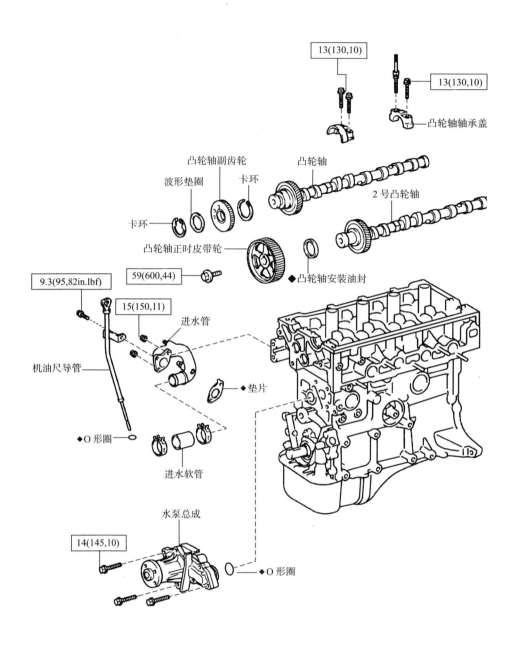

◆ 非重复使用零件

N·m(kgf·cm,ft·lbf):标准力矩

图 9-4　5A/8A 型发动机基本结构(二)

②拆下两个螺栓和 1 号轴承盖,如图 9-20 所示。

③使用维修螺栓固定主、副齿轮。(拆除凸轮轴时,确认通过上述操作已经消除副齿轮扭转弹簧的弹力),如图 9-21 所示。

④按规定顺序分几次均匀地拧松 8 个轴承盖螺栓,拆下 4 个轴承盖和凸轮。

如果凸轮轴没有被水平地向上顶起,用两个螺栓重新安装轴承盖。然后向上拉凸轮轴齿轮并交替地拧松,拆下轴承盖螺栓,不要用工具或其他物体撬动和用力拆除凸轮轴。

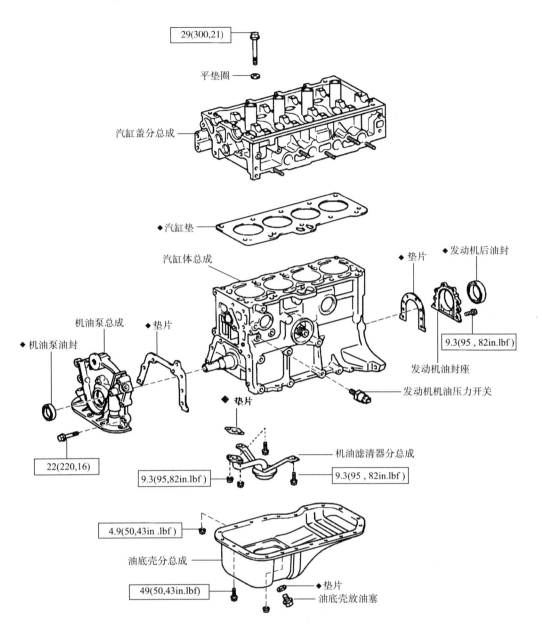

图 9-5　5A/8A 型发动机基本结构(三)

图 9-6　拆下排气歧管

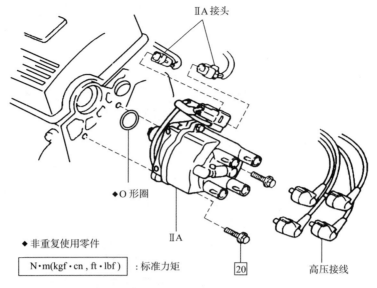

图 9-7 拆下高压线和分电器等点火组件

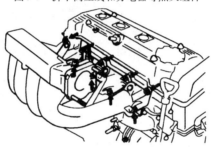

图 9-8 拆掉进气歧管螺栓

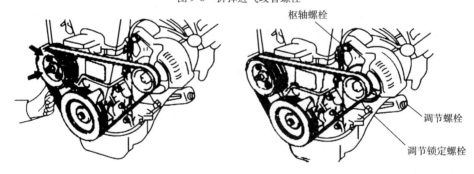

图 9-9 拆下发电机

图 9-10 拆下气门室盖分总成

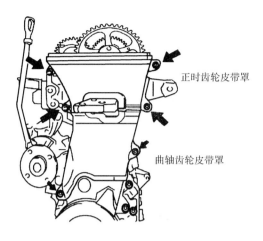

图 9-11　拆卸皮带罩

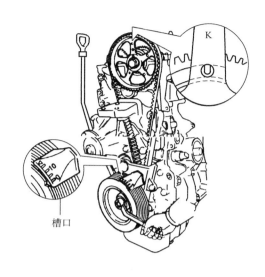

图 9-12　检查正时标记

图 9-13　拆卸装紧弹簧

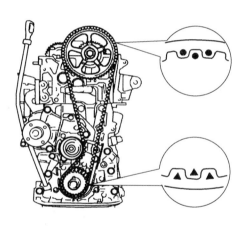

图 9-14　拆卸正时皮带

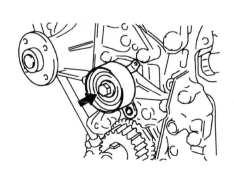

图 9-15　拆卸正时皮带惰轮分总成

图 9-16　拆卸安装支架和曲轴正时皮带轮

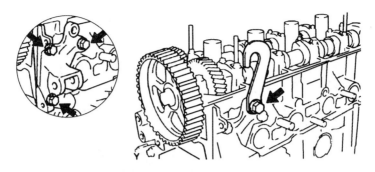

图 9-17 拆卸发动机吊钩和发电机支架

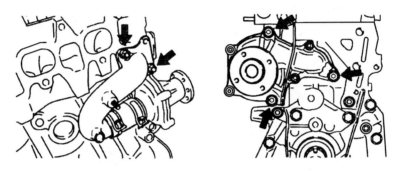

图 9-18 拆卸水泵总成

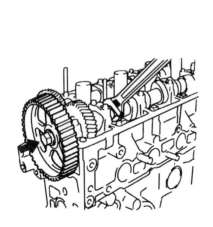

图 9-19 拆卸正时皮带轮

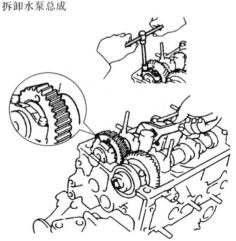

图 9-20 拆卸轴承盖

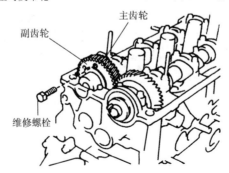

图 9-21 拆卸维修螺栓

(23）拆下凸轮轴副齿轮。

①用台钳固定凸轮轴的六角部分,使用专用工具逆时针转动副齿轮,拆下维修螺栓。

②使用卡环钳拆下卡环、拆下波形垫圈、凸轮轴副齿轮和凸轮轴齿轮弹簧,如图 9-22 所示。

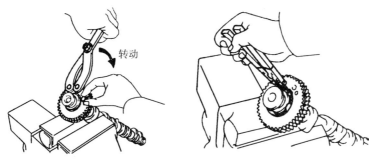

图 9-22 拆卸副齿轮

（24）拆下凸轮轴定位油封。

①转动 2 号凸轮轴的六角部分,使定位销位于 2 号凸轮轴垂直中心线偏右的位置。此时,上述角度允许 2 号凸轮轴的 1、3 号汽缸凸轮的桃心同时顶到各自的挺杆。

②拆下 2 个螺栓,凸轮轴定位油封和轴承盖,如图 9-23 所示。

（25）按顺序分几次均匀地拧松 10 个汽缸盖螺栓,从汽缸体上的定位销处撬起汽缸盖,拆下汽缸垫,如图 9-24 所示。

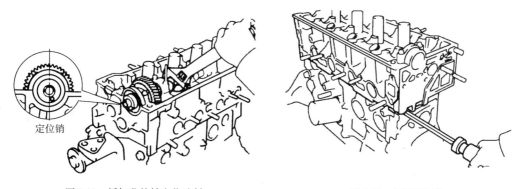

图 9-23 拆卸凸轮轴定位油封　　　　　　　　图 9-24 拆卸汽缸体

（26）拆下油底壳的 19 个螺栓和 2 个螺母,在汽缸体和油底壳之间插入专用铲刀,铲掉密封垫并拆下油底壳,如图 9-25 所示。

（27）拧下 2 个螺栓、2 个螺母,拆下机油滤清器总成,如图 9-26 所示。

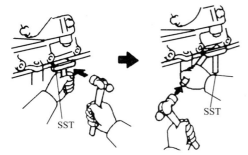
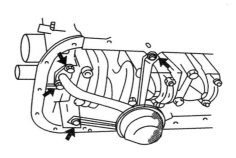

图 9-25 拆卸油底壳　　　　　　　　图 9-26 拆下机油滤清器总成

（28）拧下机油泵，拆下7个螺栓，用塑料锤轻敲机油泵内侧，拆下机油泵总成，如图9-27所示。

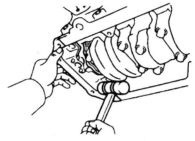

图9-27　拆下机油泵总成

（29）使用专用工具拆下发动机机油压力开关。

（30）拆下发动机后油封座、机油泵油封、发动机后油封。

（31）弯起通风盖板，以防止密封套滑出，使用起子撬出火花塞密封套，如图9-28所示。

（32）使用套筒扳手，拆下飞轮和后端盖板，如图9-29所示。

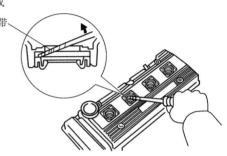

图9-28　拆卸火花塞密封套

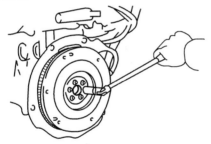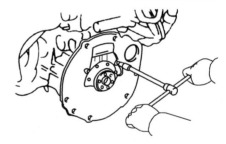

图9-29　拆下飞轮和后端盖板

（33）拆卸连杆盖，检查连杆和连杆盖上的配合记号，以保证正确地重新组装，卸下连杆盖螺母。用塑料贴面的锤子轻敲连杆螺栓并提起连杆盖，但应保持下轴承仍嵌在连杆盖中，如图9-30所示。

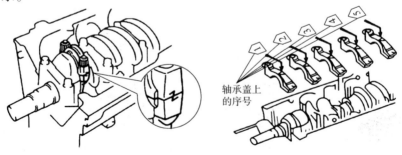

图9-30　拆卸连杆盖

（34）拆下活塞和连杆组件。

用缸口铰刀去掉汽缸顶部的所有积炭，用短软管套住连杆螺栓，保护曲轴不受损坏。推动活塞、连杆组件及上轴承，通过汽缸体顶部将其并取下。拆卸后注意应将轴承、连杆与连杆盖组合在一起并按正确的顺序放置。

（35）拆卸活塞环。用活塞环扩张器拆下2个压缩环,然后用手拆下油环。按正确的顺序放置好活塞环。

（36）从活塞上拆下连杆。用专用维修工具将活塞销从活塞中压出,取下连杆。由于活塞和活塞销是配合的套件,因此要按正确的顺序放置活塞销、活塞环、连杆和轴承。

（37）按规定顺序,拆下曲轴主轴承盖螺栓,卸下曲轴,从汽缸体上拆下上主轴承和上推力垫片并按正确顺序放置主轴承盖、主轴承和推力垫片,如图9-31所示。

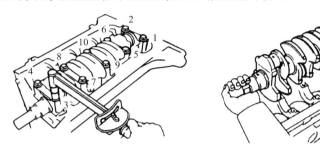

图9-31　拆卸轴承盖和曲轴

（38）拆下气门调整垫片、气门挺杆,使用SST压缩气门弹簧,拆下两个锁片,拆下气门。气门拆下后,按正确的顺序排列进气门、气门弹簧、弹簧座和锁片,如图9-32所示。

（39）使用尖嘴钳拆下气门杆油封,如图9-33所示。

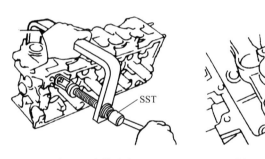

图9-32　拆卸气门　　　　图9-33　拆下气门杆油封

（40）使用压缩空气和磁棒,拆下弹簧座平垫圈。拆下后,要按正确的顺序摆放,如图9-34所示。

2. 发动机装配

1）安装带活塞销分总成（图9-35）

（1）将活塞销和销孔涂上机油。

（2）对正活塞和连杆的向前标记,用拇指推入活塞销。

（3）使用专用工具,压入活塞销。

2）安装活塞环组（图9-36）

（1）用手安装油环弹簧和2个刮油环。

（2）使用活塞环扩张器,安装2个压缩环,代码标记"T"朝上,按图示布置活塞环端口,注意不要对齐活塞环端口。

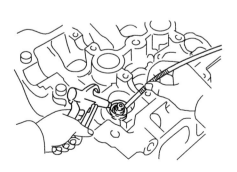

图9-34　拆下弹簧座平垫圈

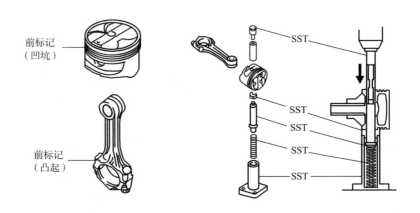

图 9-35 安装带活塞销分总成

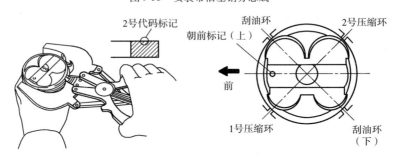

图 9-36 安装活塞环组

3）安装连杆轴承（图 9-37）

（1）对准轴承凸起和连杆或连杆盖的凹槽，将轴承安装到连杆和连杆盖中，注意上轴承开有一个油槽和油孔，不要搞错。

（2）对准轴承凸起和缸体的凹槽，装上 5 个上轴承。以同样的方法，对准轴承凸起和主轴承盖的凹槽，装上 5 个下轴承，如图 9-38 所示。

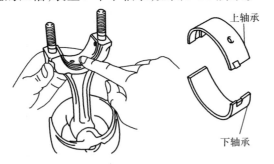

图 9-37 安装连杆轴承

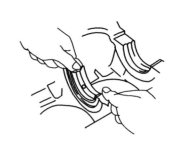

图 9-38 安装主轴承

4）安装推力垫片

在缸体 3 号轴颈位置安装 2 个曲轴推力垫片，带油槽的一面朝外，如图 9-39 所示。

5）安装曲轴

（1）把曲轴放在缸体上，在正确的位置安装 5 个曲轴轴承盖，如图 9-40 所示。

（2）在主轴承盖螺栓的螺纹和螺栓头下面涂一薄层机油。

（3）按规定顺序分几次均匀拧紧 10 个主轴承盖螺栓。

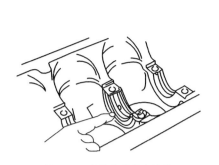
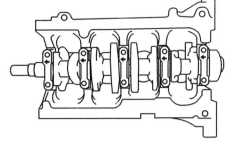

图 9-39　安装曲轴推力垫片　　　　　图 9-40　安装曲轴

6）安装连杆分总成

（1）用一段软管套在连杆螺栓上,防止损伤曲轴,如图 9-41 所示。

（2）使用活塞环收紧器,按正确的位置把活塞和连杆总成推入各自的汽缸,活塞的前标记朝前,如图 9-42 所示。

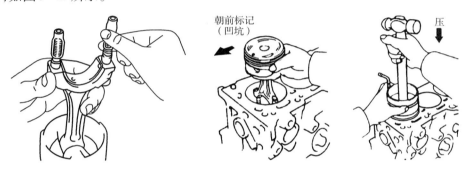

图 9-41　连杆螺栓保护　　　　　图 9-42　安装活塞和连杆总成

（3）匹配连杆盖和连杆,按照连杆盖上刻记的号码,把连杆盖装在连杆上,安装连杆盖,前标记朝前,如图 9-43 所示。

在连杆盖螺母下方涂一薄层机油。

分几次交替拧紧螺母。如果任何螺母不符合力矩标准,更换连杆螺栓和螺母,不必成套更换,如图 9-44 所示。

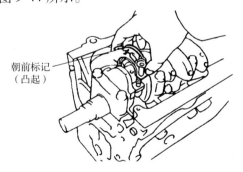
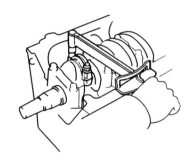

图 9-43　安装连杆盖　　　　　图 9-44　拧紧连杆盖螺栓

用油漆在螺母和连杆螺栓上做标记,再将螺母拧紧 90°,检查曲轴转动灵活性和连杆止推间隙,如图 9-45 所示。

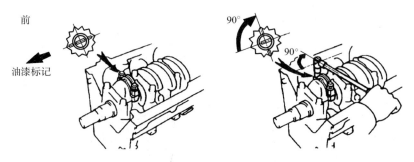

图 9-45　检查紧固连杆盖螺栓

7）安装气门杆油封

使用专用工具安装气门杆油封。进气门油封是灰色的，排气门油封是黑色的，不要装错，如图 9-46 所示。

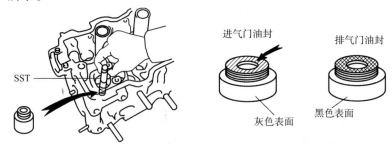

图 9-46　安装气门杆油封

8）安装进气门

（1）安装进气门、弹簧座、气门弹簧和弹簧锁片。

（2）使用专用工具，压缩气门弹簧，并在气门杆周围放入 2 个锁片，如图 9-47 所示。

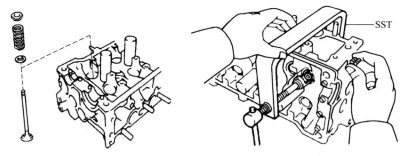

图 9-47　安装气门弹簧

（3）使用塑料头锤子，轻轻敲击气门端头，确保装配合适。

9）按照相同的方法安装排气门

10）安装气门挺杆

11）安装火花塞密封套

在密封套唇部涂一薄层黄油，使用专用工具和锤子，按图示敲入新密封套，如图 9-48 所示。

12）安装发动机后油封

使用专用工具和锤子，将新发动机后油封敲入到油封表面与后油封座边缘平齐，并在油封唇部涂黄油，如图 9-49 所示。

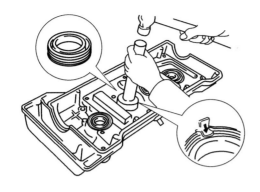
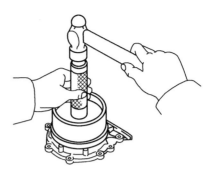

图 9-48 安装火花塞密封套　　　　图 9-49 安装发动机后油封

13）使用同样的方法，安装新的机油泵油封
14）安装发动机后油封座圈
15）安装发动机机油压力开关
16）安装机油泵总成
（1）在汽缸体上安装一个新垫片。
（2）使机油泵驱动转子的花键齿与油泵侧曲轴的大齿啮合。
（3）拧上 7 个机油泵安装螺栓，如图 9-50 所示。

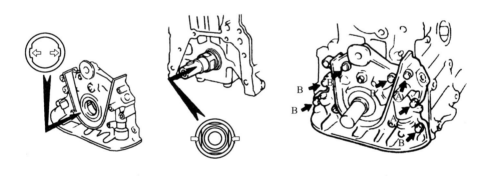

图 9-50　安装机油泵总成

17）安装新垫片和机油集滤器
用 2 个螺栓和 2 个螺母安装新垫片和机油集滤器。
18）安装油底壳分总成
使用铲刀或垫片刮刀，清除垫片面和密封槽中所有旧密封材料，在油底壳上涂上新的密封填料，用 19 个螺栓和 2 个螺母安装油底壳。
19）安装新汽缸盖垫
在汽缸体上安装新汽缸盖垫，注意垫片的安装方向，如图 9-51 所示。
20）安装汽缸盖分总成
（1）在汽缸盖螺栓的螺纹和螺栓头下部涂一薄层机油，按规定顺序分几次均匀拧紧 10 个汽缸盖螺栓，如图 9-52 所示。

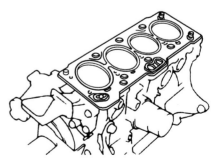

图 9-51　安装汽缸盖垫

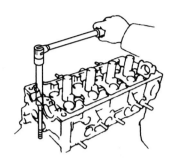 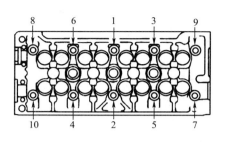

图 9-52　安装汽缸盖分总成

(2) 用油漆在汽缸盖螺栓的前面作标记。

(3) 按顺序号再将汽缸盖螺栓拧紧 180°，如图 9-53 所示。

21) 安装 2 号凸轮轴

由于凸轮轴的止推间隙很小，必须保持水平装入凸轮轴。如果凸轮轴不能保持水平，汽缸盖承受轴的推力可能开裂或损坏，造成凸轮轴变形或断裂。为避免如此，必须执行下述步骤。

(1) 在 2 号凸轮轴的止推位置涂黄油。

(2) 放置 2 号凸轮轴，使定位销定位在凸轮轴的垂直中心线偏右的位置。此时，允许排气凸轮轴的 1、3 号汽缸凸轮桃心同时顶到它们的气门挺杆，如图 9-54 所示。

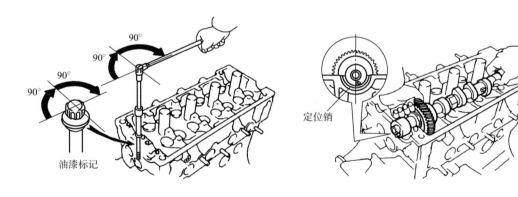

图 9-53　检查紧固汽缸盖螺栓　　　　　　图 9-54　安装凸轮轴

(3) 清除旧密封材料，将新的密封填料涂在汽缸盖上，如图 9-55 所示。

(4) 将 5 个轴承盖装在各自位置上。

(5) 在轴承盖螺栓的螺纹和螺栓头下部涂一薄层机油，按顺序分几次均匀拧紧 10 个轴承盖螺栓，如图 9-56 所示。

22) 安装凸轮轴定位油封

23) 安装凸轮轴副齿轮

(1) 用台钳夹持凸轮轴的六角部分。

(2) 安装凸轮轴齿轮弹簧，安装凸轮轴副齿轮和波形垫圈，如图 9-57 所示。

图 9-55　涂填充料

(3) 使用卡簧钳安装卡环，如图 9-58 所示。

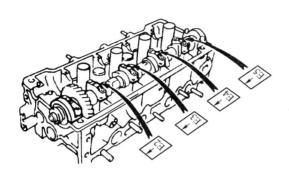 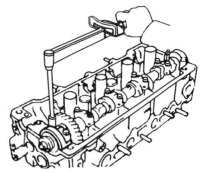

图 9-56 安装轴承盖

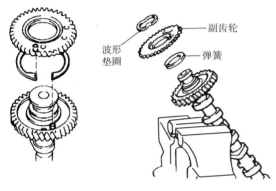

图 9-57 安装副齿轮　　　　图 9-58 安装卡环

(4)使用专用工具,逆时针转动凸轮轴副齿轮,对准凸轮轴主、副齿轮孔,安装维修螺栓,如图 9-59 所示。

24)安装凸轮轴

由于凸轮轴的止推间隙很小,必须保持水平装入凸轮轴。如果凸轮轴不能保持水平,汽缸盖承受轴的推力可能开裂或损坏,造成凸轮轴变形或断裂。为避免如此,必须执行下述步骤。

(1)定位 2 号凸轮轴,以便定位销位于汽缸盖顶部稍微偏上的位置,如图 9-60 所示。

(2)在凸轮轴的止推位置涂黄油。

(3)匹配每个齿轮的安装标记,让进气凸轮轴齿轮啮入 2 号凸轮轴齿轮。

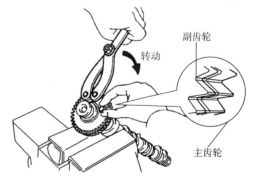

图 9-59 安装维修螺栓

(4)沿着两个齿轮的啮合位置向下滚动进气凸轮轴,直到凸轮轴正确地落在轴承轴颈上。此时,允许进气凸轮轴的 1、3 号汽缸凸轮桃心同时顶到它们的气门挺杆,如图 9-61 所示。

(5)将 4 个轴承盖安装在各自的位置上,在轴承盖螺栓的螺纹和螺栓头下部涂一薄层机油,按规定顺序分几次均匀拧紧 8 个轴承盖螺栓,如图 9-62 所示。

(6)拆下维修螺栓,安装 1 号轴承盖,使标记箭头朝前,如图 9-63 所示。

(7)顺时针转动 2 号凸轮轴,使定位销朝上,如图 9-64 所示。

(8)检查凸轮轴齿轮正时标记是否对准。

25)安装正时皮带轮

(1)将凸轮轴定位销对准皮带轮带"K"标记的定位销槽,在正时皮带轮侧。

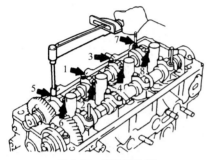
图 9-60　定位 2 号凸轮轴

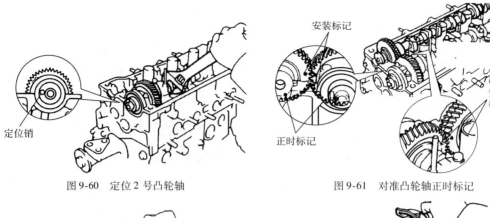
图 9-61　对准凸轮轴正时标记

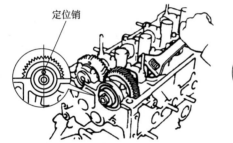
图 9-62　安装轴承盖

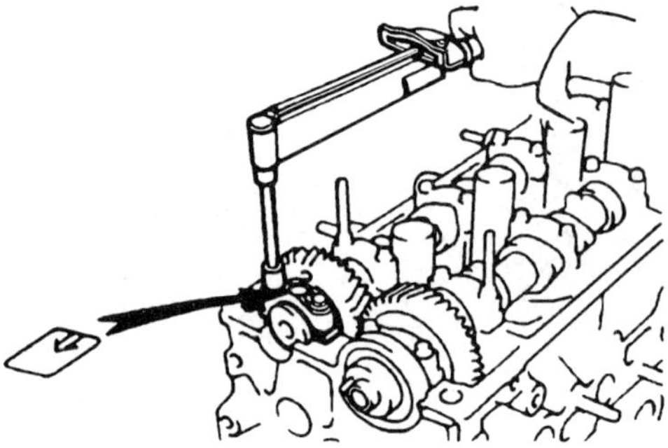

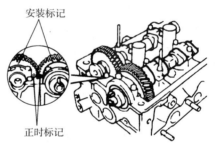
图 9-63　安装 1 号轴承盖

图 9-64　检查正时标记

（2）暂时安装正时皮带轮螺栓。
（3）夹持凸轮轴六角部位，拧紧正时皮带轮螺栓，如图 9-65 所示。
26）安装水泵总成
在汽缸体上安装一个新的 O 形圈，装上水泵，如图 9-66 所示。
27）安装进水软管

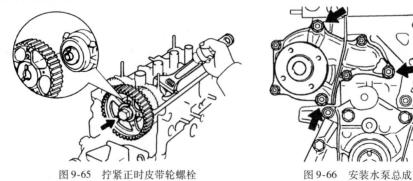

图 9-65　拧紧正时皮带轮螺栓　　　　图 9-66　安装水泵总成

28) 连接进水软管

在汽缸盖上安装一个新垫片,使标记朝上,连接进水软管,如图 9-67 所示。

29) 安装机油尺导管

30) 安装 1 号发电机支架

31) 安装 1 号、2 号发动机吊钩

32) 安装曲轴正时皮带轮

(1) 对准皮带轮定位键和皮带轮键槽。

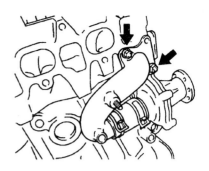

图 9-67　安装水管

(2) 推入正时皮带轮,带凸缘一面在内侧,如图 9-68 所示。

33) 安装横置发动机安装支架

34) 用螺栓安装 1 号正时皮带惰轮,先不要拧紧螺栓

35) 安装惰轮张紧弹簧

安装惰轮张紧弹簧,推动惰轮尽量靠近皮带轮并拧紧螺栓,如图 9-69 所示。

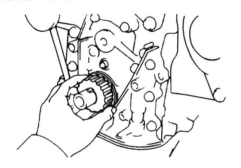

图 9-68　安装曲轴正时皮带轮

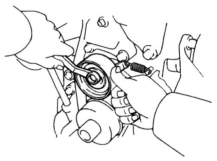

图 9-69　安装惰轮张紧弹簧

36) 将 1 号汽缸定位在压缩行程上止点

(1) 转动凸轮轴的六角部分,将凸轮轴正时皮带轮的"K"标记与轴承盖的正时标记对正,如图 9-70 所示。

(2) 用曲轴皮带轮螺栓,转动曲轴并对准曲轴正时皮带轮和机油泵体的正时标记,如图 9-71 所示。

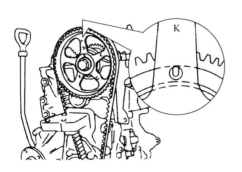

图 9-70　对正"K"标记

图 9-71　对准曲轴正时皮带轮正时标记

37) 安装正时皮带

(1) 安装正时皮带,检查曲轴和凸轮轴正时皮带轮的张力。如果继续使用旧的正时皮带,对准拆下时作的标记,并且将箭头方向指向发动机旋转方向,如图 9-71 所示。

(2) 检查配气正时和正时皮带的挠度。

松开惰轮螺栓,顺时针转动曲轴,从上止点位置慢慢转两圈再回到上止点位置。按图所示检查每个皮带轮对准正时标记。如果没对准正时标记,拆下正时皮带重新安装,紧固 1 号正时皮带惰轮,拆下曲轴皮带轮安装螺栓,如图 9-72 所示。

38)安装正时皮带导轮

安装正时皮带导轮,要面朝内安装,如图 9-73 所示。

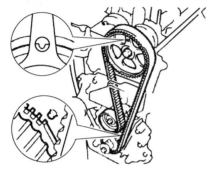

图 9-72　检查每个皮带的正时标记

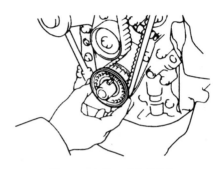

图 9-73　安装正时皮带导轮

39)安装正时链条或皮带罩分总成

40)安装曲轴皮带轮

使用专用工具,安装曲轴皮带轮。要注意对准皮带轮定位键和皮带轮键槽,如图 9-74 所示。

41)安装曲轴齿轮或皮带轮罩分总成

42)将 1 号汽缸定位在压缩行程上止点

(1)转动曲轴皮带轮,将它的缺口与正时皮带轮罩的正时标记"0"对正。

(2)检查凸轮轴正时皮带轮的"K"标记与轴承盖的正时标记对正。如果没对准,转动曲轴一圈,如图 9-75 所示。

图 9-74　安装曲轴皮带轮

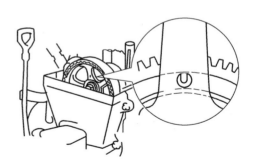

图 9-75　对准"K"标记

43)检查气门间隙、调节气门间隙

44)安装气门室盖分总成

45)安装曲轴箱通风阀分总成

46)安装分缸高压线和分电器总成

47)安装发动机进、排气歧管总成

48)安装其他附件及总成。

学习情境九:发动机拆装与竣工验收	班级			
工作任务一:发动机拆装	姓名		学号	
	日期		评分	

一、工作单内容
了解发动机拆装的基本要求、步骤及工艺流程。

二、准备工作
说明:每位学生应在工作任务实施前独立完成准备工作。
1. 了解发动机拆装的基本要求、步骤及工艺流程。
2. 了解常用工具的使用规范。

三、任务实施
了解发动机拆装步骤及工艺流程。
1. 发动机的拆卸
拆卸步骤:_____
_____
_____

工具正确使用:_____
_____
_____

2. 发动机的装配
装配步骤:_____
_____
_____

工具正确使用:_____
_____
_____

四、工作小结
通过此工作任务的实施,各小组集中完成下述工作。
1. 掌握发动机拆装的步骤及工艺流程。

2. 掌握常用工具的正确使用方法。

3. 对本次工作任务,你还有哪些好的意见和建议?

工作任务二 发动机磨合

 任务概述

1. 应知应会

通过本工作任务的学习与具体实施,学生应学会下列知识:

(1)熟悉发动机磨合的作用;

(2)掌握发动机冷磨合、热磨合的基本要求。

应该掌握下列技能:

(1)熟悉发动机冷磨合、热磨合的规范;

(2)能进行发动机磨合后的检验。

2. 学习要求

(1)在每个工作任务的学习过程中,完成相关任务工作单的填写,并通过课程网络及时提交给相关教师。任务工作单提交方法详见课程网站。

(2)在每个情境实施阶段的中期或后期,按要求填写检修工作单。本情境学习结束后,按要求填写学生考核记录表,进行自我评价后交小组长,小组长评价后连同检修工作单统一交教师。

(3)每个情境学习到评价环节时,个人进行任务完成情况的评估。教师对小组抽查,被抽查的个人上台进行讲评。

 相关知识

总成修理的发动机使用的零件有新有旧,零件的技术状况相差较大,修理工艺装备和企业生产技术水平又存在着很大的差异。有些总成修理发动机在磨合中就出现拉缸、烧瓦等严重故障。因此,总成修理的发动机进行科学的磨合就更为必要。

发动机磨合的主要作用如下:

一、形成适应工作条件的配合性质

1. 扩大配合表面的实际接触面积

新零件和经过修理的零件,由于表面微观粗糙和各种误差,装配后配合副的实际接触面积仅为设计面积的 1/1000~1/100,配合表面上单位实际接触面积的载荷就会超过设计值的百倍乃至千倍。微观接触面在高应力、高摩擦热作用下就容易产生塑性变形和粘着磨损,引起咬粘等破坏性故障。因此,使新零件在特定的磨合规范下运动,粗糙表面的微观凸点镶嵌并产生微观机械切削现象,使实际接触面积不断扩大,在短期内形成适应正常工作条件的配合表面。

2. 形成适应工作条件的表面粗糙度

每一种工作条件均有其相应的表面粗糙度,零件加工的表面粗糙度与工作条件的要求差距甚大。在磨合中才能形成适应工作条件的表面粗糙度。

3. 改善配合性质

由于磨合磨损形成了适应工作条件的实际接触面积和表面粗糙度以及配合间隙,不但

显著地提高了零件综合抗磨损性能,而且也减少了摩擦阻力与摩擦热、故障率降低,提高了大修发动机的可靠性与耐久性。

二、改善配合副的润滑效能

磨合使配合间隙增大到适应正常工作条件的配合间隙,改善了润滑油的泵送性能,增大了配合副润滑油流量,不但改善了配合副的润滑效能,也有利于保持正常的工作温度和配合表面的清洁。

三、提高发动机的可靠性与耐久性

金属在低于或近于疲劳极限下,磨合一定的时间,实现次负荷锻炼,可以明显提高金属零件的抗磨损能力和抗疲劳破坏能力,从而提高机械的可靠性与耐久性。

一、项目实施环境

发动机实训台。

二、项目实施步骤

磨合一般分为冷磨合和热磨合两个阶段。冷磨合是在台架上以可变转速的外部动力带动发动机运转所进行的磨合。热磨合是利用自身的动力运转而进行的磨合,热磨合又分为无负荷热磨合和有负荷热磨合两个阶段。

磨合试验规范包括发动机的转速、工作负荷及各阶段的磨合时间。磨合时要根据不同的发动机选择与之相适应的磨合规范,以实现磨合时间短、磨合质量高的效果。

1. 发动机的冷磨合

1)冷磨合设备

图 9-76 所示是一种冷磨、热磨与测功的联合装置。它包括发动机连接凸缘盘、测功机(也称加载设备)和拖动装置(包括连接电动机的摩擦离合器和变速器等),还有润滑油供给装置、油耗及发动机转速检测装置等。

2)发动机冷磨合步骤和规范

(1)拆除发动机火花塞或喷油器,加足润滑油。

(2)将变速器手柄放置在最低转速,起动电动机操纵离合器手柄,使其慢慢接合。

(3)操纵变速器手柄,使其冷磨转速为 700 r/min。

(4)1h 后按表 9-1 的要求,不断操纵离合器手柄和变速器手柄,改变磨合转速直至冷磨结束。

发动机冷磨合的起始转速不宜过高或过低。若起始转速过高,将导致摩擦副温度过高,加剧磨损;若起始转速过低,将导致润滑油压力不足,同样增加了磨损量。冷磨合的起始转速确定之后,一般可按表 9-1 磨合规范进行冷磨合。

发动机磨合规范　　　　　　　　　　　　　表9-1

发动机额定转速（r/min）	磨合转速（r/min）	时间（min）	总时间（h）
>3200	700	60	≤4
	900	60	
	900	60	
	1300	60	
≤3200	500~600	30~45	≤2
	600~800	30~45	
	800~1000	30~45	
	1000~1200	30~45	

3）发动机冷磨合注意事项

（1）水温最好控制在95℃左右，若水温达到105℃时应及时使用风扇冷却。

（2）注意检查机油压力是否正常，如发现异常现象，应立即停机检查并加以排除。

（3）观察各机件工作情况是否正常，若有漏水、漏油或摩擦副表面附近过热，各部有异常响声等异常现象时，应及时查找原因，并加以排除。

（4）冷磨合结束后，应将机油放出，分解发动机各部件。

冷磨合结束后，应检查活塞、活塞环与汽缸内壁、曲轴主轴承、连杆轴承与曲轴轴颈等运动件的磨合情况。要求汽缸壁表面应光洁、无异常磨损；活塞裙部磨痕均匀、无拉毛、起槽现象；活塞环外圆表面接触痕迹应不小于90%，端隙应不大于原间隙的25%；曲轴轴承和连杆轴承表面应光滑平整，接触面积应大于75%以上。然后排除发现的故障，并将拆检的机件清洗干净，按规定标准装合拆检的发动机，再加入发动机冬季用油，准备进行热磨合。

2. 发动机的热磨合

冷磨合后的发动机重新安装在图9-76所示的磨合台架上，起动发动机，利用发动机本身产生的动力进行热磨合。发动机热磨合包括两个阶段。

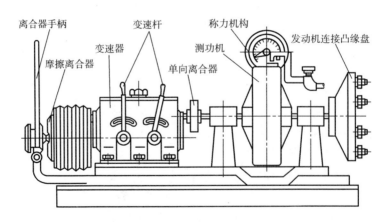

图9-76　发动机冷磨、热磨与测功联合装置

1）无负荷热磨合

这一阶段的目的除进一步磨合外，还要对发动机的油路、电路、润滑系和冷却系进行必要的检查和调整，并及时排除故障。

无负荷热磨合规范：按规定程序起动发动机，在空载情况下，以规定转速（600~1000 r/min）

运转1h。

无负荷热磨合注意事项：

（1）检测润滑、燃料、冷却系统和点火正时等，使其符合标准和达到最佳状态。

（2）检查发动机机油压力是否符合原厂规定（表9-2）。如不符合，应立即停机排除故障。

（3）检查发动机的水温、机油温度是否正常（表9-2）。如不正常，应立即停机排除故障。

发动机正常水温、机油压力和机油温度　　　　表9-2

机型	EQ6100-1发动机	康明斯6BTA5.9发动机	上海桑塔纳JV发动机	上海桑塔纳AJR发动机
冷却液正常温度（℃）	80~85	83~103	80~90	93~105
机油压力（kPa）	147~588	207~414	30~180	30~180
机油正常温度（℃）	75~85	80~95	80~95	85~95

（4）若发现异响，特别是当发动机的阻力突然增大时，应立即停机检查，及时排除故障。

（5）发动机各部位应无漏水、漏油、漏气和漏电现象。

2）有负荷热磨合

发动机经过无负荷热磨合之后，还须进行有负荷热磨合，即用试验台的加载装置对发动机逐渐加载增速进行磨合。有负荷热磨合可分为一般磨合和完全磨合两种。一般磨合所需的时间较短，但经过一般磨合后的发动机只能进行个别的测试（如最大功率点、最大转矩点和最低燃油消耗率点的转速测试）；经完全磨合的发动机可以进行整个外特性曲线的测试。对于大修的发动机，要求进行一般磨合，磨合时间不少于3h。

有负荷热磨合规范，见表9-3。

有负荷热磨合规范　　　　表9-3

磨合阶段		曲轴转速（r/min）	加载负荷（kW）	磨合时间（min）
热磨合	1	700~900	14	45
	2	1200~2000	22	45~55
	3	2100~2400	45	35~45
	4	2500~3000	55	20~35

有负荷热磨合的注意事项：

（1）检查水温、机油压力和油温，应符合原厂规定（表9-2）。

（2）发动机在各种情况下应运转平稳，无异响。

（3）观察各部衬垫、油封、水封及油管接头有无漏油、漏水、漏气的现象。

（4）测量汽缸压力，应符合原厂规定，即1000~1300kPa。否则，应拆检活塞连杆组。

（5）放出原机油，加入清洗油（90%柴油和10%车用机油），怠速运转5min后放出清洗油，加入合适的机油。

需要说明的是，目前在汽车维修过程中，由于零件加工精度和装配质量的提高，有时候省略了冷磨合过程，直接进行无负荷热磨合，且基本不进行有负荷热磨合。但是在无负荷热磨合过程中，必须控制磨合时的转速，要时刻注意监测发动机的运行状况，如发现异常，立即停止磨合，排除故障再继续进行。

 **任务工作单**

学习情境九:发动机拆装与竣工验收 工作任务二:发动机磨合	班级			
	姓名		学号	
	日期		评分	

一、工作单内容
了解发动机磨合的基本要求、步骤。

二、准备工作
说明:每位学生应在工作任务实施前独立完成准备工作。
1. 了解发动机磨合的规范、步骤。
2. 了解发动机磨合后的检验方法。

三、任务实施
了解发动机磨合步骤及工艺流程。
1. 发动机的冷磨合
设备:_____
_____
步骤及规范:_____
_____
注意事项:_____
_____

2. 发动机的热磨合
无负荷热磨合:_____
_____
注意事项:_____
_____
有负荷热磨合:_____
_____
注意事项:_____
_____

四、工作小结
通过此工作任务的实施,各小组集中完成下述工作。
1. 掌握发动机磨合的步骤及规范。

2. 掌握发动机磨合后的检验方法。

3. 对本次工作任务,你还有哪些好的意见和建议?

工作任务三　发动机竣工验收

1. 应知应会

通过本工作任务的学习与具体实施,学生应学会下列知识:

(1)掌握发动机竣工验收的主要内容。

应该掌握下列技能:

(1)熟悉发动机竣工验收的方法和步骤。

2. 学习要求

(1)在每个工作任务的学习过程中,完成相关任务工作单的填写,并通过课程网络及时提交给相关教师。任务工作单提交方法详见课程网站。

(2)在每个情境实施阶段的中期或后期,按要求填写检修工作单。本情境学习结束后,按要求填写学生考核记录表,进行自我评价后交小组长,小组长评价后连同检修工作单统一交教师。

(3)每个情境学习到评价环节时,个人进行任务完成情况的评估。教师对小组抽查,被抽查的个人上台进行讲评。

一、汽车发动机修理质量评定

根据《汽车修理质量检查评定办法》GB/T(15746—2011)规定,汽车发动机修理维修档案的评定应包括核查维修合同、汽车发动机修理进厂检验单、汽车发动机修理过程检验单和竣工检验单、机动车维修竣工出厂合格证、维修工时费和材料费结算清单六个核查项目,具体要求见表9-4。

汽车发动机修理维修档案的评定　　　　　　　　　　　表9-4

序号	核查项目	技术要求
1	汽车维修合同(或委托书)	合同填写应字迹清晰;合同条款中应明确维修项目(含补充项目)、维修费用和完工时间;合同应由托、承修双方签字或盖章确认
2	汽车发动机修理进厂检验单	检验单填写应字迹清晰并包括下列内容:进厂编号;发动机型号和编号;发动机装备及附件;客户主述及检验记录;检验日期;承修方处理意见;检验员签字;托修方签字
3	汽车发动机修理过程检验单	检验单填写应字迹清晰;过程检验项目应与维修合同中规定的作业项目一致;检验结果记录应真实准确;检验单应有编号、检验日期、主修人员及检验员签字
4	汽车发动机修理竣工检验单	竣工检验项目应符合 GB/T 3799.1 和 GB/T 3799.2 的相关规定;检验结果记录应真实准确并有检验员签字
5*	机动车维修竣工出厂合格证	应使用由省级道路运输管理机构统一印制的机动车维修竣工出厂合格证;合格证填写应字迹清晰并有质量检验员签字
6	汽车维修工时费、材料费结算清单	清单中应列出工时费及材料费明细,并注明所更换配件类别(原厂配件、副厂件、修复件)

注:带＊号的项目为关键项,其余为一般项。

汽车发动机修理竣工质量的评定应包括发动机外观及装备检查,起动性能、运转性能检查,动力性、经济性、排放性能检测等。其中,汽油发动机和柴油发动机各16个核查项目,具体要求见表9-5。

汽车发动机修理维竣工质量的评定 表9-5

序号	核查项目	技术要求
1		发动机外观及装备
1.1	外观	发动机的外观应整洁、无油污,各部无漏油、漏水、漏气、漏电现象
1.2	装备	发动机装备应齐全、有效
1.3	润滑油(脂)及冷却液	发动机应按原设计规定加注润滑油、润滑脂及冷却液
2		起动性能
2.1	冷机起动	汽油发动机在环境温度不低于-5℃,柴油发动机在环境温度不低于5℃时,应能顺利起动。运行起动3次,每次不超过5s
2.2	热机起动	在正常工作温度下,发动机应能在5s内一次顺利起动
3		发动机运转状况
3.1	怠速运转性能	从起动后到正常工作温度,发动机怠速应运转稳定,其怠速转速应符合原设计规定
3.2	运转状况	发动机在各种工况下应运转稳定,改变工况时应过渡圆滑
3.3	加速或减速	发动机在急加速或减速时,不应有突爆声
3.4	异响	发动机在正常工况下运转时,不应有异常响声
4	进气歧管真空度	在正常工作温度和标准状态下,发动机怠速运转时,进气歧管真空度应符合原设计规定;其波动范围6缸汽油发动机一般不超过3kPa,4缸汽油发动机一般不超过5kPa
5*	汽缸压缩压力	在正常工作温度下,汽缸压缩压力应符合原设计规定;气压力差汽油机应不超过各缸平均压力的5%,柴油机应不超过8%
6	机油压力	正常工作温度和规定转速下,机油压力应符合原设计要求
7	紧急停机装置	柴油发动机紧急停机装置应可靠有效
8	额定功率	应符合GB/T 3799.1和GB/T 3799.2的要求
9	最大转矩	应符合GB/T 3799.1和GB/T 3799.2的要求
10	燃料消耗率	发动机最低燃料消耗量不应大于原设计标定值的105%
11*	排放性能	发动机排放装置齐全有效;车载诊断系统(OBD)应工作正常;排气污染物排放应符合国家标准的规定

注:带*号的项目为关键项,其余为一般项。

二、评定规则

汽车修理质量评定结果用综合项次合格率表示,分为优良、合格、不合格三个等级。每个核查项目的内容全部符合技术要求,即可判定该项目为合格,否则判定为不合格。核查项目按其重要程度分为"关键项"和"一般项","关键项"中出现一项不合格的,即可判定该汽车修理质量为不合格。

"关键项"均合格时,综合项次合格率β_0按下面公式计算。

$$\beta_0 = \left(k_1 \frac{n_1}{m_1} + k_2 \frac{n_2}{m_2}\right) \times 100\%$$

式中：β_0——综合项次合格率；

n_1——汽车维修档案核查合格项目数之和；

n_2——汽车修理竣工质量核查合格项目数之和；

m_1——汽车维修档案应核查项目数之和；

m_2——汽车修理竣工质量应核查项目数之和；

k_1——汽车维修档案核查的权重系数，取 $k_1 = 0.2$；

k_2——汽车修理竣工质量核查的权重系数，取 $k_2 = 0.8$。

根据上式计算结果分析，汽车发动机大修质量分级应符合表9-6规定。

发动机大修质量分级　　　　　　　　　　　　　　　　　表9-6

等　级	综　合　判　定　标　准
优良	"关键项"均合格，且 $\beta_0 \geqslant 95\%$（大型营运货车为 $\beta_0 \geqslant 90\%$）
合格	"关键项"均合格，$85\% \leqslant \beta_0 < 95\%$（大型营运货车为 $85\% \leqslant \beta_0 < 90\%$）
不合格	"关键项"均合格，$\beta_0 < 85\%$（大型营运货车为 $\beta_0 < 80\%$）
大型营运货车指最大允许总质量大于或等于25000kg的营运货车		

一、项目实施环境

一台大修后的汽车发动机。

二、项目实施步骤

1. 发动机维修、检验记录文件填写

依照《商用汽车发动机大修竣工出厂技术条件　第1部分:汽油发动机》(GB1T 3799.1—2005)规定的发动机维修、检验记录文件，填写表9-7内所规定的发动机维修、检验记录文件。

发动机维修、检验记录文件　　　　　　　　　　　　　　表9-7

文件项目	填写技术要求
发动机大修进厂检验单	（1）发动机大修进厂检验单应包括下列内容： 进厂编号、发动机型号及号码、进厂日期、托修单位、托修方报修情况、发动机附件状况、发动机运转情况、检验日期、承修方处理意见、检验员签字； （2）单中字迹应清晰，项目应齐全、完整，填写真实、正确
发动机大修工艺过程检验单	（1）发动机大修工艺过程检验单应包括下列内容： 进厂编号、发动机型号及号码、基础件和主要零部件的检验数据、检验结果记录、检验结论、处理意见、主修人签字及日期、检验员签章及日期等； （2）检验单中字迹应清晰，项目齐全、完整，填写真实、正确； 检验项目、名词术语和计量单位、基础件和主要零部件的检验项目、技术要求应符合国家及行业有关标准及原厂规定

续上表

文件项目	填写技术要求
发动机大修竣工检验单	(1)发动机大修竣工检验单中内容应包括： 进厂编号、托修单位、承修单位、发动机型号及号码、装备及装配检验、性能检验、检验结论、总检验员签章及日期等； (2)检验单中字迹应清晰，项目齐全、完整，填写真实、正确： 检验项目、要求、方法、名词术语和计算单位应符合国家、行业有关标准及相关车辆修理技术文件的有关规定
发动机大修合格证	(1)发动机大修合格证内容应包括： 进厂编号、发动机型号及号码、出厂日期、总检验员签章及日期、磨合期规定、保证期规定、维修合同号、承修单位技术质量检验部门盖章； (2)合同中字迹应清晰，项目齐全、完整，填写真实、正确： 合同中名词术语应符合国家及行业有关标准中的规定

2. 汽车发动机大修竣工出厂技术条件

汽车发动机大修竣工出厂技术要求依照国标《商用汽车发动机大修竣工出厂技术条件 第1部分：汽油发动机》(GB/T 3799.1—2005)评定。

1) 发动机外观

(1) 发动机的外观应整洁，无油污。发动机外表应按规定喷漆，漆层应牢固，不得有起泡、剥落和漏喷现象。

(2) 发动机点火、燃料供给、润滑、冷却和进排气等系统的附件应齐全，安装正确、牢固。

(3) 发动机各部位应密封良好，不得有漏油、漏水、漏气现象；电器部分应安装正确、绝缘良好。

2) 发动机装备

(1) 外购的零部件和附件均应符合其制造或修理技术要求。

(2) 修复的零部件装配前应经检验，其性能应达到规定的技术要求。主要零部件汽缸体和汽缸盖、曲轴、凸轮轴等如进行修理，应满足原制造厂维修技术要求或 JT/T 104、JT/T 105 和 JT/T 106 的要求。

(3) 发动机应按装配工艺要求装配齐全；装配过程中应按要求进行过程检验，过程检验合格后再进行下一步装配。

(4) 装配后的发动机应按原设计规定加注润滑油、润滑脂、冷却液。

(5) 带有增压或中冷增压的发动机，增压装置应按原厂规定进行装配和检验，增压器工作应正常，转速应达到原设计规定。具有增压器旁通管道控制的发动机，旁通管道的开启与关闭应灵活可靠，开启及关闭的转速应符合原设计规定。

(6) 对原设计规定需加装限速装置的发动机，维修人员应对限速装置作相应调整并加铅封。限速装置宜在发动机走合期满进行首次维护后拆除。

(7) 电子控制燃油喷射系统装置应齐全有效。

(8) 装配后的发动机如需进行冷磨、热试，应按工艺要求和技术条件进行冷磨、热试、清洗，并更换润滑油、机油滤清器或滤芯。原设计有特殊规定的按相应规定进行。

3) 发动机性能

(1) 发动机运转状况及检查。发动机在各种工况下运转应稳定，不得有过热现象；不应有异常响声;突然改变工况时,应过渡圆滑,不得有突爆、回火、放炮等异常现象。

(2)起动性能。按 GB/T 18297 中的检验方法进行检验。

发动机在正常环境温度和低温 255K(-18℃)时,都能顺利起动。允许起动 3 次。

(3)怠速运转性能。在正常工作温度下,发动机怠速运转稳定,其怠速转速应符合原设计规定,并能保证向其他工况圆滑过渡。

(4)进气歧管真空度。在正常工作温度和标准状态下,发动机怠速运转时,进气歧管真空度符合原设计规定,其波动范围:6 缸汽油发动机一般不超过 3kPa;4 缸汽油发动机一般不超过 5kPa。

(5)增压发动机的增压压力及温度。增压发动机的增压压力及温度应符合原设计规定。

(6)机油压力。在规定转速下,发动机润滑系统工作正常,机油压力和机油温度应符合原制造厂维修技术要求,警示装置可靠有效。

(7)额定功率和最大转矩。按 GB/T 18297 中的检验方法进行检验。

在标准状态下,发动机额定功率和最大转矩不得低于原设计标定值的 90%。

环境温度在 288~303K(15~30℃)范围内,海拔高度变化后,发动机额定功率可按下式进行修正:

$$P_{修正} = P_{实测}/k$$

式中:$P_{修正}$——修正功率,kW;

$P_{实测}$——实测功率,kW;

k——不同海拔高度额定功率、最大转矩修正系数,见表 9-8。

最大转矩的修正方法、修正系数与额定功率的修正方法、修正系数相同。

不同海拔高度额定功率、最大转矩修正系数   表 9-8

海拔高度(m)	1000	2000	3000	4000	5000
修正系数 k	0.87	0.77	0.67	0.57	0.47

(8)最低燃料消耗率和机油消耗。按 GB/T 18297 中的检验方法进行检验。

最低燃料消耗率不得大于原设计标定值的 105%;机油消耗量符合原设计规定。

(9)排放性能。发动机排放装置应齐全有效,排放污染物限值应符合国家有关标准的规定。

(10)噪声。发动机的噪声应符合国家有关标准的规定。

(11)电子控制燃油喷射系统。电子控制燃油喷射系统技术参数与性能应符合原制造厂维修技术要求。

4)质量保证

(1)承修单位应按要求对修竣发动机额定功率、最大转矩、燃料经济性进行检验,并达到本部分相应条款规定的要求。

(2)发动机的装配过程中,要根据工艺要求进行过程检验并保持记录,过程检验合格的发动机进行下一步装配,装配完成后进行竣工检验,经竣工检验合格的发动机应签发合格证,并提供必要的技术文件。

(3)发动机维修技术资料应归档管理,包括发动机型号、编号、送修单位及送修人、维修过程中的更换件、维修部位、工时、人员、检验结果、判定依据和维修日期等。发动机维修、检验记录文件参见表 9-7。

(4)承修单位对大修竣工出厂的发动机应给予质量保证,质量保证期自竣工出厂之日起,不少于半年或行驶里程为 20000km(以先到者为准)。送修方应按技术文件要求进行使用和维护。

5)包装

如送修方提出包装要求,承修单位应对发动机进行包装并填写装箱单。发动机包装前应放掉润滑油和冷却液,并堵封好外露通孔。包装应牢固,有防潮防锈措施。外包装上注明有关名称、型号、送修和承修单位、日期、注意事项等信息。

 任务工作单

学习情境九:发动机拆装与竣工验收 工作任务三:发动机竣工验收		班级			
		姓名		学号	
		日期		评分	

一、工作单内容
　了解发动机竣工验收的主要内容、步骤。
二、准备工作
　说明:每位学生应在工作任务实施前独立完成准备工作。
1.了解发动机竣工验收的主要内容。
2.了解发动机竣工验收的方法。
三、任务实施
　了解发动机竣工验收的主要内容。
1.发动机大修进厂检验单填写

进厂日期		进厂编号	
厂牌车型		车牌照号码	
发动机型号		发动机号码	
送修单位		单位地址	
联系电话		送修人	
用户报修项目 及发动机现状	总行驶里程_____km 已进行发动机大修_____次 进厂前主要问题是_____ 此次要求_____		
发动机主要问题 及重点修理部位			
发动机外观及装备(完整"○",缺少"△",损坏"×")			
检验项目	检验结果	检验项目	检验结果
空气滤清器		各传感器	
燃油滤清器		机油散热器及管道	
机油滤清器		加机油口盖	
化油器、喷油器(电控)		机油尺、放油塞	
机油泵		水泵	
燃油泵		风扇电机	
汽缸体、汽缸盖		风扇皮带	
进排气歧管		风扇叶	
起动机		排气管、消声器	
发电机		尾气净化器	
火花塞		油管、真空管	

续上表

	分电器			点火线圈	
	电控系统				
备注:					

进厂检验员:_____　　　　　　　　　　　　_____年____月____日

2.发动机大修过程检验单填写

进厂编号		厂牌车型		牌照号码	
发动机编号		施工日期		主修人	

主要零部件换修记录

部件名称	续用	更换	修理	加大	缩小
汽缸体					
汽缸盖					
汽缸套					
进排气歧管					
活塞					
曲轴					
曲轴轴承					
连杆轴承					
凸轮轴					
凸轮轴轴承					
气门					
气门导管					
正时皮带(齿轮)					

汽缸直径检验记录(mm)

汽缸直径	1缸		2缸		3缸		4缸		5缸		6缸	
	纵	横	纵	横	纵	横	纵	横	纵	横	纵	横
上部												
中部												
下部												
圆度												
圆柱度												

活塞连杆组检验记录(mm)

活塞直径	1缸	2缸	3缸	4缸	5缸	6缸
横向						
纵向						
活塞环(开口)						
活塞质量(g)						
活塞、连杆组质量(g)						
活塞与缸壁间隙						

曲轴与轴承检验记录(mm)

曲轴		1	2	3	4	5	6	7
主轴径	圆度							
	圆柱度							
连杆轴径	圆度							
	圆柱度							
主轴径与轴承配合间隙								

续上表

连杆轴径与轴承配合间隙				
曲轴端隙				
凸轮轴及轴承检验记录(mm)				
凸轮轴	1	2	3	4
轴径直径				
轴径与轴承配合间隙				
凸轮升程				
备注:				

进厂检验员:＿＿＿＿＿＿＿＿　　　　　　　　　　　　　　＿＿＿＿年＿＿＿月＿＿＿日

3.发动机大修竣工检验单填写

进厂编号		厂牌车型		牌照号码	
发动机编号		竣工日期		主修人	

发动机外观、装备及性能	
检验内容及结果	检验内容及结果
发动机外观:	怠速转速:＿＿＿＿＿＿＿ r/min
喷(涂)漆:	运转状况: 怠速:＿＿＿中速:＿＿＿高速:＿＿＿加速及过度:＿＿＿
四漏检查: 油:　水:　电:　气:	发动机异响:
螺栓螺母:	机油压力,MPa 怠速:＿＿＿＿＿　　高速:＿＿＿＿＿
润滑油:	汽缸压力,MPa
	1　2　3　4　5　6　7　8
	气缸压力差＿＿＿＿＿＿ MPa
空滤器:	真空度(kPa) 怠速:＿＿＿＿＿波动范围:＿＿＿＿＿
限速装置:	排放污染物:
	怠速＿＿＿＿ r/min　　高怠速＿＿＿＿ r/min
	CO(%)　HC(10^{-6})　CO(%)　HC(10^{-6})
起动性能	额定功率:＿＿＿＿kW　最大转矩:＿＿＿＿N·m
	发动机燃油消耗率:＿＿＿＿[g/(kW·h)];
电控系统有无故障码显示:	发动机噪声:
备注:	

竣工检验员:＿＿＿＿＿＿＿＿　　　　　　　　　　　　　　＿＿＿＿年＿＿＿月＿＿＿日

4.发动机大修竣工质量评定

＿＿

＿＿

四、工作小结

通过此工作任务的实施,各小组集中完成下述工作。

1.掌握发动机竣工验收的主要内容。

2.掌握发动机竣工验收检验方法。

3.对于对本次工作任务,你还有哪些好的意见和建议?

参 考 文 献

[1] 成伟华.汽车发动机机械构造与检修[M].北京:人民交通出版社,2011.
[2] 林平.汽车发动机机械系统检修[M].2版.北京:人民交通出版社,2011.
[3] 谭本忠.发动机构造与维修[M].济南:山东科学技术出版社,2009.
[4] 汤定国.汽车发动机构造与维修[M].北京:人民交通出版社,2005.
[5] 陈家瑞.汽车构造[M].北京:人民交通出版社,2006.
[6] 丰田汽车公司.汽车动力总成维修[M].北京:高等教育出版社,2006.
[7] 日本GP企业.汽车构造(发动机)[M].北京:人民交通出版社,2005.
[8] Halderman,J.D,Mitchell,Jr.C.D.汽车发动机理论与维修[M].北京:中国劳动社会保障出版社,2006.